甘肃省高水平专业群（智慧财经专业群）建设计划项目系列教材

校企合作新形态教材

21世纪经济管理新形态教材 · 工商管理系列

企业财务会计

主 编◎刘 丽 刘 敏

副主编◎贾 莉 郝鑫亮

参 编◎王莉娜 王 佳 尚 青

清華大學出版社

北 京

内 容 简 介

本书依托世界银行甘肃省职教课程改革项目，在完成市场调研、职业能力分析、课程模块构建、课程标准制定的基础上编写而成。本书内容注重发挥课程育人功能，体现行业新技术、新方法，关注学生职业行动能力培养。根据企业财务会计核算岗位的具体工作任务，全书包括以下项目：企业财务会计认知，货币资金、往来款项、存货等业务核算与财务报告编制。通过本书的学习，学生能够掌握财务核算岗位所需的基本知识与技能，养成良好的会计职业道德与精益求精的工匠精神，实现德技并修。

本书可作为高等职业院校财经商贸类专业和相关专业的教学用书，也可作为在职会计人员的学习和参考用书。

图书在版编目(CIP)数据

企业财务会计 / 刘丽，刘敏主编. -- 北京 : 清华大学出版社，2025. 4.
(21 世纪经济管理新形态教材). -- ISBN 978 - 7 - 302 - 69102 - 0

Ⅰ. F275. 2

中国国家版本馆 CIP 数据核字第 2025L4J815 号

责任编辑: 徐永杰
封面设计: 汉风唐韵
责任校对: 王荣静
责任印制: 刘海龙

出版发行: 清华大学出版社
网　　址: https://www. tup. com. cn, https://www. wqxuetang. com
地　　址: 北京清华大学学研大厦 A 座　　**邮　　编:** 100084
社 总 机: 010-83470000　　**邮　　购:** 010-62786544
投稿与读者服务: 010-62776969, c-service@ tup. tsinghua. edu. cn
质量反馈: 010-62772015, zhiliang@ tup. tsinghua. edu. cn
印 装 者: 北京同文印刷有限责任公司
经　　销: 全国新华书店
开　　本: 185mm×260mm　　**印　　张:** 21　　**字　　数:** 395 千字
版　　次: 2025 年 5 月第 1 版　　**印　　次:** 2025 年 5 月第 1 次印刷
定　　价: 59. 80 元

产品编号: 102226-01

前言

2019年1月24日，国务院印发了《国家职业教育改革实施方案》，将职业教育定位为类型教育，亦首次提出了“倡导使用新型活页式、工作手册式教材并配套开发信息化资源”的教材建设要求，为职业教育转型升级和“三教”改革、新型教材建设工作指明了方向。本书是依托世行甘肃职教课程改革项目，在项目组专家的指导下，基于劳动力市场调研、职业能力分析进行的一次高职会计专业职业教育新型教材的探索。本书具有以下特色：

(1) 需求导向，体现职业教育类型特征。根据职业岗位工作和职业能力要求，按照“必需、够用、适度”原则选取知识点、技能点和能力点，结合学生认知规律、职业成长规律重塑课程内容。

(2) 立德树人，发挥教材育人功能。将职业素养、职业道德、立德树人等内容有机融入价值引领，根据不同项目，或体现职业道德，或展现国家政策导向，或传递最新管理理念，对学生进行不同维度的思维启发。

(3) 学法指导，促进学生能力发展。引导学生进行任务拆解、运用思维导图归纳知识点、及时反馈学习效果、针对性练习、项目反思与评价，促进学生的能力发展与进步。

本书由北京财贸职业学院立信会计学院杜海霞教授任主审；由甘肃财贸职业学院刘丽、刘敏任主编，对全书进行整体设计；由甘肃财贸职业学院贾莉、郝鑫亮任副主编。其中，项目1、项目5至项目10由刘丽副教授执笔，项目3、项目4、项目11至项目13由刘敏副教授执笔，项目2由贾莉副教授执笔，项目14由郝鑫亮老师执笔。书中的数字资源主要由贾莉、刘敏、王莉娜、王佳、尚青等老师负责收集、录制及整理。此外，在编写过程中，王晓燕、武永宁、张信几位教授为本书修改提出了许多宝贵的建议，在此表示由衷的感谢。

最后，竭诚希望广大读者对本书提出宝贵意见，以促使我们不断改进。由于时间和编者水平有限，书中的疏漏和不足之处在所难免，敬请广大读者批评指正。

编者

2024 年 12 月

目录

项目1　企业财务会计认知

项目提要

俗话说“没有规矩，不成方圆”，从事财务会计相关工作不能随心所欲，是建立在既定规则之上的，这就要求会计工作无论是在工作程序、工作形式上，还是在反映的实质内容上，都必须遵循会计准则。我国企业会计准则包括基本准则和具体准则。

本项目主要介绍企业会计基本准则相关知识，以及会计职业的发展变化。通过学习，学生能够明确会计核算工作应遵循的基本规则、了解数字经济时代会计工作的新变化。

价值引领

习近平总书记在中共中央政治局第三十七次集体学习会议上指出：“要在道德教育中突出法治内涵，注重培育人们的法律信仰、法治观念、规则意识，引导人们自觉履行法定义务、社会责任、家庭责任，营造全社会都讲法治、守法治的文化环境。”随着我国法治建设逐渐完善、规则体系日趋成熟，如何培养出与之相匹配的规则意识、精神文明，成为摆在我们面前的重要课题。

近年来，尽管舆论引导、媒体曝光、法规建设、行政执法等措施多管齐下，但是财务造假现象依然层出不穷。从康美药业伪造业务凭证进行收入造假，到獐子岛利用农产品盘点复杂性调节利润；从东旭光电大存大贷，到风华高科花式玩弄“应收账款”虚增利润等，这些造假行为，欺骗了广大投资者，使投资者作出错误的经济决策，也使国家宏观调控失去了可靠的基础，国有资产严重流失，造成国家利益受损，严重影响了正常的社会经济秩序。究其原因，这与财务工作人员职业理想缺乏、职业道德缺失、法治观念淡薄、规则意识不强等有着绝对的关系。

因此，作为一名会计从业人员，要知法、懂法，时时用法律来约束自己的行为。在实际工作中，当与有关方面发生利益冲突时，应敢于坚持原则，依法办事。要树立正确的职业道德观，遵循会计职业道德规范，自觉提高专业技能及品德修养，增强热爱本职工作的意识，讲求对事业的献身精神，自觉抵制不良社会风气，维护会计职业的尊严，树立良好的社会形象。在任何情况下，不丧失原则，不图谋私利，做到在履行职责中遵纪守法、廉洁奉公，为国家的发展贡献自己的一分力量。

建议学时

6 学时。

任务 1-1 界定财务会计的概念与目标

任务目标

知识目标：

能够运用自己的语言描述财务会计的概念。

技能目标：

1. 能够独立分析财务报告的信息使用者及其信息偏好，并在团队成员的帮助下对其进行补充完善。

2. 能够运用自己的语言解释我国财务会计报告目标。

素养目标：

1. 了解会计人员职业道德规范。

2. 了解新时代会计人员职业道德要求。

建议学时

1 学时。

相关知识

一、财务会计的概念

财务会计是以货币为主要量度，对企业已发生的交易或事项，运用专门的方法进行确认、计量，并以财务会计报告为主要形式，定期向各经济利益相关者提供会计信息的企业外部会计。财务会计是现代企业的一项重要的基础性工作，通过系列会计程序，提供决策有关的信息，并积极参与企业经营管理决策，提高企业经济效益，服务市场经济健康有序发展。

二、财务报告目标

（一）受托责任观和决策有用观

财务报告目标是指企业编制财务报告、提供会计信息的目的，它是财务会计概念框架或者说是我国基本准则的最高层次，对财务会计的规范发展起着导向性作用。财务报告目标从传统上来讲有两种观点，即受托责任观和决策有用观。

受托责任观的核心内容是：财务报告目标应以恰当方式有效反映受托者受托管理财产责任的履行情况。揭示过去的经营活动与财务成果，是财务报告在委托人和受托人之间扮演桥梁作用的核心。

决策有用观的核心内容是：财务报告应当向投资者等外部使用者提供对决策有用的信息，尤其是提供与企业财务状况、经营成果、现金流量等相关的信息，从而有助于使用者进行相关经济决策。

（二）我国关于财务报告目标的规定

我国企业会计基本准则明确了财务报告的目标，规定了财务报告的目标是向财务报告使用者提供与企业财务状况、经营成果和现金流量等有关的会计信息，反映企业管理层受托责任履行情况，有助于财务报告使用者作出经济决策。我国对财务报告目标的界定，兼顾了受托责任观和决策有用观。

技能训练

一、分析财务报告使用者及其信息偏好

决策有用观指出财务报告应当向投资者等外部使用者提供对决策有用的信息，那么财务报告的使用者有哪些？对于不同的信息使用者来说，其对信息的要求是否存在差异？他们会更偏好于了解企业的哪些信息？

要求：

1. 独立思考上述问题，并将自己的想法记录下来。
2. 团队交流讨论，自我改进完善。

二、阐述你对我国财务报告目标的理解

通过同学们的思考与讨论，我们可以看到，不同的财务报告使用者由于其决策不同，信息偏好也大不相同。如此“众口难调”，企业又该怎样提供财报？实际上，为应对这一难题，企业在提供财务报告时，只能秉持不偏不倚的原则，尽可能地反映企业情况，帮助财务报告使用者作出经济决策。此外，现代公司制下，企业所有权和经营权分离，企业管理层受托管理企业，负有受托责任。我国企业会计基本准则中对于财务会计目标是怎样界定的？又该怎样理解？

要求：

1. 独立思考回答下列问题，并将自己的想法记录下来。

（1）描述我国财务会计目标的内容。

（2）谈谈你对我国财务会计目标的理解。

2. 团队交流讨论，自我改进完善。

任务评价

请填写任务评价参考表，检测目标达成情况，见表1－1。

表1－1　界定财务会计的概念与目标评价参考表

任务目标	达成情况
1. 能够运用自己的语言描述财务会计的概念	是☐否☐
2. 能够独立分析财务报告的信息使用者及其信息偏好，并在团队成员的帮助下对其进行补充完善	是☐否☐
3. 能够运用自己的语言解释我国财务会计报告目标	是☐否☐
4. 了解会计人员职业道德规范	是☐否☐
5. 了解新时代会计人员职业道德要求	是☐否☐

任务1－2　理解会计基本假设与会计基础

任务目标

知识目标：

能够准确地复述会计四个基本假设。

技能目标：

1. 能够通过思考、查阅资料、讨论等方式探寻会计基本假设的意义。

2. 能够比较权责发生制和收付实现制的区别，并知道其适用范围。

素养目标：

1. 树立诚信为本的价值观。

2. 培养规则意识与逻辑思维。

建议学时

1学时。

相关知识

一、会计基本假设

会计基本假设是企业会计确认、计量和报告的前提，是对会计核算所处时间、空间、环境等所做的合理界定。会计基本假设包括会计主体、持续经营、会计分期和货币计量。

（一）会计主体

会计主体是指会计工作服务的特定对象，是企业会计确认、计量和报告的空间范围。企业会计核算和财务报告的编制应当集中反映特定对象的活动，并将其与其他经济主体区别开来，才能实现财务报告的目标。

（二）持续经营

持续经营是指企业在可预见的未来，会按当前的规模和状态继续经营下去，不会停业，也不会大规模削减业务。明确这一基本假设，就意味着会计主体将按照既定用途使用资产，按照既定的合约条件清偿债务，会计人员就可以在此基础上选择会计原则和会计方法。

（三）会计分期

会计分期是指将企业持续经营的生产经营活动划分为一个个连续的、间隔相同的期间。会计期间通常分为年度和中期，中期是指短于一个完整的会计年度的报告期间，如月度、季度、半年度等。

（四）货币计量

货币计量是指会计主体在财务会计确认、计量和报告时以货币计量，反映会计主体的生产经营活动。

实际会计核算时，除了应明确以货币作为主要计量尺度之外，还需要确定具体的记账本位币。比如我国会计法就明确规定以人民币作为记账本位币。业务收支以人民币以外的货币为主的单位，可以选定其中一种货币作为记账本位币，但是编报的财务会计报告应当折算为人民币。

例题1-1

二、会计基础

会计基础是指会计确认、计量和报告的基础，主要解决收入和费用归属期的问题。会计基础包括权责发生制和收付实现制。

（一）权责发生制

企业会计的确认、计量和报告应以权责发生制为基础。

凡是当期已经实现的收入和已经发生或应当负担的费用，无论款项是否收付，都应当作为当期的收入和费用，计入利润表；凡是不属于当期的收入和费用，即使款项已在当期收付，也不应当作为当期的收入和费用。

（二）收付实现制

收付实现制是以实际收到或支付的现金为依据来进行收入和费用的确认。

我国行政事业单位预算会计通常采用收付实现制，行政事业单位财务会计通常采用权责发生制。

技能训练

一、会计基本假设的内容及意义探讨

要求：

1. 独立思考回答下列问题，并将自己的想法记录下来。

（1）会计基本假设包括哪些内容？

（2）通过思考、查阅资料、讨论等方式探寻会计基本假设的意义。

2. 团队交流讨论，自我改进完善。

二、比较权责发生制和收付实现制的区别

要求：

独立分析计算、团队交流讨论。

1. 请以权责发生制为基础，指出各项收入、费用的归属期，并计算利润（表1－2）。

表1－2 权责发生制

业务内容	款项收付期	收入、费用归属期	1月利润计算
1月销售商品50 000元，款项于2月收到			
1月预收货款10 000元，商品于2月发出			
1月发生费用20 000元，款项于2月支付			
1月预付6月费用10 000元			

2. 请以收付实现制为基础，指出各项收入、费用的归属期，并计算利润（表1－3）。

表1－3 收付实现制

业务内容	款项收付期	收入、费用归属期	1月利润计算
1月销售商品50 000元，款项于2月收到			
1月预收货款10 000元，商品于2月发出			
1月发生费用20 000元，款项于2月支付			
1月预付6月费用10 000元			

任务评价

请填写任务评价参考表，检测目标达成情况，见表1－4。

表1－4 理解会计基本假设与会计基础评价参考表

任务目标	达成情况
1. 能够准确地复述会计四个基本假设	是□否□
2. 能够通过思考、查阅资料、讨论等方式探寻会计基本假设的意义	是□否□
3. 能够比较权责发生制和收付实现制的区别，并知道其适用范围	是□否□

任务1－3 理解会计信息质量要求

任务目标

知识目标：

能够完整且准确地复述会计信息质量要求。

技能目标：

1. 能够列举出会计信息质量要求的实务运用案例。

2. 能够根据具体实务案例作出职业判断。

3. 能够独立思考并与同伴一起讨论会计信息质量要求的意义，能够提出自己的见解。

素养目标：

1. 培养法治观念、规则意识，树立正确的职业道德观。

2. 培养分析问题、解决问题的能力以及团队协作精神。

建议学时

1.5 学时。

相关知识

财务会计以财务会计报告为主要形式，定期向各经济利益相关者提供会计信息。那么一份高质量的会计信息应该满足哪些要求呢？一般来说主要包括可靠性、相关性、可理解性、可比性、实质重于形式、重要性、谨慎性和及时性等，具体内容见表1－5。

表1－5　会计信息质量要求具体内容

内 容	要求	关注事项
可靠性	以实际发生的交易或者事项为依据进行确认、计量和报告，如实反映符合确认和计量要求的各项会计要素和其他信息，保证会计信息的真实可靠、内容完整 可靠性是会计信息的首要质量要求	强调真实：诚信为本、操守为重、坚持准则、不做假账
相关性	提供的信息应当与财务报告使用者的经济决策相关，有助于投资者等财务报告使用者对企业过去、现在或者未来的情况作出评价或者预测	强调有用
可理解性	企业提供的会计信息应当清晰明了	—
可比性	纵向可比：同一企业对于不同时期发生的相同或者相似的交易或者事项，应当采用一致的会计政策，不得随意变更 横向可比：不同企业相同会计期间相互可比，确保会计信息口径一致、相互可比	—
实质重于形式	企业应当按照交易或事项的经济实质进行会计确认、计量和报告，不应仅以交易或者事项的法律形式为依据	举例：企业在销售某商品的同时又与客户签订了售后回购协议（以事先约定的价格）。该项业务形式为销售商品，但实质是为了筹集资金，因此不做收入确认
重要性	企业提供的会计信息应当反映与企业财务状况、经营成果和现金流量有关的所有重要交易或事项	重要性应用依赖职业判断，企业应根据所处环境和实际情况，从项目的性质和金额大小两方面进行判断
谨慎性	企业对交易或事项进行会计确认、计量和报告时保持应有的谨慎，不应高估资产或收益、低估负债或者费用	举例：要求企业对可能发生的资产减值损失计提减值准备、对售出商品可能发生的保修义务等确认预计负债，均体现了谨慎性要求
及时性	企业对于已经发生的交易或者事项，应当及时进行确认、计量和报告，不得提前或者延后	及时收集、及时处理、及时传递会计信息

技能训练

一、探寻会计信息质量要求

21世纪，人类进入信息化时代。信息技术的运用，使得信息的发布、获取更加快捷。网络、QQ、微信、抖音、快手、……每天如潮水般的信息向我们涌来，我们享受着足不出户了解天下大事、科学发展、军事演习、八卦消息的同时，也面临着信息的选择、辨别、处理等挑战。

要求：

1. 结合自己日常接收信息的情况，独立思考下列问题，并简要地记录下来。

（1）什么样的信息才是优质信息？

（2）对于会计信息来讲，什么样的信息是优质信息？对它的要求应包括哪些内容？

（3）你认为会计信息质量要求中最首要的要求是什么？为什么？

2. 团队交流讨论，自我改进完善。

二、探讨会计信息质量要求的意义

拓展资源1-1

要求：

1. 通过网络查阅会计造假的相关案例，思考以下问题，并将自己的理解简要记录下来。

（1）如果没有对会计信息的质量要求，会对经济发展有何影响？

（2）近年来，我国企业财务造假问题比较突出，会计信息质量有待提高。请试着分析一下会计信息质量不高的原因主要有哪些。

（3）如何治理会计造假？请试着提出自己的对策建议。

2. 你可以试着与同伴分享、讨论这些问题，来拓展自己的思维。

任务评价

请填写任务评价参考表，检测目标达成情况，见表1-6。

表1-6 理解会计信息质量要求评价参考表

任务目标	达成情况
1. 能够完整且准确地复述会计信息质量要求	是 □ 否 □
2. 能够列举出会计信息质量要求的实务运用案例；能够根据具体实务案例作出职业判断	是 □ 否 □
3. 能够独立思考并与同伴一起讨论会计信息质量要求的意义，能够提出自己的见解	是 □ 否 □

续表

任务目标	达成情况
4. 通过本任务的学习，你的法治观念、规则意识是否得到了一定程度的增强	是 □ 否 □
5. 通过本任务的学习，你分析问题、解决问题的能力以及团队协作精神是否得到了提高	是 □ 否 □

任务 1－4　掌握会计确认、计量与财务报告

任务目标

知识目标：

明确会计六要素的确认条件。

技能目标：

1. 解释会计计量属性及其适用范围。
2. 能够说出财务报告的构成内容。
3. 下载、阅读上市公司财务报告，提炼企业基本情况等相关信息。

素养目标：

1. 培养法治观念、规则意识，树立正确的职业道德观。
2. 培养分析问题、解决问题的能力以及团队协作精神。

建议学时

2 学时。

相关知识

一、会计确认

会计确认是指会计数据进入会计系统时进行记录的过程，即将某一会计事项作为资产、负债、所有者权益、收入、费用和利润等会计要素，正式加以记录和列入报表的过程。

会计要素包括资产、负债、所有者权益、收入、费用和利润。其中，资产、负债和所有者权益要素侧重于反映企业的财务状况；收入、费用和利润要素侧重于反映企业的经营成果。

（一）资产

（1）资产的定义。资产是指企业过去的交易或者事项形成的、由企业拥有或者

控制的、预期会给企业带来经济利益的资源。根据资产的定义，资产具有如下特征。

①资产预期会给企业带来经济利益。作为企业的资产，无论是存货、厂房、专利权还是债权，都应能直接（通过销售手段）或间接（通过成本价值的转移）给企业带来经济利益。

②资产是企业拥有或者控制的资源。资产作为一项资源，应当由企业拥有或者控制，具体是指企业享有某项资源的所有权，或者虽然不享有某项资源的所有权，但该资源能被企业控制。

③资产是由企业过去的交易或者事项形成的。企业预期在未来发生的交易或者事项不形成资产。

(2) 资产的确认条件。将一项资源确认为资产，除了需要符合资产的定义外，还应当同时满足以下两个条件：①与该资源有关的经济利益很可能流入企业；②该资源的成本或者价值能够可靠地计量。

(3) 资产的分类。企业资产按其流动性，可分为流动资产和非流动资产两大类。其中，流动资产包括货币资金、交易性金融资产、应收票据、应收账款、存货等；非流动资产包括长期股权投资、固定资产、无形资产和其他资产等。

（二）负债

(1) 负债的定义。负债是指企业过去的交易、事项形成的现时义务，履行该义务会导致经济利益流出企业。负债是企业筹资的主要渠道之一。根据负债的定义，负债具有如下特征。

①负债是由企业过去的交易或者事项形成的。企业将在未来发生的承诺、签订的合同等交易或者事项，不形成负债。

②负债是企业承担的现时义务。现时义务是指企业在现行条件下已承担的义务。未来发生的交易或者事项形成的义务，不属于现时义务，不应当确认为负债。

③负债的清偿预期会导致经济利益流出企业。负债的清偿形式虽是多种多样的，如现金偿还、实物资产偿还、提供劳务偿还、转移资产偿还等，但不论哪种偿还形式，都会使得经济利益流出企业。

(2) 负债的确认条件。将一项现时义务确认为负债，除了需要符合负债的定义外，还应当同时满足以下两个条件：①与该义务有关的经济利益很可能流出企业；②未来流出的经济利益的金额能够可靠地计量。

(3) 负债的分类。负债按其流动性，可分为流动负债和非流动负债。其中，流动负债主要包括短期借款、应付票据、应付账款、应付职工薪酬、应交税费等；流动负债以外的负债为非流动负债，其主要包括长期借款、应付债券、长期应付款等。

(三) 所有者权益

(1) 所有者权益的定义。所有者权益是指企业资产扣除负债后由所有者享有的剩余权益，即企业的净资产。对股份有限公司来说，所有者权益称为股东权益。

(2) 所有者权益的来源构成。所有者权益的来源及对应科目见表 1－7。

表 1－7 所有者权益的来源及对应科目

来源	对应科目
所有者投入的资本	实收资本（或股本） 资本公积——股本溢价（或资本溢价）
直接计入所有者权益的利得和损失	其他综合收益
留存收益	盈余公积、利润分配——未分配利润

利得是指由企业**非日常活动**所形成、会导致所有者权益增加的、与所有者投入资本无关的经济利益的流入。

损失是指由企业**非日常活动**所形成的、会导致所有者权益减少的、与向所有者分配利润无关的经济利益的流出。

利得或损失分别计入所有者权益（其他综合收益）和当期损益（营业外收入或营业外支出等)。其中，直接计入所有者权益的利得和损失主要包括：①以公允价值计量且其变动计入其他综合收益的金融资产公允价值的变动额；②现金流量套期中套期工具公允价值变动额（有效套期部分）等。

(3) 所有者权益的确认条件。由于所有者权益体现的是所有者在企业中的剩余权益，因此，所有者权益的确认依赖于资产与负债的确认和计量。

(四) 收入

(1) 收入的定义。收入是指企业在日常活动中形成的、会导致所有者权益增加的、与所有者投入资本无关的经济利益的总流入。根据收入的定义，收入具有以下特征。

①收入是企业在日常活动中形成的。如工业企业制造并销售产品、商业企业销售商品、保险公司签发保单、软件企业为客户开发软件、租赁公司出租资产等。

②收入是与所有者投入资本无关的经济利益的总流入。收入会导致经济利益的流入，从而导致资产的增加。例如，企业销售商品收到货款。

③收入会导致所有者权益的增加。与收入相关的经济利益的流入会导致所有者权益的增加，不会导致所有者权益增加的经济利益的流入不符合收入的定义，不应确认为收入。例如，企业从银行借入的款项，虽然也导致了经济利益的流入，但是

没有导致所有者权益增加，反而增加了一项现时义务，形成了企业的负债。

（2）收入的确认条件。企业应当在履行了合同中的履约义务，即在客户取得相关商品或服务控制权时确认收入。取得相关商品控制权是指能够主导该商品的使用并从中获得几乎全部的经济利益。

（3）收入的分类。收入按企业从事日常活动对企业的重要性，可分为主营业务收入和其他业务收入。

（五）费用

（1）费用的定义。费用是指企业在日常活动中发生的、会导致所有者权益减少的、与向所有者分配利润无关的经济利益的总流出。根据费用的定义，费用具有以下特征。

①费用是在企业日常活动中形成的。因日常活动所产生的费用通常包括销售成本、职工薪酬、折旧费、无形资产摊销费等。

②费用是与向所有者分配利润无关的经济利益的总流出。费用的发生会导致经济利益的流出，从而会导致资产的减少或者负债的增加。

③费用会导致所有者权益的减少。与费用相关的经济利益的流出会导致所有者权益的减少，不会导致所有者权益减少的经济利益的流出，则不符合费用定义，不应确认为费用。

（2）费用的确认条件。费用的确认除了应当符合定义外，还至少应当符合以下条件：①与费用相关的经济利益很可能流出企业；②经济利益流出企业的结果会导致企业资产的减少或者负债的增加；③经济利益的流出额能够可靠计量。

（六）利润

（1）利润的定义。利润是指企业在一定会计期间的经营成果。利润是评价企业管理层业绩的一项重要指标，也是投资者等财务报告使用者进行决策时的重要参考。

（2）利润的来源。利润的来源包括收入减去费用后的净额、直接计入当期利润的利得和损失等。

（3）利润的确认条件。利润反映的是收入减去费用、利得减去损失后的净额，因此，利润的确认主要依赖于收入、费用以及利得和损失的确认。

二、会计计量

会计计量是为了将符合确认条件的会计要素登记入账并列报于财务报表而确定其金额的过程。企业的各种资产、负债到底应该选择什么样的形式才能反映出可靠的且与决策相关的会计信息？这是一个困扰会计理论及实务很久的问题，值得我们进行深入的探讨。

现行会计理论和实务中经常提及的会计计量属性有：历史成本、重置成本、可变现净值、现值和公允价值，具体内容见表1-8。

表1-8 会计要素计量属性及适用范围

计量属性	内容	适用范围
历史成本	历史成本又称实际成本，就是取得或制造某项财产物资时所实际支付的现金或其他等价物 在历史成本计量下，资产按照其购置时支付的现金或现金等价物的金额或者按照购置时所付出的对价的公允价值计量。负债按照其因承担现时义务而实际收到的款项或者资产的金额，或者承担现时义务的合同金额，或者按照日常活动中为偿还负债预期需要支付的现金或者现金等价物的金额计量	企业在对会计要素进行计量时，一般应当采用历史成本
重置成本	重置成本又称现行成本，是指按照当前市场条件，重新取得同样一项资产所需支付的现金或现金等价物 在重置成本计量下，资产按照现在购买相同或者相似资产所需支付的现金或者现金等价物的金额计量。负债按照现在偿付该项债务所需支付的现金或者现金等价物的金额计量	盘盈固定资产
可变现净值	可变现净值是指在正常经营过程中，以预计售价减去进一步加工成本和销售所必需的预计税金、费用后的净值 在可变现净值计量下，资产按照其正常对外销售所能收到现金或者现金等价物的金额扣减该资产至完工时估计将要发生的成本、估计的销售费用以及相关税金后的金额计量	存货的期末计价
现值	现值是指对未来现金流量以恰当的折现率进行折现后的价值，即将未来现金流量按照一定折现率进行折现 在现值计量下，资产按照预计从其持续使用和最终处置中所产生的未来净现金流量的折现金额计量。负债按照预计期限内需要偿还的未来净现金流出量的折现金额计量	分期付款购入资产、分期收款销售商品等
公允价值	公允价值是指市场参与者在计量日发生的有序交易中，出售一项资产所能收到或者转移一项负债所需支付的价格	交易性金融资产的期末计量等

三、财务报告

财务报告是企业对外提供的反映企业某一特定日期财务状况和某一会计期间经营成果、现金流量等会计信息的文件。财务报告包括财务报表和其他应当在财务报告中披露的相关信息与资料。

财务报表是对企业财务状况、经营成果和现金流量的结构性表述。一套完整的财务报表至少应当包括资产负债表、利润表、现金流量表、所有者权益（或股东权益）变动表以及附注。

（一）资产负债表

资产负债表是反映企业在某一特定日期财务状况的会计报表。资产负债表通过如实反映企业的资产、负债和所有者权益金额及其结构情况，帮助财务报表使用者分析企业的生产经营能力、偿债能力、所有者权益构成等情况。资产负债表（简表）见表1-9。

表1-9 资产负债表（简表）

编制单位： 年 月 日 单位：元

资产	期末余额	负债和所有者权益	期末余额
流动资产		流动负债	
非流动资产		非流动负债	
		负债合计	
		所有者权益	
资产总计		负债和所有者权益总计	

（二）利润表

利润表是反映企业在一定会计期间的经营成果的会计报表。利润表可以反映企业在一定会计期间的收入、费用、利润（或亏损）的发生情况，有助于财务报表使用者全面了解企业生产经营活动的成果，分析企业的盈利能力及盈利增长趋势，作出适合的经济决策。利润表（简表）见表1-10。

表1-10 利润表（简表）

编制单位： 年 月 日 单位：元

项目	本期金额
一、营业收入	
减：营业成本	
税金及附加	
管理费用	
销售费用	
财务费用	
二、营业利润	
加：营业外收入	
减：营业外支出	
三、利润总额	
减：所得税费用	
四、净利润	

（三）现金流量表

现金流量表是反映企业在一定会计期间内现金及现金等价物流入和流出的会计报表。现金流量表有助于财务报表使用者了解企业收益质量及影响现金净流量的因素，分析和评价企业获取现金及现金等价物的能力（如支付能力、偿债能力和周转能力等），并据以预测企业未来现金流量。

（四）所有者权益变动表

所有者权益变动表是指反映所有者权益的各组成部分的当期增减变动情况的会计报表。所有者权益变动表应当全面反映一定时期所有者权益的变动情况，不仅包括所有者权益总量的增减变动，还包括所有者权益增减变动的重要结构性信息，让财务报表使用者准确理解所有者权益增减变动的根源。

（五）附注

附注是对资产负债表、利润表、现金流量表和所有者权益变动表等报表中列示项目的文字描述或明细资料，以及对未能在这些报表中列示的项目的说明等。

附注是财务报表的重要组成部分，通过附注与资产负债表、利润表、现金流量表和所有者权益变动表的列示项目的相互参照，以及对未能在报表中列示项目的说明，财务报表使用者可以了解企业的财务状况、经营成果和现金流量。

技能训练

团队协作，完成下列活动。

（1）下载一份你感兴趣的上市公司的年度财务报告。（可通过登录该公司官网，也可以通过登录一些财经证券网站，如东方财富网、中国证券网等，来下载财报）

（2）结合会计要素、会计计量属性、财务报告等所学知识，阅读财务报告，了解该公司基本情况，关注主要会计数据和财务指标。

（3）对阅读财报的收获进行汇报展示。（可从企业基本情况、行业背景、财报构成、财务状况、经营成果以及附注信息等多角度进行汇报）

任务评价

请填写任务评价参考表，检测目标达成情况，见表1－11。

表1－11 掌握会计确认、计量与财务报告评价参考表

任务目标	达成情况
1. 明确会计六要素的确认条件	是 □ 否 □
2. 解释会计计量属性及其适用范围	是 □ 否 □
3. 能够说出财务报告的构成内容	是 □ 否 □
4. 下载、阅读上市公司财务报告，提炼企业基本情况等相关信息	是 □ 否 □

任务1－5 了解会计职业发展

任务目标

知识目标：

通过查阅资料，了解新技术背景下会计领域产生的新变化。

技能目标：

对职业及自我有一个较为清晰的认知。

素养目标：

1. 熟悉会计人员职业道德规范。

2. 培养分析问题、解决问题的能力。

建议学时

0.5 学时。

相关知识

一、财务领域面临的冲击和挑战

经济发展、竞争加剧以及技术进步，给传统商业模式带来巨大冲击的同时，也迫使财务领域站在了向数字化转型的巨大变革转折点。财务领域面临以“大智移云物”和区块链为代表的新一代信息技术带来的冲击和挑战。

一方面，传统的以事后处理为核心的财务模式，因无法快速响应前端的管理需求而面临变革。企业需要实现其对更广泛的业务（从记账、算账到报账、采购、税务等）的数字化处理，以适应前端的业务发展需求。另一方面，在社会发展和技术进步的共同推动下，经济波动周期越来越短，企业的经营也变得更加复杂和充满不确定性。

另外，信息技术不断升级，信息、数据的产生和处理速度日益加快，亦使企业有能力对海量的财务数据和非财务数据进行收集、加工、分析和报告，同时也使企业可以获得更精细的数据、更实时的分析报告、更快的预测速度和更强的计算能力。传统的财务思维和技术已经无法满足企业的需求，企业需要不断引入新的思维和技术来应对这些挑战。

二、信息技术在财务领域的融合与应用

（一）智能技术引领数字化运营

智能技术正被广泛地应用到财务工作的很多领域，如运用财务机器人实现流程自动化，应用语音识别进行人机对话，应用图像识别进行发票审核，应用规则引擎进行管控决策，运用人工智能洞察业务背后的逻辑。总之，自然语言识别、机器学习和知识图谱等智能技术正在引领企业实现数字化转型。

（二）业财税智能共享平台实现数字化运营

业财税智能共享平台基于新一代信息技术，实现对企业更广泛业务（从记账、算账到报账、采购、税务等）的数字化处理，并对企业的财务体系、业务流程、商业模式进行了颠覆和升级。业财税智能共享平台主要包括财务共享、采购共享、商旅共享和税务共享等部分。其中，财务共享，可以实现财务和业务部门的连接，实现所有交易的透明化、在线化处理；采购共享，可以实现企业与供应商、客户之间的连接，实现采购网络化；商旅共享，可以实现企业与商旅平台及供应商的连接，实现在线申请、在线下单、系统自动执行预算、完成采购、统一结算；税务共享，可以实现企业与税务机关的连接，实现税务信息集中处理。

（三）数字化平台的构建

传统的信息化构建下，企业资源计划系统、客户管理系统、供应商管理系统、人力资源系统彼此独立且完整，形成了大量数据孤岛，也造成了大量的资源浪费和数据损耗。基于中台思维的数字化平台的构建，打通底层数据，实现统一、集中的数据收集和场景化应用，让数据赋能企业的业务发展。

三、会计行业人才需求的新变化

在财务共享服务中心、云会计、财务大数据、智能会计等新技术的综合作用下，会计行业出现了会计由核算向管理迅速转变，财务与业务一体化进程加快，会计系统与外部集成度更高，会计信息向个性化、实时化发展等新趋势。在此背景下，未来财务需具备形势洞察、业财融合、战略思维、风控合规、财资整合、金融善用、

数据运营、协调组织、科技赋能、生态协调等核心能力。

技能训练

要求：

1. 查阅相关信息，思考下列问题，并简要记录下来。

（1）企业数字化转型对财务工作有哪些影响？对财务人员提出哪些新的要求？

（2）结合自己的实际情况，制定职业规划，并确定现阶段的学习及发展目标。

2. 团队交流讨论，自我改进完善。

任务评价

请填写任务评价参考表，检测目标达成情况，见表 1－12。

表 1－12　了解会计职业发展评价参考表

任务目标	达成情况
1. 通过查阅资料，了解新技术背景下会计领域产生的新变化	是 □ 否 □
2. 对职业及自我有一个较为清晰的认知	是 □ 否 □

即测即练

总结与评价

一、绘制思维导图

运用思维导图总结、归纳与本项目相关的知识点、技能点，帮助自己记忆、理解及查缺补漏。

二、自我分析与总结

（1）通过本项目的学习，学会了哪些知识？掌握了哪些技能？素养方面得到了哪些提升？

（2）反思本项目的完成情况，提出改进建议。

三、项目评价

请根据质量评价标准，完成项目评价，见表 1－13。

表 1－13　企业财务会计认知质量评价标准

<table>
<tr><th colspan="2">评价内容</th><th>质量要求</th><th>分值</th><th>评价</th></tr>
<tr><td rowspan="3">A. 知识与方法
（30 分）</td><td>必备知识</td><td>完成学习任务需要的必备知识点</td><td>15</td><td></td></tr>
<tr><td>拓展知识</td><td>通过自主学习，掌握相关拓展知识</td><td>5</td><td></td></tr>
<tr><td>学习方法</td><td>自主学习、网络学习、查阅资料、师生互动学习等方法应用有效</td><td>10</td><td></td></tr>
<tr><td rowspan="4">B. 完成任务/
职业能力
（40 分）</td><td>信息收集</td><td>收集问题、资料有效、齐全，能够理解信息内容</td><td>7</td><td></td></tr>
<tr><td>解决问题</td><td>遇到问题能够独立思考，提出自己的见解</td><td>8</td><td></td></tr>
<tr><td>团队协作</td><td>能够有效沟通、协作，目标一致，完成小组任务</td><td>10</td><td></td></tr>
<tr><td>任务完成</td><td>在规定的时间内，保质保量地完成了任务实施中的各项任务</td><td>15</td><td></td></tr>
<tr><td rowspan="3">C. 职业道德与
价值观（30 分）</td><td>法治观念</td><td>树立法治观念，自觉遵守、坚定捍卫</td><td>10</td><td></td></tr>
<tr><td>规则意识</td><td>熟悉会计基本准则，树立规则意识</td><td>10</td><td></td></tr>
<tr><td>职业道德</td><td>能够树立正确的职业道德观，自觉抵制不良社会风气</td><td>10</td><td></td></tr>
<tr><td colspan="3">项目得分</td><td colspan="2"></td></tr>
</table>

项目2　核算货币资金

项目提要

本项目主要介绍库存现金、银行存款及其他货币资金等业务的核算。通过学习，学生能够认真执行现金管理制度，处理现金收付和银行结算业务，坚持结算原则，具有法律意识和责任意识，具有良好的职业操守及沟通、协作能力。

价值引领

货币资金在企业中属于流动性最强、控制风险最高的资产，极易成为会计舞弊的目标。财务人员弄虚作假、职务侵占，企业货币资金舞弊等案件屡见不鲜。如何防范舞弊，需要从以下三个方面齐抓共管：个人层面，要不断提升财务人员业务素质和职业道德水平。热爱工作，敬重职业；安心工作，任劳任怨；严肃认真，一丝不苟；忠于职守，尽职尽责；实事求是，信守诺言；公私分明，不贪不占；遵纪守法，清正廉洁；坚持准则，依法办事；努力学习，强化服务。企业层面，要不断加强对货币资金的内部控制与管理，确保货币资金收付的合法、合理；严格执行国家有关货币资金管理的相关法规；确保货币资金收付的适当、及时、安全和完整；确保其记录的真实可靠。社会层面，建立现代金融监管体系，切实保护投资者利益、维护市场秩序、防范系统性风险、维护市场稳定。

岗位职责

货币资金管理是出纳岗位的主要工作之一，该岗位职责如下。

（1）认真执行现金管理制度。

（2）处理现金收付和银行结算业务，货款要及时存缴银行，不得挪用现金和“白条抵库”、不得签发“空头支票”。

（3）一切结算业务（包括现金、银行存款）都必须按照财务规定以及开支范围、内容、标准办理，不得弄虚作假。做到日清月结、账目清楚。

（4）管理好盖有公司财务章的所有凭据及有价证券。

（5）协助有关部门积极追收货款及欠款，加快资金回笼和周转使用。

（6）坚持结算原则，必须做好钱货两讫、维护购销双方正当权益及银行不予垫款三条。

(7) 协助主管会计办理借贷款手续并记录清楚。

(8) 建立健全现金出纳各种账目，严格审核现金收付过程。

建议学时

6 学时。

任务 2-1　核算库存现金

任务目标

知识目标：

1. 明确货币资金的核算内容。
2. 熟悉企业现金管理制度主要内容。
3. 掌握库存现金收付、清查业务的账务处理。

技能目标：

1. 能够正确编制库存现金收付、清查业务的会计分录。
2. 能够根据现金管理制度，对违反制度的情形做准确的判断。

素养目标：

1. 培养诚实守信、廉洁自律、坚持原则、强化服务等良好的职业素养。
2. 能够积极主动地思考问题，并能逻辑清楚地与他人分享。
3. 能够以反面典型案例为戒，明确出纳人员应具备的职业操守。

建议学时

1 学时。

相关知识

一、货币资金概述

（一）货币资金的内容

货币资金是指企业生产经营过程中处于货币形态的资产，包括库存现金、银行存款和其他货币资金。

（1）库存现金。现金有广义和狭义之分，广义的现金包括库存现金、银行存款及其他符合现金定义的票证。狭义的现金仅仅指存放在企业财务部门，由出纳经管的货币。企业财务会计中讲的现金即为狭义概念上的现金。

（2）银行存款。银行存款是指企业存放在银行或其他金融机构的货币资金。银行存款包括人民币存款和各种外币存款。

（3）其他货币资金。其他货币资金是指企业除库存现金、银行存款之外的其他各种货币资金，主要包括外埠存款、银行汇票存款、银行本票存款、信用卡存款等。

（二）货币资金的内部控制

货币资金内部控制，需遵循以下原则。

（1）岗位分工和职务分离。将涉及货币资金内部控制的不相容职务分别由不同人员担任。

（2）严格收支分开及收款入账。将现金支出业务和现金收入业务分开处理，防止将现金收入直接用于现金支出，不得随意坐支。

（3）实行支出款项的严格授权批准程序。严禁擅自挪用、出借以及其他不按规定支出货币资金。

（4）实施内部稽核。通过稽核及时发现和纠正货币资金管理中存在的问题，以改进货币资金的管理。

（5）实行定期轮岗制度。实行定期轮岗制度，防止或减少发生人为的舞弊行为。

二、库存现金

（一）库存现金的管理

库存现金是企业流动性最强的资产，企业应当严格遵守国家有关现金管理制度，正确进行现金收支的核算，监督现金使用的合法性与合理性。

企业应在遵循相关的法律法规和行业规范的基础上，结合自身的经营特点和管理需求，建立健全现金管理制度，确保企业现金管理合法、规范、有效。其主要内容见表2－1。

表2－1 企业现金管理制度主要内容

项目	内容
现金使用范围	（1）职工工资、津贴。 （2）个人劳务报酬。 （3）根据国家规定办法给个人的科学技术、文化艺术、体育等各种奖金。

续表

项目	内容
现金使用范围	(4) 各种劳保，福利费用以及国家规定的对个人的其他支出。 (5) 向个人收购农副产品和其他物资的价款。 (6) 出差人员必须随身携带的差旅费。 (7) 结算起点以下的零星支出。 (8) 中国人民银行确定需要支付现金的其他支出
现金库存限额管理	企业应根据自身的经营规模和现金流量，合理确定现金库存限额。一般来说，限额应既能满足企业日常零星开支的需要，又能避免现金闲置和浪费。企业应定期对库存现金进行盘点，确保现金账实相符
现金收支管理	(1) 现金收入管理：企业应确保所有现金收入都及时入账，防止出现坐收坐支的情况。对于收到的现金，应及时存入银行，不得私自截留或挪用。 (2) 现金支出管理：企业应严格按照规定的现金使用范围进行支出，对于超出范围的支出，应通过银行转账等方式进行结算。在支付现金时，应要求收款人出具合法有效的收款凭证，并由相关人员签字确认
现金内部控制	(1) 岗位分离：企业应建立健全现金管理的岗位责任制，确保现金收付、保管、记账等岗位相互分离，形成有效的内部牵制机制。 (2) 授权审批：企业应明确现金收付的授权审批权限，对于重大的现金收支事项，应经过集体决策或上级主管部门的审批。 (3) 内部审计：企业应定期对现金管理情况进行内部审计，发现问题及时整改，确保现金管理制度的有效执行
其他相关规定	(1) 禁止坐收坐支：企业不得将现金收入直接用于现金支出，应将现金收入及时存入银行，再根据需要进行支取。 (2) 禁止白条抵库：企业不得用不符合财务制度规定的凭证顶替库存现金，确保现金账实相符。 (3) 禁止公款私存：企业不得将公款存入私人账户，应严格按照规定将资金存入企业的银行账户

（二）库存现金收付业务的核算

账户设置：“库存现金”（资产类账户）

企业应设置库存现金总账（会计登记）和库存现金日记账（出纳登记），分别进行企业库存现金的总分类核算和明细分类核算。

库存现金总账可直接根据收付款凭证逐笔登记，也可以定期根据汇总收付款凭证或科目汇总表登记。

库存现金日记账由出纳人员根据审核无误的收付款凭证，按照业务发生顺序逐日逐笔登记。每日终了，应当在库存现金日记账上计算出当日的现金收入合计额、现金支出合计额和结余额，并将库存现金日记账的余额与实际库存现金金额核对，保证账款相符（日清）。月度终了，库存现金日记账的余额应当与库存现金总账的余额核对，做到账账相符（月结）。

现金收付的账务处理见表2－2。

表2－2 现金收付的账务处理

业务	账务处理
(1) 企业收到现金时	借：库存现金 　　贷：银行存款等
(2) 企业支出现金时	借：银行存款/其他应收款/管理费用等 　　贷：库存现金

（三）库存现金清查的核算

为保证现金的安全完整，企业应当按规定对库存现金进行定期和不定期的清查，一般采用实地盘点法，对于清查的结果应当编制库存现金盘点报告单。如有挪用现金、白条抵库的情况应及时予以纠正；对于超限额留存的现金应及时送存银行。如果账款不符，发现有待查明原因的现金短缺或溢余，应先通过“待处理财产损溢”账户核算，按管理权限报经批准后，分情况进行账务处理。

现金清查的账务处理见表2－3。

表2－3 现金清查的账务处理

情形	审批前	审批后
盘盈	借：库存现金 　　贷：待处理财产损溢	借：待处理财产损溢 　　贷：其他应付款（应支付给有关人员或单位） 　　　　营业外收入（无法查明原因）
盘亏	借：待处理财产损溢 　　贷：库存现金	借：其他应收款（由责任人赔偿或保险公司赔偿） 　　管理费用（无法查明原因） 　　贷：待处理财产损溢

技能训练

一、熟悉现金管理制度

要求：

1. 独立思考下述问题，并将自己的想法记录下来。

（1）某公司老板觉得，为了方便使用资金，应该把所有的钱都放在公司的保险柜里，花多少直接从公司拿就可以了，不然总要跑银行，太麻烦了。他的这种想法对吗？国家对于现金的使用，有没有相关规定？

（2）某食品厂需要采购农产品，为控制成本，公司决定直接从农民个人处进行收购，总价款 10 000 元。该款项可以直接用现金支付吗？

（3）某公司年底给职工张三发放奖金 10 000 元。该款项可以直接用现金支付吗？

2. 团队交流讨论，自我改进完善。

二、探讨职业操守、强化管理的重要性

要求：

1. 阅读拓展资源 2 -1，思考以下问题，并将自己的看法简要记录下来。

（1）作为一名出纳人员，应具备什么样的职业操守？请试着谈谈良好的职业操守对个人职业发展的意义。

（2）本案中的管理漏洞是什么？如何加强管理？请试着提出自己的对策建议。

2. 你可以试着与同伴分享、讨论这些问题，来拓展自己的思维。

任务评价

请填写任务评价参考表，检测目标达成情况，见表 2 -4。

表 2 -4　核算库存现金评价参考表

任务目标	达成情况
1. 明确货币资金的核算内容，能够正确编制库存现金收付、清查业务的会计分录	是 □ 否 □
2. 熟悉企业现金管理制度主要内容，能够根据现金管理制度，对违反制度的情形做准确的判断	是 □ 否 □
3. 能够积极主动地思考问题，并能逻辑清楚地与他人分享	是 □ 否 □
4. 能够以反面典型案例为戒，明确出纳人员应具备的职业操守	是 □ 否 □

任务2-2 核算银行存款

任务目标

知识目标：

1. 熟悉银行结算方式及有关规定。
2. 掌握银行存款相关业务的账务处理。

技能目标：

1. 能够绘制支票、银行汇票等主要结算方式的流程图。
2. 能够正确编制银行存款收付业务的会计分录。
3. 能够准确编制银行存款余额调节表。

素养目标：

1. 培养诚实守信、廉洁自律、坚持原则、强化服务等良好的职业素养。
2. 能够积极主动地思考问题，并能逻辑清楚地与他人分享。
3. 能够以反面典型案例为戒，明确财务人员的道德遵循。

建议学时

3学时。

相关知识

一、银行存款管理

（一）银行存款账户

企业应该按照规定在其所在地银行开立账户，用以办理存款、取款和转账结算等业务。根据《人民币银行结算账户管理办法》的规定，企业银行存款账户按用途不同可分为基本存款账户、一般存款账户、临时存款账户和专用存款账户。

（1）基本存款账户。基本存款账户是指企业办理日常转账结算和现金收付的账户。企业的工资、奖金等现金的支取，只能通过该账户办理。一家企业只能选择一家银行的一个营业机构开立一个基本存款账户，不得在多家银行开立基本存款账户，但国家另有规定除外。

（2）一般存款账户。一般存款账户是指企业在基本存款账户以外的银行借款转存，与基本存款账户的企业不在同一地点的附属非独立核算单位的账户。企业可以通过该账户办理转账结算和现金缴存，但不能办理现金支取。企业不得在同一家银行的几个分支机构开立一般存款账户。

（3）临时存款账户。临时存款账户是指企业因临时经营活动需要开立的账户。企业可以通过该账户办理转账结算和根据国家现金管理规定办理现金收付。

（4）专用存款账户。专用存款账户是指企业因特定用途需要开立的账户。企业通过该账户只能办理具有特定用途的款项的存取和转账。

企业在银行开立账户后，可到开户银行购买各种银行往来使用的凭证（如现金支票、转账支票、进账单等），用于办理银行存款的收付。

（二）银行结算管理

现金开支范围以外的各项款项收付，都必须通过银行办理转账结算。企业办理转账结算，必须有足够的资金保证支付；必须以合法、有效的票据和结算凭证为依据；必须遵循“恪守信用，履约付款；谁的钱进谁的账，由谁支配；银行不垫款”的结算原则；根据业务特点，采用恰当的结算方式办理各种结算业务。

二、银行结算方式

结算方式是指用一定的形式和条件来实现各单位（或个人）之间货币收付的程序和方法。根据中国人民银行有关支付结算办法的规定，目前企业可以采用的银行结算方式主要有支票、银行本票、银行汇票、商业汇票、汇兑、委托收款、托收承付、信用卡、信用证及电子支付等。

三、银行存款收付核算

账户设置：“银行存款”（资产类账户）

企业应当设置银行存款总账（会计人员登记）和银行存款日记账（出纳人员登记），分别进行银行存款总分类和明细分类核算。

银行存款总账可直接根据收付款凭证逐笔登记，也可定期根据汇总收付款凭证或科目汇总表登记。

银行存款日记账由出纳人员根据审核后的收付款凭证，按照银行存款业务的发生顺序逐日逐笔登记。每日终了，应结出余额。银行存款日记账应定期与银行对账单核对。月份终了，银行存款日记账的余额应当与银行存款总账的余额核对相符。

银行存款的基本账务处理见表2－5。

表2－5 银行存款的基本账务处理

业务	账务处理
1. 企业将款项存入银行和其他金融机构时	借：银行存款 　贷：库存现金/应收账款等
2. 提取或支付已存入银行和其他金融机构存款时	借：库存现金/应付账款/管理费用等 　贷：银行存款

四、银行存款清查

企业银行存款日记账应定期与银行对账单进行核对，至少每月核对一次。核对时，将企业银行存款日记账与银行对账单逐笔核对，双方余额如果不一致，其原因可能是记账差错，也可能是存在未达账项。如果是记账差错，应立即更正；如果存在未达账项，应编制“银行存款余额调节表”。银行存款清查流程如图2－1所示。

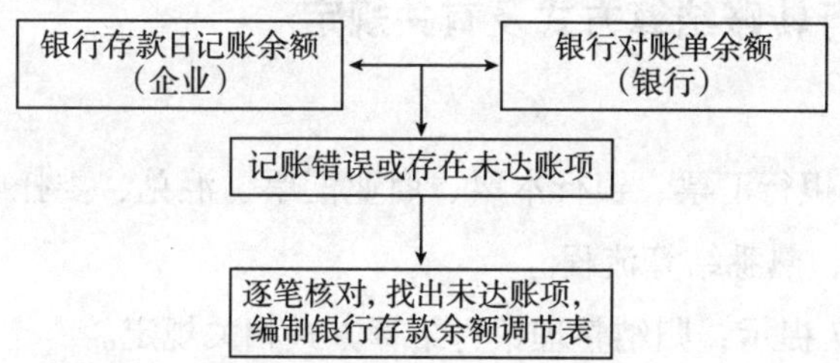

图2－1 银行存款清查流程

（一）未达账项

企业银行存款日记账与银行对账单核对后，如果二者相符，通常说明记账没有错误；如果二者余额不相符，则可能是企业或银行一方或双方记账错误导致，也可能是存在未达账项。

未达账项是指企业与银行之间对于同一项业务，由于取得凭证的时间不同，一方已登记入账，而另一方尚未入账的款项，一般有四种情况（表2－6）。

表2－6 未达账项的示例

未达账项	示例
企业已收，银行未收	例：企业已将收到的购货单位开出的转账支票送存银行并且入账，但银行因尚未办妥转账收款手续而没有入账
企业已付，银行未付	例：企业开出的转账支票已经入账，但是，收款单位因尚未到银行办理转账手续或银行尚未办妥转账付款手续而没有入账
银行已收，企业未收	例：企业委托银行代收的款项，银行已经办妥收款手续并且入账，但是，因收款通知尚未到达企业而使企业没有入账
银行已付，企业未付	例：企业应付给银行的借款利息，银行已经办妥付款手续并且入账，但是，因付款通知尚未到达企业而使企业没有入账

（二）编制银行存款余额调节表

如果存在未达账项，则应当编制“银行存款余额调节表”，据以确定企业银行存款实有数。调节后，如果余额一致，一般表明没有记账错误，且该余额为企业可以实际动用的余额。如果余额仍然不一致，表明企业或银行一方出现了记账错误，应立即查明原因。属于银行方面的原因，应及时通知银行更正；属于本单位的原因，应按错账更正方法进行更正。

需要指出的是，“银行存款余额调节表”只是为了核对账目，不能作为调整企业银行存款账面记录的记账依据。

技能训练

一、熟悉银行转账结算方式及有关规定

要求：

1. 绘制支票、银行汇票、银行本票、商业汇票、汇兑、委托收款、托收承付等结算方式的流程图，熟悉结算流程。

2. 根据表 2－7 提示，归纳整理银行结算方式相关规定。

表 2－7　银行转账结算方式

结算方式		涉及账户	分类	适用范围	提示付款期
票据结算	支票				
	银行本票				
	银行汇票				
	商业汇票				
非票据结算	汇兑				
	委托收款				
	托收承付				
	信用卡				

二、掌握银行存款余额调节表的编制方法

要求：

1. 阅读拓展资源 2－3。

2. 思考讨论。

（1）独立思考下列问题，并简要记录下来。

①什么原因会导致银行存款日记账与银行对账单余额不一致？

②如果出现银行存款日记账与银行对账单余额不一致的情况，我们需要核对账目做进一步分析。那么核对账目要从哪几个方面入手？

③我们在核对账目时发现：银行存款日记账与银行对账单存在的不一致不是由于企业或银行记账错误导致，而是存在未达账项。那么，为什么会产生未达账项呢？

④未达账项有几种情况？

⑤存在未达账项，企业应该怎样进行处理？

⑥企业能够动用的银行存款金额到底是多少？

（2）团队交流讨论，自我改进完善。

3. 根据任务提示，完成银行存款余额调节表的编制。

（1）任务资料。仲夏公司2023年7月银行存款日记账、银行对账单及银行存款余额调节表分别见表2-8、表2-9、表2-10。

表2-8 银行存款日记账

元

日期	摘要	金额
…	…	…
7月29日	因销售商品收到98#转账支票一张	15 000
7月29日	开出78#现金支票一张	1 000
7月30日	收到A公司交来的355#转账支票一张	3 800
7月30日	开出105#转账支票以支付货款	11 700
7月31日	开出106#转账支票支付明年报刊订阅费	500
月末余额		153 200

表2-9 银行对账单

元

日期	摘要	金额
…	…	…
7月29日	支付78#现金支票	1 000
7月29日	收到98#转账支票	15 000
7月30日	收到托收的货款	25 000
7月30日	支付105#转账支票	11 700
7月31日	结转银行结算手续费	100
月末余额		174 800

表 2－10 银行存款余额调节表

年 月 日 单位：元

项 目	金 额	项 目	金 额
银行存款日记账余额 加：银行已收、企业未收 减：银行已付、企业未付		银行对账单余额 加：企业已收、银行未收 减：企业已付、银行未付	
调节后余额		调节后余额	

（2）任务单。仲夏公司任务单见表 2－11。

表 2－11 仲夏公司任务单

（1）银行存款对账	完成情况
·逐笔核对银行存款日记账与银行对账单，双方一致的，用铅笔在金额旁打“√”	是 □ 否 □
·找出未达账项（即银行存款日记账和银行对账单中没有打“√”的款项）	是 □ 否 □
·分析未达账项属于哪种情形，并进行标注	是 □ 否 □
·将调整平衡的“银行存款余额调节表”，经主管会计签章后，呈报开户银行	是 □ 否 □
（2）编制银行存款余额调节表	完成情况
·将企业银行存款日记账和银行对账单的余额填入“银行存款余额调节表”	是 □ 否 □
·将找出的未达账项填入“银行存款余额调节表”	是 □ 否 □
·计算调整后的余额	是 □ 否 □

三、货币资金舞弊案例分析

1. 了解康得新、东旭等公司的货币资金造假案例，思考以下问题，并将自己的理解简要记录下来。

（1）从职业道德的角度分析，该案例的造假问题违背了会计职业道德的哪些原则？

（2）如何防范货币资金舞弊？

2. 你可以试着与同伴分享、讨论这些问题，来拓展自己的思维。

任务评价

请填写任务评价参考表，检测目标达成情况，见表 2－12。

表 2－12 核算银行存款评价参考表

任务目标	达成情况
1. 能够绘制支票、银行汇票等主要结算方式的流程图	是 □ 否 □
2. 能够正确编制银行存款收付业务的会计分录	是 □ 否 □
3. 能够准确编制银行存款余额调节表	是 □ 否 □
4. 能够积极主动地思考问题，并能逻辑清楚地与他人分享	是 □ 否 □
5. 能够以反面典型案例为戒，明确财务人员的道德遵循	是 □ 否 □

任务2-3 核算其他货币资金

任务目标

知识目标：

1. 掌握其他货币资金的核算内容。
2. 掌握其他货币资金相关业务的账务处理。

技能目标：

1. 能够准确说出其他货币资金业务的核算范围。
2. 能够正确编制其他货币资金相关业务的会计分录。
3. 能够总结、归纳其他货币资金业务的主要账务处理。

素养目标：

1. 培养诚实守信、廉洁自律、坚持原则、强化服务等良好的职业素养。
2. 能够积极主动地思考问题，并能逻辑清楚地与他人分享。

建议学时

2 学时。

相关知识

其他货币资金是指企业除库存现金和银行存款以外的各种货币资金，包括外埠存款、银行汇票存款、银行本票存款、信用卡存款、信用证保证金存款和存出投资款等。近年来，随着我国互联网科技的发展，出现了第三方支付平台，如微信、支付宝等，丰富了支付和销售业务结算的手段，促进了经济发展，企业通过微信、支付宝平台转入的款项也包括在其他货币资金中。

账户设置2-4

账户设置：“其他货币资金”（资产类账户）

一、核算外埠存款

外埠存款是指企业到外地进行临时或零星采购时，汇往采购地银行开立采购专户的款项。

案例2-8

企业将款项汇往外地时，应填写汇款委托书，委托开户地银行办理汇款。汇入地银行以汇款单位名义开立临时采购账户，该账户存款不计利息，只付不收，付完清户。除采购员差旅费可以支取少量现金外，一律采用转账结算。

外埠存款基本账务处理见表 2－13。

表 2－13　外埠存款基本账务处理

业务	账务处理
1. 企业将款项汇往外地开立采购专户，根据汇出款项凭证编制付款凭证时	借：其他货币资金——外埠存款 　贷：银行存款
2. 收到采购人员交来的供应单位的材料账单、货物运单等报销凭证时	借：原材料 　应交税费——应交增值税（进项税额） 　贷：其他货币资金——外埠存款
3. 采购完毕收回剩余款项时，根据银行收账通知编制会计分录	借：银行存款 　贷：其他货币资金——外埠存款

二、核算银行汇票存款

银行汇票存款是指企业为了取得银行汇票按规定存入银行的款项。

银行汇票存款基本账务处理见表 2－14。

表 2－14　银行汇票存款基本账务处理

<table>
<tr><th colspan="2">业务</th><th>账务处理</th></tr>
<tr><td rowspan="3">付款方</td><td>1. 企业填写“银行汇票申请书”，将款项交存银行时</td><td>借：其他货币资金——银行汇票
　贷：银行存款</td></tr>
<tr><td>2. 企业用银行汇票采购，收到有关发票账单时</td><td>借：原材料
　应交税费——应交增值税（进项税额）
　贷：其他货币资金——银行汇票</td></tr>
<tr><td>3. 采购完毕收回剩余款项时</td><td>借：银行存款
　贷：其他货币资金——银行汇票</td></tr>
<tr><td>收款方</td><td>销货企业销售货物，收到银行汇票，需持银行汇票第二联和第三联以及填制的进账单到开户行办理进账手续，根据银行进账单的回单联和销售发票等原始单据编制会计分录</td><td>借：银行存款
　贷：主营业务收入等
　　应交税费——应交增值税（销项税额）</td></tr>
</table>

三、核算银行本票存款

银行本票存款是指企业为了取得银行本票按规定存入银行的款项。

银行本票存款基本账务处理见表 2－15。

表 2－15 银行本票存款基本账务处理

业务	账务处理	
付款方	1. 付款单位填写“银行本票申请书”，将款项交存银行时	借：其他货币资金——银行本票 贷：银行存款
	2. 付款单位持银行本票采购、收到有关发票账单时	借：原材料等 应交税费——应交增值税（进项税额） 贷：其他货币资金——银行本票
	3. 申请人因银行本票超过提示付款期限或其他原因要求退款时，应将银行本票提交到出票银行并出具单位证明	借：银行存款 贷：其他货币资金——银行本票
收款方	收款单位将银行本票连同填制的进账单送存银行办理转账，根据银行进账单的回单联和销货发票等编制会计分录	借：银行存款 贷：主营业务收入等 应交税费——应交增值税（销项税额）

四、核算信用卡存款

案例2-10

信用卡存款是指企业为了取得信用卡而存入银行信用卡专户的款项。

信用卡存款基本账务处理见表 2－16。

表 2－16 信用卡存款基本账务处理

业务	账务处理
1. 企业申领信用卡应填制“信用卡申请表”，连同支票和有关资料一并送交发卡银行，根据银行盖章退回的进账单第一联编制会计分录	借：其他货币资金——信用卡 贷：银行存款
2. 企业用信用卡购物或支付有关费用，收到开户银行转来的信用卡存款的付款凭证及所附发票账单时	借：管理费用等 贷：其他货币资金——信用卡
3. 企业在信用卡使用过程中，需要向其账户续存资金时	借：其他货币资金——信用卡 贷：银行存款
4. 企业的持卡人如不需要继续使用信用卡，应持信用卡主动到发卡银行办理销户，销卡时信用卡余额转入企业基本存款账户，不得提取现金	借：银行存款 贷：其他货币资金——信用卡

五、核算信用证保证金存款

信用证保证金存款是指采用信用证结算方式的企业为开具信用证而存入银行信用证保证金专户的款项。企业向银行申请开立信用证，应按规定向银行提交开证申请书、信用证申请人承诺书和购销合同。

信用证保证金存款的基本账务处理见表 2－17。

表 2－17　信用证保证金存款的基本账务处理

业务	账务处理
1. 企业填写“信用证申请书”，将信用证保证金交存银行时，应根据银行盖章退回的“信用证申请书”回单编制会计分录	借：其他货币资金——信用证保证金 贷：银行存款
2. 企业接到开证行通知，根据供货单位信用证结算凭证及所附发票账单编制会计分录	借：原材料等 应交税费——应交增值税（进项税额） 贷：其他货币资金——信用证保证金
3. 将未用完的信用证保证金存款余额转回开户银行	借：银行存款 贷：其他货币资金——信用证保证金

六、核算存出投资款

存出投资款是指企业已存入证券公司但尚未进行投资的款项。企业向证券公司划出资金及购买股票、债券等时，通过“其他货币资金——存出投资款”账户进行核算。

存出投资款基本账务处理见表 2－18。

表 2－18　存出投资款基本账务处理

业务	账务处理
1. 企业向证券公司划出资金时	借：其他货币资金——存出投资款 贷：银行存款
2. 购买股票、债券、基金时	借：交易性金融资产等 贷：其他货币资金——存出投资款

七、核算微信、支付宝存款

微信、支付宝存款是指企业发生有关收款业务通过微信、支付宝收入的款项。

微信、支付宝存款基本账务处理见表 2－19。

表 2－19　微信、支付宝存款基本账务处理

业务	账务处理
1. 企业以单位名义开通微信、支付宝后，发生收款业务收入款项时	借：其他货币资金——微信（或支付宝） 贷：主营业务收入 应交税费——应交增值税（销项税额）
2. 发生购货等业务支付款项时	借：原材料等 应交税费——应交增值税（进项税额） 贷：其他货币资金——微信（或支付宝）
3. 提取现金时	借：银行存款 贷：其他货币资金——微信（或支付宝）

技能训练

一、其他货币资金业务核算

甲公司为增值税一般纳税人，2023 年 8 月 5 日，向银行提交“银行本票申请书”，并将 10 170 元银行存款转作银行本票存款。8 月 8 日，用银行本票购买办公用品 9 000 元，增值税专用发票上注明的增值税税额为 1 170 元。

要求：

根据上述业务资料，编制会计分录。

二、归纳总结其他货币资金的账务处理

准确、全面地归纳各类其他货币资金取得、使用、结清各环节账务处理，要求会计科目运用无误、逻辑清晰、语言简明。

任务评价

请填写任务评价参考表，检测目标达成情况，见表 2－20。

表 2－20　核算其他货币资金评价参考表

任务目标	达成情况
1. 能够准确说出其他货币资金业务的核算范围	是 □ 否 □
2. 能够正确编制其他货币资金相关业务的会计分录	是 □ 否 □
3. 能够总结、归纳其他货币资金业务的主要账务处理	是 □ 否 □

即测即练

总结与评价

一、绘制思维导图

运用思维导图总结、归纳与本项目相关的知识点、技能点，帮助自己记忆、理解及查缺补漏。

二、自我分析与总结

（1）通过本项目的学习，学会了哪些内容？掌握了哪些技能？素养方面得到了哪些提升？

（2）反思本项目的完成情况，提出改进建议。

三、项目评价

请根据质量评价标准，完成项目评价，见表2－21。

表2－21　核算货币资金质量评价标准

评价内容		质量要求	分值	评价
A. 知识与方法（30分）	必备知识	熟悉现金管理制度、银行转账结算及相关规定	10	
		掌握货币资金的账务处理方法及清查方法	10	
	学习方法	自主学习、网络学习、查阅资料、师生互动学习等方法应用有效	10	
B. 完成任务/职业能力（40分）	职业能力	能够对违反现金使用规定的情形进行判断	7	
		能够准确完成货币资金业务的账务处理	10	
		能够正确编制银行存款余额调节表	8	
	解决问题	遇到问题能够独立思考，提出自己的见解	4	
	团队协作	能够有效沟通、协作，目标一致，完成小组任务	6	
	任务完成	在规定的时间内，保质保量地完成了任务实施中的各项任务	5	
C. 职业道德与价值观（30分）	法治观念	树立法律意识和责任意识	15	
	职业道德	以反面典型案例为戒，明确财务人员的职业操守，树立正确的职业道德观念	15	
项目得分				

项目3　核算往来款项

项目提要

本项目主要介绍应收与应付账款、应收与应付票据、预收与预付账款、其他应收款与其他应付款等业务的核算。通过学习，学生能够正确进行往来款项业务的核算，坚持会计准则，具有法律意识、责任意识、风险意识和诚信意识。

价值引领

诚信是推动企业生产力提高的精神动力，是促进企业内外有效沟通的桥梁，是企业生存和发展的基石。在我国民族商业史上，晋商之所以能够纵横欧亚、称雄商场，靠的就是诚实守信、开拓进取、艰苦创业的“晋商精神”。诚信是商业的首要秩序，也是晋商精神中最宝贵的财富。晋商之“信”表现在以下两个方面。

(1) 利以义制、立信为本。晋商能够恰当地处理“义”与“利”的关系，在经营上不惜折本亏损也要保证信誉。“信”本身就是一种巨大的无形资产，它对广大顾客有强大的吸引力，以致各地百姓购买晋商的商品，只认商标，不还价格。这是晋商商业兴旺发达的源泉。

(2) 守信为用、崇尚信誉。商业交往离不开“信用”这条纽带，恪守信用、维护信誉是商贸往来中必须遵循的商业道德。晋商视信誉为命根，坚持信誉第一。强调做买卖必须脚踏实地，不投机取巧，赚钱不骄傲，赔本不气馁，宁赔本也不做玷污商号招牌的事。有了信用，才能赢得客户。

习近平总书记在视察山西时，曾高度评价：“山西自古就有重商文化传统，形成了诚实守信、开拓进取、和衷共济、务实经营、经世济民的晋商精神。”并提出要积极营造公平竞争、诚信经营的市场环境，营造依法保护企业家合法权益的法治环境，营造尊重和激励企业家干事创业的社会环境，构建新时期新型政商关系。

注册会计师行业发展规划（2021－2025年）指导思想提出：“要以服务国家建设为主题，以诚信建设为主线，不断提升行业服务政治、经济、文化、社会和生态文明建设的新境界。坚持和完善行业诚信制度建设，加强诚信教育和宣传引导，增进市场和公众对行业的专业倚重和道德信赖，在服务国家建设大局中发挥行业职能、实现行业价值。”

岗位职责

往来款项是企业在生产经营过程中发生的各种应收、应付款项及预收、预付款项。为促进资金的良性循环、加速资金周转、提高资金利用率，防止坏账的发生、减少收账费用和损失，保证债权债务信息的真实性、准确性、完整性，切实维护企业权益，企业应建立健全内部控制制度，加强往来款项的管理。企业往来会计岗位职责如下。

(1) 根据采购合同、商品销售合同设置往来业务账户，认真核对并确认采购每笔付款、销售客户每笔回款。

(2) 做好往来账款日常管理工作，编制往来账款的会计记账凭证，并登记往来账套。

(3) 及时对往来账款业务进行核对，每月 5 日前提供往来账款计划执行情况表，对账资料按时归集存档。

(4) 对往来账款随时进行监控，对金额较大、账龄较长的进行重点分析跟踪。

(5) 负责随时与市场部、供应部保持沟通，对发现的往来账款问题及时解决或上报。

(6) 负责空白收据的领用、保管，对销售回款开具收据。

(7) 对市场部领出的收据每月及时跟踪、实施管控。

(8) 负责对开出的发票进行审核，做好发票登记。

(9) 完成经理、主管会计及领导交办的其他工作。

建议学时

8 学时。

任务 3－1 核算应收账款与应付账款

任务目标

知识目标：

1. 明确应收账款、应付账款的概念。
2. 掌握应收账款、应付账款的核算方法。

技能目标：

1. 能够正确编制应收账款、应付账款相关业务的会计分录。

2. 能够进行换位思考，即站在不同“会计主体”角度进行业务分析。

素养目标：

1. 培养法律意识、责任意识、风险意识、诚信意识。

2. 能够积极主动地思考问题，并能逻辑清楚地与他人分享。

3. 能够在任务活动中不断调节、自我提问，以检查预期目标是否达成。

建议学时

2 学时。

相关知识

一、应收账款与应付账款认知

（一）应收账款

应收账款是指企业因销售商品、提供劳务等经营活动，应向购货单位或接受服务方收取的款项。其主要包括企业销售商品或提供服务等应向有关债务人收取的价款、增值税及代购货单位垫付的包装费、运杂费等。

企业不因销售活动、提供劳务而发生的，如各种应收的赔款和罚款、应收取的为职工垫付的款项、应收的债务人利息、预付款项等都不应确认为应收账款。

（二）应付账款

应付账款是指企业因购买材料、商品或接受服务等经营活动而应付给供应单位的款项。这是买卖双方在购销活动中因取得物资与支付货款时间不一致而产生的负债。一般来说，应付账款应在与所购买物资有关的风险和报酬已经转移或劳务已经接受时确认。

账户设置3-1

（三）账户设置

账户设置详情，请扫码查看。

二、应收账款与应付账款账务处理

（一）发生时

企业发生应收账款时，按应收金额，借记“应收账款”账户，贷记“主营业务收入”“应交税费——应交增值税（销项税额）”等账户；按企业代购货单位垫付的包装费、运杂费，借记“应收账款”账户，贷记“银行存款”等账户。收回应收账款时，借记“银行存款”等账户，贷记“应收账款”账户。

企业购入原材料、库存商品等，但货款尚未支付，根据发票账单等有关凭证，借记“材料采购”“原材料”“应交税费——应交增值税（进项税额）”等账户，贷记“应付账款”账户。

案例3-1

案例3-2

（二）以商业汇票抵付所欠货款

企业应收账款改用商业汇票结算，在收到承兑的商业汇票时，借记“应收票据”账户，贷记“应收账款”账户。

企业开出商业汇票抵付应付账款时，借记“应付账款”账户，贷记“应付票据”账户。

（三）外购电力、燃气等动力

实务中，企业外购电力、燃气等动力一般通过“应付账款”账户核算，即在每月支付时先做暂付款处理。

案例3-3

案例3-4

（四）应付账款转销

企业转销确实无法支付的应付账款（如因债权人撤销等原因而产生无法支付的应付账款），应按其账面余额计入营业外收入。

技能训练

一、应收账款、应付账款账务处理

业务资料：

甲公司于2023年3月10日销售一批原材料给乙公司，增值税专用发票上注明售价50 000元，增值税税额6 500元，货款尚未收到。乙公司原材料已验收入库，货款暂未支付。甲、乙公司均为一般纳税人。2023年6月28日，甲公司收到乙公司支付的货款。请分别为购销双方进行账务处理。

要求：

请站在不同“会计主体”角度分析业务逻辑，完成账务处理（表3－1）。

表3－1　账务处理

甲公司	乙公司

二、探讨应收账款、应付账款的管理

要求：

1. 独立思考下列问题，并将自己的想法记录下来。

（1）企业经常会采用赊销方式销售产品。请试着分析一下，赊销带给企业的“利与弊”。

（2）如何防范赊销风险？

（3）企业如何加强应收账款、应付账款的管理？

2. 团队交流讨论，自我改进完善。

任务评价

请填写任务评价参考表，检测目标达成情况，见表3－2。

表3－2　核算应收账款与应付账款评价参考表

任务目标	达成情况
1. 能够正确编制应收账款、应付账款相关业务的会计分录	是□ 否□
2. 能够进行换位思考，即站在不同“会计主体”角度进行业务分析	是□ 否□
3. 能够积极主动地思考问题，并能逻辑清楚地与他人分享	是□ 否□
4. 能够在任务活动中不断调节、自我提问，以检查预期目标是否达成	是□ 否□

任务3－2　核算应收票据与应付票据

任务目标

知识目标：

1. 明确应收票据、应付票据的概念。

2. 掌握应收票据、应付票据的核算方法。

技能目标：

1. 能够正确编制应收票据、应付票据相关业务的会计分录。

2. 能够进行换位思考，即站在不同“会计主体”角度进行业务分析。

素养目标：

1. 弘扬传统文化、增强文化自信。

2. 能够积极主动地思考问题，并能逻辑清楚地与他人分享。

3. 能够在任务活动中不断调节、自我提问，以检查预期目标是否达成。

建议学时

2 学时。

相关知识

一、应收票据与应付票据认知

（一）概念

（1）应收票据。应收票据是指企业因销售商品、提供劳务等而收到的商业汇票。商业汇票是一种由出票人签发的，委托付款人在指定日期无条件支付确定金额给收款人或者持票人的票据。商业汇票的付款期限最长不得超过 6 个月。符合条件的商业汇票的持票人，可以持未到期的商业汇票连同贴现凭证向银行申请贴现。

（2）应付票据。应付票据是指企业购买材料、商品和接受劳务供应等而开出、承兑的商业汇票。由于应付票据的偿付时间较短，在会计实务中，一般均按照开出、承兑的应付票据的面值入账。

（二）商业汇票的分类

（1）商业汇票按承兑人的不同可分为商业承兑汇票和银行承兑汇票。

（2）商业汇票按其是否带息可分为不带息商业汇票和带息商业汇票。不带息商业汇票是指票据到期时，承兑人只按票面金额（面值）向收款人或被背书人支付款项的汇票，其票据到期值就是其面值。带息商业汇票是指票据到期时，承兑人应按票面金额加上按规定利率计算的票据利息向收款人或被背书人支付款项的汇票。带息票据的到期值等于其面值加上到期应计利息。

拓展资源3-1

（三）账户设置

销货方为加强对票据的管理，应设置“应收票据备查簿”，逐笔登记每一应收票据的种类、号数和出票日期、票面金额、交易合同、付款人、承兑人、背书人的姓名或单位名称、到期日和利率、贴现日期、贴现率和贴现净额，以及收款日期和收回金额等资料。

账户设置3-2

购货企业则应设置“应付票据备查簿”，详细登记商业汇票的种类、号数和出票日期、到期日、票面余额、交易合同号和收款人姓名或单位名称以及付款日期和

金额等资料。票据到期结清时，应当在各备查簿内予以注销。

二、应收票据和应付票据账务处理

（一）签发或取得商业汇票

应收票据取得的原因不同，其账务处理也有所区别。

因债务人抵偿前欠货款而取得的应收票据，借记“应收票据”账户，贷记“应收账款”账户；因企业销售商品、提供劳务等而收到开出、承兑的商业汇票，借记“应收票据”账户，贷记“主营业务收入”“应交税费——应交增值税（销项税额）”等账户。

企业因购买材料、商品和接收服务等而开出、承兑的商业汇票，应借记“原材料”“在途物资”“材料采购”“应交税费——应交增值税（进项税额）”等账户，贷记“应付票据”账户。

企业因开出银行承兑汇票而支付银行承兑汇票手续费，计入当期财务费用，借记“财务费用”“应交税费——应交增值税（进项税额）”等账户，贷记“银行存款”账户。

（二）商业汇票到期，收到或偿付货款

商业汇票到期收回票据款时，应按实际收到的金额，借记“银行存款”账户，贷记“应收票据”账户。企业开具的商业汇票到期支付票据款时，根据开户银行的付款通知，借记“应付票据”账户，贷记“银行存款”账户。

（三）转销应付票据

商业承兑汇票到期，如付款企业无力支付票款，则应将应付票据按账面余额转作应付账款，借记“应付票据”账户，贷记“应付账款”账户。收款企业应根据收到银行退回的商业承兑汇票、委托收款凭证等，借记“应收账款”账户，贷记“应收票据”账户。

银行承兑汇票到期，如付款企业无力支付票款，则由承兑银行代为支付并作为付款企业的贷款处理，企业应将应付票据的账面余额转作短期借款，借记“应付票据”账户，贷记“短期借款”账户。

（四）应收票据背书转让

根据《支付结算办法》，企业可以将持有的未到期的商业汇票进行背书转让，用以购买所需物资或偿还债务。

背书是指持票人在票据背面签章，签章人称为背书人，背书人对票据的到期付

款负连带责任。企业将持有的应收票据背书转让，以取得所需物资时，按应计入取得物资成本的价值，借记“材料采购”或“原材料”“库存商品”等账户，按增值税专用发票上注明的可抵扣的增值税税额，借记“应交税费——应交增值税（进项税额）”账户，按应收票据的票面余额，贷记“应收票据”账户，如有差额，借记或贷记“银行存款”等账户。

（五）应收票据贴现

应收票据贴现是指企业以未到期应收票据向银行融通资金，银行按票据的应收金额扣除一定期间的贴现利息后，将余额付给企业的筹资行为。

企业持未到期的应收票据向银行贴现，按实际收到的金额（减去贴现利息后的净额），借记“银行存款”账户，按贴现利息，借记“财务费用”账户，按商业汇票的票面金额，贷记“应收票据”账户。

技能训练

一、应收票据与应付票据认知

要求：根据应收票据、应付票据相关内容，回答表 3－3 中问题。

表 3－3　应收票据、应付票据相关问题

序号	内　容	简要记录
1	商业汇票按承兑人可分为哪两类？	
2	商业承兑汇票的承兑人是谁？	
3	银行承兑汇票的承兑人是谁？	
4	商业汇票按其是否计息可分为哪两类？	
5	不带息票据的到期值怎样确定？	
6	带息票据的到期值如何确定？	
7	商业承兑汇票到期无法收回时，应将其转入什么账户？	
8	商业承兑汇票到期无款支付时，应将其转入什么账户？	
9	银行承兑汇票到期无款支付时，应将其转入什么账户？	

二、应收票据和应付票据账务处理

（一）账务处理

业务资料：

甲公司2023年1月1日向乙公司销售一批产品，增值税专用发票注明售价为150 000元，增值税19 500元，收到已承兑的3个月商业承兑汇票一张。乙公司材料已验收入库。

要求：

请站在不同“会计主体”角度分析业务逻辑，完成账务处理（表3－4）。

表3－4　完成账务处理

业务情形	甲公司	乙公司
1月1日，销售产品或购买材料时		
4月1日，收到或支付货款时		
假设4月1日乙公司无力支付		

（二）应收票据贴现

拓展资源3-2

要求：

1. 阅读拓展资源3－2。

2. 根据任务提示，完成票据贴现业务的处理。

（1）阅读完拓展资源3－2后，请试着用自己的语言解释票据贴现。

（2）根据以上资料，归纳贴现净额计算公式（表3－5）。

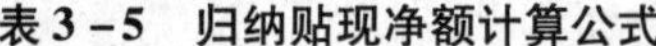

表3－5　归纳贴现净额计算公式

贴现净额＝	
票据到期值	不带息票据的到期值＝
	带息票据的到期值＝
票据到期利息＝	
贴现利息＝	

（3）分析案例3－10，总结归纳贴现业务的账务处理。

贴现业务的账务处理，归纳总结如下：

（4）独立完成下列贴现业务的账务处理。

2023 年 10 月 12 日，C 公司因急需资金，将本公司 9 月 6 日收到的 B 公司不带息商业承兑汇票向银行申请贴现，该票据面值为 300 000 元，期限为 3 个月。银行审批后受理，已知同期银行年贴现率为 6%（表 3－6）。

表 3－6　贴现业务账务处理

该商业承兑汇票的出票日：____；到期日______；贴现日____；贴现天数____。	
确定到期值	
计算贴现利息	
确定贴现净额	
账务处理	

三、探讨诚信对企业、个人的重要意义

要求：

拓展资源3-3

1. 阅读拓展资源 3－3，思考以下问题，并将自己的看法简要记录下来。

（1）查阅资料，了解晋商文化，阐述晋商精神。

（2）2016 年 3 月 4 日，习近平总书记在看望参加政协会议的民建、工商联委员并参加联组讨论时的讲话中指出："公有制企业也好，非公有制企业也好，各类企业都要把守法诚信作为安身立命之本，依法经营、依法治企、依法维权。法律底线不能破，偷税漏税、走私贩私、制假贩假等违法的事情坚决不做，偷工减料、缺斤短两、质次价高的亏心事坚决不做。"

请结合习近平总书记的重要讲话精神，谈谈诚信对企业的重要意义。

（3）作为一个公民，我们的价值要求是什么？又该怎样践行社会主义核心价值观？

2. 你可以试着与同伴分享、讨论这些问题，来拓展自己的思维。

任务评价

请填写任务评价参考表，检测目标达成情况，见表 3－7。

表 3－7　核算应收票据与应付票据评价参考表

任务目标	达成情况
1. 能够正确编制应收票据、应付票据相关业务的会计分录	是 □ 否 □

续表

任务目标	达成情况
2. 能够进行换位思考，即站在不同“会计主体”角度进行业务分析	是 □ 否 □
3. 能够积极主动地思考问题，并能逻辑清楚地与他人分享	是 □ 否 □
4. 能够在任务活动中不断调节、自我提问，以检查预期目标是否达成	是 □ 否 □

任务 3－3 核算预付账款与预收账款

任务目标

知识目标：

1. 明确预付账款、预收账款的概念。
2. 掌握预付账款、预收账款的核算方法。

技能目标：

1. 能够正确编制预付账款、预收账款相关业务的会计分录。
2. 能够进行换位思考，即站在不同“会计主体”角度进行业务分析。

素养目标：

1. 培养法律意识、责任意识、风险意识、诚信意识。
2. 能够积极主动地思考问题，并能逻辑清楚地与他人分享。
3. 能够在任务活动中不断调节、自我提问，以检查预期目标是否达成。

建议学时

1 学时。

相关知识

一、预付账款与预收账款认知

（一）预付账款

预付账款是指企业按照购货合同的规定预付的款项，如预付的材料、商品采购款、在建工程款等。预付账款是企业暂时被供应单位占用的资金。企业预付货款后有权要求对方按照购货合同的规定发货。预付账款必须以购销双方签订的购货合同为条件按照规定的程序和方法进行核算。

预付账款业务不多的企业，可以不单独设置“预付账款”账户，而将预付的款项通过“应付账款”账户核算。但在编制会计报表时，仍须将“预付账款”和“应付账款”的金额分开列示。

（二）预收账款

预收账款是指企业按照合同规定预收的款项。

预收货款业务不多的企业，可以不单独设置“预收账款”账户，其所发生的预收货款，可通过“应收账款”账户的贷方核算。但在编制会计报表时，仍须将“预收账款”和“应收账款”的金额分开列示。

账户设置3-3

（三）账户设置

账户设置详情，请扫码查看。

二、预付账款与预收账款账务处理

（一）预付账款的账务处理

企业根据购货合同的规定向供货方预付账款时，应借记“预付账款”账户，贷记“银行存款”账户。

企业收到所购物资，按应计入采购物资成本的金额，借记“材料采购”“原材料”“库存商品”等账户，按可抵扣的增值税进项税额，借记“应交税费——应交增值税（进项税额）”等账户，贷记“预付账款”账户。

当预付价款小于采购货物所需支付的款项时，应将不足部分予以补付，借记“预付账款”账户，贷记“银行存款”等账户。

当预付价款大于采购货物所需支付的款项时，对收回的多余款项，应借记“银行存款”等账户，贷记“预付账款”账户。

（二）预收账款的账务处理

企业预收款项时，按实际收到的全部预收款，借记“库存现金”“银行存款”账户，涉及增值税的，按照预收款计算的应交增值税，贷记“应交税费——应交增值税（销项税额）”账户，全部预收款扣除应交增值税的差额，贷记“预收账款”账户。

企业分期确认有关收入时，按照实现的收入，借记“预收账款”账户，贷记“主营业务收入”“其他业务收入”账户。

企业收到客户补付款项时，借记“库存现金”“银行存款”账户，贷记“预收账款”“应交税费——应交增值税（销项税额）”账户。

退回客户多预付的款项时，借记“预收账款”账户，贷记“库存现金”“银行存款”账户。涉及增值税的，还应进行相应的会计处理。

案例3-11

技能训练

甲公司为增值税一般纳税人，适用增值税税率为13%。2022 年 7 月 1 日，甲公司与乙公司签订经营租赁（非主营业务）吊车合同，向乙公司出租吊车两台，期限 3 个月，两台吊车租金（含税）共计 33 900 元。合同约定，合同签订后预付租金（含税）22 600 元，合同到期结清全部租金余款。合同签订日，甲公司收到租金并存入银行，开具增值税专用发票注明租金 20 000 元、增值税 2 600 元。租赁期满日，甲公司收到租金余款及相应的增值税。

要求：

请站在不同“会计主体”角度分析业务逻辑，完成账务处理。

任务评价

请填写任务评价参考表，检测目标达成情况，见表 3－8。

表 3－8　核算预付账款与预收账款评价参考表

任务目标	达成情况
1. 能够解释预付账款、预收账款的账户性质	是 □ 否 □
2. 能够正确编制预付账款、预收账款相关业务的会计分录	是 □ 否 □
3. 能够进行换位思考，即站在不同“会计主体”角度进行业务分析	是 □ 否 □
4. 能够在任务活动中不断调节、自我提问，以检查预期目标是否达成	是 □ 否 □

任务 3－4　核算其他应收款与其他应付款

任务目标

知识目标：

1. 明确其他应收款、其他应付款的核算内容。
2. 掌握其他应收款、其他应付款的核算方法。

技能目标：

1. 能够正确编制其他应收款、其他应付款相关业务的会计分录。

2. 能够进行换位思考，即站在不同“会计主体”角度进行业务分析。

素养目标：

1. 培养法律意识、责任意识、风险意识、诚信意识。

2. 能够积极主动地思考问题，并能逻辑清楚地与他人分享。

3. 能够在任务活动中不断调节、自我提问，以检查预期目标是否达成。

建议学时

1 学时。

相关知识

一、其他应收款与其他应付款认知

（一）其他应收款的概念及内容

其他应收款是指企业除应收票据、应收账款、预付账款、应收股利、应收利息等以外的其他各种应收及暂付款项。

（1）应收的各种赔款、罚款，如因企业财产等遭受意外损失而应向有关保险公司收取的赔款等。

（2）应收的出租包装物租金。

（3）应向职工收取的各种垫付款项，如为职工垫付的水电费，应由职工负担的医药费、房租费等。

（4）存出保证金，如租入包装物支付的押金。

（5）其他各种应收、暂付款项。

（二）其他应付款的概念及内容

其他应付款是指企业除应付票据、应付账款、预收账款、应付职工薪酬、应交税费、应付利息、应付股利等经营活动以外的其他各项应付、暂收的款项。

（1）应付短期租赁固定资产租金。

（2）应付低价值资产租赁的租金。

（3）应付租入包装物租金。

（4）出租或出借包装物向客户收取的押金。

（5）存入保证金等。

（三）账户设置

账户设置详情，请扫码查看。

二、其他应收款及其他应付款账务处理

企业发生其他各种应收、暂付款项时，借记“其他应收款”账户，贷记“银行存款”等账户。收回或转销各种款项时，借记“库存现金”“银行存款”等账户，贷记“其他应收款”账户。

企业发生其他各种应付、暂收款项时，借记“管理费用”等账户，贷记“其他应付款”账户；支付或退回其他各种应付、暂收款项时，借记“其他应付款”账户，贷记“银行存款”等账户。

三、备用金

备用金是指为了满足企业内部各部门和职工个人经营活动的需要，而暂付给有关部门和职工个人使用的备用现金。为了反映和监督备用金的领用和使用情况，应在“其他应收款”账户下设置“备用金”明细账户，或设置“备用金”总账账户。

根据备用金管理制度，备用金的核算分为定额备用金制度和非定额备用金制度两种。

（一）定额备用金制度

定额备用金制度是指根据用款单位的实际需要，由财会部门会同有关用款部门核定备用金定额并拨付款项，同时规定其用途和报销期限，待用款单位实际支用后，凭有效单据向财会部门报销，财会部门再根据报销数额用现金补足备用金定额的制度。这种方法便于企业对备用金的使用进行控制，并可减少财会部门的日常核算工作，一般适用于有经常性费用开支的内部用款单位。

（二）非定额备用金制度

非定额备用金制度也称借款报账制，是用款单位或个人需要使用备用金时，按需要逐次借用和报销的制度。这种制度方便、灵活，但将增加备用金日常核算的工作量。

技能训练

甲公司从2023年1月1日起，以经营租赁的方式租入管理用办公设备一批，每

月租金10 000元，按季支付。3月31日，公司以银行存款支付租金30 000元，增值税进项税额为3 900元。

要求：

请根据业务资料，完成甲公司账务处理。

任务评价

请填写任务评价参考表，检测目标达成情况，见表3－9。

表3－9 核算其他应收款与其他应付款评价参考表

任务目标	达成情况
1. 能够复述其他应收款、其他应付款的主要核算内容	是□ 否□
2. 能够正确编制其他应收款、其他应付款相关业务的会计分录	是□ 否□
3. 能够进行换位思考，即站在不同“会计主体”角度进行业务分析	是□ 否□
4. 能够在任务活动中不断调节、自我提问，以检查预期目标是否达成	是□ 否□

任务3－5 应收款项减值

任务目标

知识目标：

1. 了解直接转销法。
2. 掌握备抵法。

技能目标：

1. 能够正确编制应收款项减值相关业务的会计分录。
2. 能够对应收账款减值相关问题进行初步研究。

素养目标：

1. 培养法律意识、责任意识、风险意识、诚信意识。
2. 能够积极主动地思考问题，并能逻辑清楚地与他人分享。
3. 能够在任务活动中不断调节、自我提问，以检查预期目标是否达成。

建议学时

2学时。

相关知识

企业的各项应收款项，可能会因债务人拒付、破产、死亡等信用缺失原因而部分或全部无法收回。这类无法收回的应收款项通常称为坏账。企业因坏账而遭受的损失称为坏账损失。应收款项减值有两种核算方法，即直接转销法和备抵法。我国企业会计准则规定，应收款项减值的核算应采用备抵法。小企业会计准则规定，应收款项减值采用直接转销法。

一、直接转销法

（一）坏账损失的确认

小企业应收及预付款项符合下列条件之一的，减除可收回的金额后确认的无法收回的应收及预付款项，作为坏账损失。

（1）债务人依法宣告破产、关闭、解散、被撤销，或者被依法注销、吊销营业执照，其清算财产不足清偿的。

（2）债务人死亡，或者依法被宣告失踪、死亡，其财产或者遗产不足清偿的。

（3）债务人逾期 3 年以上未清偿，且有确凿证据证明已无力清偿债务的。

（4）与债务人达成债务重组协议或法院批准破产重整计划后，无法追偿的。

（5）因自然灾害、战争等不可抗力导致无法收回的。

（6）国务院财政、税务主管部门规定的其他条件。

（二）账务处理

采用直接转销法时，日常核算中应收款项可能发生的坏账损失不进行账务处理，只有在实际发生坏账时，才作为坏账损失计入当期损益。

案例3-17

基本账务处理：

借：银行存款等［收回的金额］

　　营业外支出——坏账损失［差额］

　　贷：应收账款等［账面余额］

（三）直接转销法的优缺点

直接转销法账务处理简单，将坏账损失在实际发生时确认为损失符合其偶发性特征和小企业经营管理的特点。

直接转销法的缺点：①不符合权责发生制会计核算基础，也与资产定义存在一定的冲突。②坏账实际发生时，才将其确认为当期损益，导致资产和各期损益不实。

③在资产负债表上，应收账款是按账面余额而不是按账面价值反映，这在一定程度上高估了期末应收款项。

二、备抵法

备抵法是采用一定的方法按期确定预期信用损失计入当期损益，作为坏账准备，待坏账损失实际发生时，冲销已计提的坏账准备和相应的应收款项。

采用这种方法，需要对预期信用损失进行复杂的评估和判断，履行预期信用损失的确定程序。考虑到应收款项的流动性特征，实务中，通常按照应收款项的账面余额和预计可收回金额的差额确定预计信用减值损失。

（一）账户设置

为了核算和监督应收款项的坏账准备计提、转销等情况，企业应当设置“坏账准备”“信用减值损失”账户。

（二）坏账准备的计算

当期应计提的坏账准备 = 当期按应收款项计算的坏账准备金额 -（或 +）计提前“坏账准备”账户的贷方（或借方）余额。

（三）账务处理

以应收账款为例，坏账准备相关账务处理见表 3 - 10。

表 3 - 10　备抵法下应收账款坏账准备相关账务处理

<table>
<tr><th colspan="2">情形</th><th>账务处理</th><th>对应收账款
账面余额的影响</th><th>对应收账款
账面价值的影响</th></tr>
<tr><td colspan="2">计提坏账准备</td><td>借：信用减值损失
贷：坏账准备</td><td>不变</td><td>减小</td></tr>
<tr><td colspan="2">冲减坏账准备</td><td>借：坏账准备
贷：信用减值损失</td><td>不变</td><td>扩大</td></tr>
<tr><td colspan="2">转销坏账（实际发生坏账损失）</td><td>借：坏账准备
贷：应收账款</td><td>减小</td><td>不变</td></tr>
<tr><td rowspan="2">已确认并转销坏账的应收账款又重新收回</td><td>撤销坏账
（恢复客户声誉）</td><td>借：应收账款
贷：坏账准备</td><td>扩大</td><td>不变</td></tr>
<tr><td>收回账款</td><td>借：银行存款
贷：应收账款</td><td>减小</td><td>减小</td></tr>
</table>

（四）备抵法核算的优缺点

备抵法核算的优点：①符合权责发生制会计核算基础和会计谨慎性的要求。②在资产负债表中列示应收款项的净额，有助于财报使用者了解相关情况。③在利润表中，“信用减值损失”作为营业利润项目列示，有利于落实企业管理者的经营责任，有助于企业外部利益相关者如实评价企业的经营业绩，作出谨慎的决策。

备抵法核算的缺点：①预期信用损失的估计需要考虑的因素过多，且有部分估计因素带有一定的主观性，对会计职业判断要求较高，有可能导致预期信用损失的确定不够准确、客观。②预期信用减值损失影响各期营业利润金额的计算与确定，客观存在企业管理者盈余管理甚至操纵利润进行舞弊的可能。

技能训练

一、应收款项减值账务处理

业务资料：

2023 年 12 月初，南方工厂“应收账款”账户借方余额 169 000 元，“坏账准备”账户为贷方余额 8 450 元。

要求：

请根据 2023 年 12 月发生的有关经济业务进行账务处理。

（1）10 日，向 A 单位销售产品一批，增值税专用发票注明价款为 120 000 元，增值税税额为 15 600 元，款项尚未收到。

（2）17 日，经有关部门批准确认一笔坏账损失，金额为 36 000 元。

（3）25 月，上月已核销的坏账又收回 18 000 元。

（4）27 日，收到所欠货款 150 000 元，已存入银行。

（5）31 日，公司预期损失 5 930 元，计提坏账准备。

二、应收账款减值问题探讨

任务描述：

近年来，我国金融市场的不断发展和完善，金融工具产品种类不断增多，与此同时也伴随着较高的风险问题，为实现对金融工具潜在风险的有效控制，我国于2017年3月修订了《企业会计准则第22号——金融工具确认和计量》等相关准则，将金融工具的减值从“已损失模型”转变为“预期信用损失模型”，对企业的应收账款减值等相关会计实务产生了较大影响。

要求：

1. 查阅相关资料，思考下列问题，并简要记录下来。

（1）金融工具会计准则减值模型改革的背景是什么？

（2）试分析修订前后金融工具会计准则的理念差异。

（3）基于“预期信用损失模型”对应收账款计提减值准备的优势是什么？在实践中存在哪些难点？

2. 团队交流讨论，自我改进完善。

任务评价

请填写任务评价参考表，检测目标达成情况，见表3－11。

表3－11　应收款项减值评价参考表

任务目标	达成情况
1. 能够正确编制应收款项减值相关业务的会计分录	是□ 否□
2. 能够对应收账款减值相关问题进行初步研究	是□ 否□
3. 能够积极主动地思考问题，并能逻辑清楚地与他人分享	是□ 否□
4. 能够在任务活动中不断调节、自我提问，以检查预期目标是否达成	是□ 否□

即测即练

总结与评价

一、绘制思维导图

利用思维导图，总结、归纳本项目相关的知识点，帮助自己记忆、理解，以及查缺补漏。

二、自我分析与总结

（1）通过本项目的学习，学会了哪些内容？掌握了哪些技能？素养方面得到了哪些提升？

（2）反思本项目的完成情况，提出改进建议。

三、项目评价

请根据质量评价标准，完成项目评价，见表3－12。

表3－12　核算往来款项质量评价标准

评价内容		质量要求	分值	评价
A. 知识与方法（30分）	必备知识	掌握往来款项的账务处理方法	13	
	学习方法	理解应收款项减值的核算原理	7	
		自主学习、角色扮演、网络学习、查阅资料、师生互动学习等方法应用有效	10	
B. 完成任务/职业能力（40分）	职业能力	能够处理往来会计核算岗位的各项工作	4	
		能够站在不同“会计主体”角度进行业务分析	6	
		能够按照规范流程和方法进行往来款项业务的核算	10	
	解决问题	遇到问题能够独立思考，提出自己的见解	5	
	团队协作	能够有效沟通、协作，目标一致，完成小组任务	5	
	任务完成	在规定的时间内，保质保量地完成了任务实施中的各项任务	10	
C. 职业道德与价值观（30分）	法治观念	树立法律意识、责任意识、风险意识和诚信意识	15	
	文化自信	了解晋商文化，传承弘扬晋商精神	8	
		了解企业会计准则理念变化，增强文化自信	7	
项目得分				

项目4　核算存货

项目提要

本项目主要介绍原材料、周转材料、委托加工物资、库存商品及存货清查等业务的核算。通过学习，学生能够完成存货相关业务的账务处理，坚持存货准则，具有法律意识和责任意识，具有良好的服务意识、管理意识及协作能力。

价值引领

随着大数据、人工智能、移动互联网、云计算、5G等新一代信息技术的应用，新一轮科技革命、产业革命浪潮席卷而来，人类社会进入数字经济时代。习近平总书记在向2019中国国际数字经济博览会致贺信中提出，“当今世界，科技革命和产业变革日新月异，数字经济蓬勃发展，深刻改变着人类生产生活方式，对各国经济社会发展、全球治理体系、人类文明进程影响深远”。

存货是企业重要的财产物资，存货管理直接关系企业运营发展成本。存货不论是过多还是过少，对企业经营而言都是十分不利的。存货过多，导致企业经营成本产生不必要的浪费；存货过少，影响企业生产经营。如何规避，做好预判？大数据为供、产、销的协同平衡创造了有利条件。大数据背景下，供应链之间的所有企业能够共享库存、生产、物流、需求等信息。利用大数据，企业能更好地把握客户需求，做到精准采购和精准生产；利用大数据，企业能更加精准地进行成本效益分析，选择最优的采购及生产决策方案。

岗位职责

存货核算是对企业的产成品或商品、在产品、原材料和周转材料在采购、储存和销售过程中进行的核算、记录和管理。与存货核算相关的岗位职责是做好存货业务的原始凭证审核和记账凭证的编制，登记存货的总账和明细账，存货的入库、发出，期末存货的计价、核算，存货的清查等工作。其具体职责如下。

（1）认真审核存货业务的原始凭证，编制存货业务的记账凭证。

（2）合理设置存货账户，及时正确登记存货的总账和明细账。

（3）会同有关部门拟定材料物资管理与核算实施办法。

(4) 审查采购计划，控制采购成本，防止盲目采购。

(5) 负责存货明细核算。对已验收入库尚未付款的材料，月终要估价入账。

(6) 配合有关部门制定材料消耗定额，编制材料计划成本目录。

(7) 参与库存盘点，处理清查账务。

(8) 分析储备情况，防止呆滞积压。对于超过正常储备和长期呆滞积压的存货，要分析原因，提出处理意见和建议，督促有关部门处理。

建议学时

14 学时。

任务 4－1　存货的认知与初始计量

任务目标

知识目标：

1. 掌握存货的概念及入账价值的确定方法。
2. 掌握不同取得方式下存货的入账价值。

技能目标：

1. 能够运用存货的概念及确认条件作出实务判断。
2. 能够正确计算不同取得方式下存货的入账价值。

素养目标：

1. 培养坚持准则等良好的职业素养以及服务意识、管理意识。
2. 能够积极主动地完成任务，并能逻辑清晰地与他人分享。
3. 能够在任务活动中不断反思、调节，以帮助预期目标的达成。

建议学时

2 学时。

相关知识

一、存货的认知

（一）存货的管理

存货是指企业在日常活动中持有以备出售的产成品或商品、处在生产过程中的在产品、在生产过程或提供劳务过程中耗用的材料和物料等。企业持有存货的最终目的是销售，包括可供直接销售的商品和需要经过进一步加工后销售的原材料、在产品等，以及在生产经营管理过程中使用的包装物和低值易耗品等。

存货具有品种繁多、品质各异、存放方式和地点多样、时效性强、占用资金高、管理难度大、要求高等特点。存货质量高低、周转快慢直接影响甚至决定企业的盈利能力、偿债能力和资金周转效率乃至企业经营的成败，在流动资产管理上，人们习惯将减去存货后的流动资产作为速动资产进行管理。因此，积极做好企业会计和管理的协调与配合，加强企业存货的核算和监督管理具有十分重要的作用和意义。

（二）存货的核算内容

存货必须在符合定义的前提下，同时具备与该存货有关的经济利益很可能流入企业和该存货的成本能够可靠地计量两个条件，才能予以确认。企业的存货通常包括原材料、在产品、半成品、产成品、商品及周转材料等。

二、存货的初始计量

存货的初始计量是指对达到目前状态和场所的存货价值进行计量，是为了确定存货取得时的入账价值。存货应当按照成本进行初始计量。存货成本包括采购成本、加工成本和使存货达到目前场所与状态所发生的其他成本。

（一）存货的采购成本

企业的外购存货主要包括原材料和商品。存货的采购成本包括购买价款、相关税费、运输费、装卸费、保险费以及其他可归属于存货采购成本的费用。

（二）加工取得存货的成本

企业通过进一步加工取得的存货，主要包括产成品、在产品、半成品、委托加工物资等，其成本由采购成本、加工成本构成。

存货的加工成本是指在存货的加工过程中发生的追加费用，包括直接人工以及按照一定方法分配的制造费用。直接人工是指企业在生产产品过程中发生的直接从事产品生产人员的职工薪酬。制造费用是指企业为生产产品而发生的各项间接费用。

企业委托外单位加工完成的存货，包括加工后的原材料、包装物、低值易耗品、半成品、产成品等，其成本包括实际耗用的原材料或者半成品、加工费、装卸费、保险费、委托加工的往返运输费等费用以及按规定应计入存货成本的税费。

（三）存货的其他成本

存货的其他成本是指除采购成本、加工成本以外的，使存货达到目前场所和状态所发生的其他支出。为特定客户设计产品所发生的、可直接认定的产品设计费用应计入存货的成本，但是企业设计产品发生的设计费用通常应计入当期损益。

（四）企业自制存货的成本

企业自制的存货，包括自制材料、自制包装物、自制低值易耗品、自制半成品及库存商品等。其成本包括自制过程中消耗的直接材料、直接人工、制造费用等各项实际支出。

（五）不计入存货成本的费用

下列费用应当在发生时确认为当期损益，不计入存货成本。

（1）非正常消耗的直接材料、直接人工和制造费用。比如，由于自然灾害而发生的直接材料、直接人工及制造费用损失，这些费用的发生无助于使该存货达到目前场所和状态，不应计入存货成本。

（2）仓储费用，指企业在存货采购入库后发生的储存费用，应在发生时计入当期损益。但是，在生产过程中为达到下一个生产阶段所必需的仓储费用应计入存货成本。例如，某种酒类产品生产企业为使生产的酒达到规定的产品质量标准而发生的仓储费用，应计入酒的成本，而不应计入当期损益。

（3）不能归属于使存货达到目前场所和状态的其他支出。

技能训练

一、实务判断

要求：

表4－1中支出是否计入存货成本？请根据存货初始计量的相关规定进行判断。

表4－1　计入存货成本的判断

序号	情　况	是否计入存货成本
1	进口原材料支付的关税	是 □ 否 □
2	自然灾害等原因造成的原材料的净损失	是 □ 否 □
3	为特定客户设计产品发生的可直接确定的设计费	是 □ 否 □
4	生产产品过程中发生的制造费用	是 □ 否 □
5	运输途中的合理损耗	是 □ 否 □

续表

序号	情 况	是否计入存货成本
6	存货采购过程中的保险费	是 □ 否 □
7	存货入库前的挑选整理费	是 □ 否 □
8	存货采购过程中的运输费用	是 □ 否 □
9	存货采购过程中的装卸费	是 □ 否 □
10	存货入库后发生的储存费用（不包括在生产过程中为达到下一个阶段所必需的存储费用）	是 □ 否 □

二、存货取得时入账价值的计算

任务资料：

业务 1：甲公司为增值税一般纳税人。2023 年 6 月 1 日，甲公司购买 Y 商品取得的增值税专用发票上注明的价款为 450 万元，增值税税额为 58.5 万元，甲公司另支付不含增值税的装卸费 7.5 万元。请计算 Y 商品的入账价值。

业务 2：信达公司为增值税小规模纳税人，本月从腾达公司处购入甲材料 880 千克，单价（含增值税）50 元，另外支付运杂费 2 500 元，运输途中发生合理损耗 30 千克，入库前发生挑选整理费用 620 元。请计算该批商品的入账价值及单位成本。

要求：

1. 比较采购业务中一般纳税人和小规模纳税人的增值税账务处理差异。
2. 计算过程清晰、结果准确。

任务评价

请填写任务评价参考表，检测目标达成情况，见表 4－2。

表 4－2 存货的认知与初始计量评价参考表

任务目标	达成情况
1. 能够描述存货的概念	是 □ 否 □
2. 能够运用存货的概念及确认条件作出实务判断	是 □ 否 □
3. 能够正确计算不同取得方式下存货的入账价值	是 □ 否 □
4. 能够积极主动地完成任务，并能逻辑清晰地与他人分享	是 □ 否 □
5. 能够在任务活动中不断反思、调节，以帮助预期目标的达成	是 □ 否 □

任务4-2 发出存货的计价方法

任务目标

知识目标：

掌握发出存货的计价方法。

技能目标：

1. 能够运用存货计价方法正确核算发出存货的成本。
2. 能够根据存货计价方法准确登记材料明细账。

素养目标：

1. 培养坚持准则等良好的职业素养以及服务意识、管理意识。
2. 能够积极主动地完成任务，并能逻辑清晰地与他人分享。
3. 能够在任务活动中不断反思、调节，以帮助预期目标的达成。

建议学时

2 学时。

相关知识

一、发出存货计价方法的管理

企业发出存货的计价方法直接影响发出存货成本、结存存货成本和经营成果的计算结果，选择并采用合理、科学的计价方法是合理准确计算成本和经营成果的基础。企业应当根据各类存货的实物流转方式、存货的性质、企业管理的要求等实际情况，合理地选择发出存货的成本计价方法，以合理确定当期发出存货的成本。对于性质和用途相同的存货，应当采用相同的成本计价方法确定发出存货的成本。

实务中，发出存货可以采用实际成本核算，也可以采用计划成本核算。

在实际成本核算方式下，企业可采用**先进先出法**、**月末一次加权平均法**、**移动加权平均法**和**个别计价法**等计价方法核算存货的发出成本。

二、先进先出法

先进先出法是指以先购入的存货应先发出（销售或耗用）这样一种存货实物流动假设为前提，对发出存货进行计价的一种方法。

其具体方法是：收入存货时，逐笔登记收入存货的数量、单价和金额；发出存货时，按照先进先出的原则逐笔登记存货的发出成本和结存金额。

三、月末一次加权平均法

月末一次加权平均法是指以本月全部进货数量加上月初存货数量作为权数，去除本月全部进货成本加上月初存货成本，计算出存货的加权平均单位成本，以此为基础计算本月发出存货的成本和期末结存存货成本的一种方法。

计算公式：

存货单位成本＝［月初库存存货的实际成本＋Σ（本月各批进货的实际单位成本×本月各批进货的数量）］÷（月初库存存货数量＋本月各批进货数量之和）

本月发出存货成本＝本月发出存货数量×存货单位成本

本月月末结存存货成本＝月末库存存货数量×存货单位成本

或：本月月末结存存货成本＝月初结存存货成本＋本月收入存货成本－本月发出存货成本

计算加权平均单位成本时，如果能够除尽，先计算谁都没有问题；如果不能除尽，为避免尾数的影响，一般可以按加权平均单位成本计算月末结存存货成本，然后倒挤出本月发出存货成本。

四、移动加权平均法

移动加权平均法是指以每次进货成本加上原有结存存货成本的合计额，除以每次进货数量加上原有结存存货数量的合计数，据以计算加权平均单位成本，作为在下次进货前计算各次发出存货成本依据的一种方法。

计算公式：

存货单位成本＝（原有库存存货实际成本＋本次进货实际成本）÷（原有库存存货数量＋本次进货数量）

本次发出成本＝本次发出数量×本次发货前的单位成本

本月月末结存存货成本＝月末结存数量×月末单位成本

或：本月月末结存存货成本＝月初结存存货成本＋本月收入存货成本－本月发出存货成本

五、个别计价法

个别计价法又称“个别认定法”“具体辨认法”。采用这一方法是假设存货的实物流转与成本流转相一致，按照各种存货，逐一辨认各批发出存货和期末存货所属的购进批别或生产批别，分别按其购入或生产时所确定的单位成本计算各批发出存货和期末存货成本的方法。这种方法把每一种存货的实际成本作为计算发出存货成本和期末存货成本的基础。

计算公式：

每次（批）发出存货成本 = 该次（批）存货发出的数量 × 该次（批）存货实际收入的单位成本

从案例4－3至案例4－6的计算结果可以发现，采用不同发出存货的计价方法，其计算结果是各不相同的。不同计价方法下的发出存货成本比较见表4－3。

表4－3 不同计价方法下的发出存货成本比较

发出存货方法	发出存货成本/元	对比	差额分析
先进先出法	7 800	发出存货成本最低	两者相差：8 000－7 800＝200（元），差异率＝（200÷7 800）×100%＝2.56%
月末一次加权平均法	8 000	发出存货成本最高	
移动加权平均法	7 900		
个别计价法	7 950		

通过比较发现，在企业进货单价不断上升的情况下，不考虑其他影响利润的因素，采用先进先出法计算的利润最高，采用月末一次加权平均法计算的利润最低，这对准确评价企业盈利能力产生一定影响；发出存货成本高则期末存货成本低，对存货周转率、资产负债率等财务指标形成一定影响，进而对评价企业营运能力和偿债能力产生一定的影响。可见，不同存货计价方法的经济后果可能存在差异。因此，企业应在国家统一会计制度规定范围内尽可能选择发出存货成本偏高的计价方法，以使企业利益相关者特别是股东作出谨慎的经济决策。

技能训练

一、发出存货计价方法的运用

任务资料：

甲公司2023年4月D材料的收、发情况见表4－4。

表 4－4　D 材料购销明细账　　单位：元

日期		摘要	收入			发出			结存		
月	日		数量	单价	金额	数量	单价	金额	数量	单价	金额
4	1	期初余额							100	10	1 000
	10	购入	300	12	3 600						
	15	发出				180					
	20	购入	200	13	2 600						
	25	发出				270					
	30	本期合计									

（一）先进先出法的运用

要求：

（1）观察、分析案例 4－3，体会先进先出法下如何登记明细账。

（2）根据任务资料，运用先进先出法登记 D 材料明细账（表 4－5）。

表 4－5　D 材料购销明细账（先进先出法）　　单位：元

日期		摘要	收入			发出			结存		
月	日		数量	单价	金额	数量	单价	金额	数量	单价	金额
4	1	期初余额									
	10	购入									
	15	发出									
	20	购入									
	25	发出									
	30	本期合计									

（3）独立思考下列问题并进行简要记录。你可以试着与同伴分享、讨论这些问题，来拓展自己的思维。

①先进先出法的优点有哪些？

②先进先出法的缺点是什么？

③先进先出法的适用范围是什么？

④如果物价持续上升，采用先进先出法会对当期利润和库存存货价值的确定有什么影响？反之如何？

（二）月末一次加权平均法的运用

要求：

（1）根据任务资料，运用月末一次加权平均法登记 D 材料明细账（表 4－6）。

表4-6 D材料购销明细账（月末一次加权平均法） 单位：元

日期		摘要	收入			发出			结存		
月	日		数量	单价	金额	数量	单价	金额	数量	单价	金额
4	1	期初余额									
	10	购入									
	15	发出									
	20	购入									
	25	发出									
	30	本期合计									

（2）独立思考下列问题并进行简要记录。你可以试着与同伴分享、讨论这些问题，来拓展自己的思维。

①月末一次加权平均法的优点有哪些？

②月末一次加权平均法的缺点是什么？

（三）移动加权平均法的运用

要求：

（1）根据任务资料，运用移动加权平均法登记D材料明细账（表4-7）。

表4-7 D材料购销明细账（移动加权平均法） 单位：元

日期		摘要	收入			发出			结存		
月	日		数量	单价	金额	数量	单价	金额	数量	单价	金额
4	1	期初余额									
	10	购入									
	15	发出									
	20	购入									
	25	发出									
	30	本期合计									

（2）独立思考下列问题并进行简要记录。你可以试着与同伴分享、讨论这些问题，来拓展自己的思维。

①移动加权平均法的优点有哪些？

②移动加权平均法的缺点是什么？

二、案例分析

要求：

1. 阅读拓展资源4-3，思考以下问题，并将自己的看法简要记录下来。

（1）查阅资料，阐明存货在取得、发出环节的主要舞弊形式。

（2）金正大财务造假案，给予我们怎样的教训与启示？

（3）作为一名财务工作人员，应该遵循的基本职业道德是什么？

2. 你可以试着与同伴分享、讨论这些问题，来拓展自己的思维。

拓展资源4-3

任务评价

请填写任务评价参考表，检测目标达成情况，见表4－8。

表4－8 发出存货的计价方法评价参考表

任务目标	达成情况
1. 能够运用存货计价方法正确核算发出存货的成本	是□ 否□
2. 能够根据存货计价方法准确登记材料明细账	是□ 否□
3. 能够积极主动地完成任务，并能逻辑清晰地与他人分享	是□ 否□
4. 能够在任务活动中不断反思、调节，以帮助预期目标的达成	是□ 否□

任务4－3 核算原材料

任务目标

知识目标：

1. 掌握实际成本法下原材料的核算方法。
2. 掌握计划成本法下原材料的核算方法。

技能目标：

1. 能够正确编制实际成本法下原材料相关业务的会计分录。
2. 能够正确编制计划成本法下原材料相关业务的会计分录。

素养目标：

1. 培养坚持准则等良好的职业素养以及服务意识、管理意识。
2. 能够积极主动地完成任务，并能逻辑清晰地与他人分享。
3. 能够在任务活动中不断反思、调节，以帮助预期目标的达成。

建议学时

4学时。

相关知识

一、原材料按实际成本核算

原材料的日常收发及结存可以采用实际成本核算，也可以采用计划成本核算。

原材料按实际成本核算是指原材料的收入、发出及结存，从材料的收发凭证到明细分类核算和总分类核算，均按实际成本计价。这种计价方法适用于材料品种较少、收料业务不多的企业。

（一）账户设置

企业采用实际成本核算，主要应设置的账户有“原材料”“在途物资”“应付账款”等。

（二）原材料取得的账务处理

原材料的取得包括外购、自制和投资者投入三种情况。

1. 外购材料

企业外购材料由于货款结算方式和采购地点不同，材料入库的时间和货款支付的时间不一定完全一致，从而相应的账务处理也有所不同。

原材料取得的基本账务处理见表4－9。

表4－9 原材料取得的基本账务处理

<table>
<tr><td>单料同到</td><td colspan="2">借：原材料（采购成本）
应交税费——应交增值税（进项税额）
贷：银行存款（或其他货币资金、应付票据、应付账款等）</td></tr>
<tr><td rowspan="2">单到料未到</td><td>发票账单到时</td><td>借：在途物资
应交税费——应交增值税（进项税额）
贷：银行存款（或其他货币资金、应付票据、应付账款等）</td></tr>
<tr><td>材料验收入库时</td><td>借：原材料
贷：在途物资</td></tr>
<tr><td rowspan="2">料到单未到</td><td colspan="2">（不跨月）平时只对材料验收入库做数量记录，不记账。单到后，视同单料同到进行账务处理</td></tr>
<tr><td>月末，单据仍未到达</td><td>借：原材料（按材料的暂估价值，不考虑增值税）
贷：应付账款——暂估应付账款</td></tr>
</table>

续表

料到单未到	下月初红字冲销原会计分录	借：原材料（金额红字） 　　贷：应付账款——暂估应付账款（金额红字）
	等单据到后按单料同到进行会计处理	借：原材料（采购成本） 　　应交税费——应交增值税（进项税额） 　　贷：银行存款（或其他货币资金、应付票据、应付账款等）
预付货款方式	根据购货合同预付账款时	借：预付账款 　　贷：银行存款
	企业收到所购物资	借：材料采购/原材料/库存商品等 　　应交税费——应交增值税（进项税额） 　　贷：预付账款
	预付款小于购货款项时	借：预付账款 　　贷：银行存款
	预付款大于购货款项时	借：银行存款 　　贷：预付账款

购料途中发生短缺和损耗的账务处理见表4－10。

表4－10　购料途中发生短缺和损耗的账务处理

原因	处理方法
运输途中合理损耗	计入材料采购成本，不另做账务处理。原材料的总成本不变，单位成本提高
供货单位责任事故造成	如果尚未支付货款，应按短缺的数量和发票金额填写拒付理由书，向银行办理拒付
	如果货款已经支付，并已记入“在途物资”账户，在材料运达企业验收入库发生短缺或毁损时，应根据有关的索赔凭证做分录如下： 借：应付账款 　　贷：在途物资 　　　　应交税费——应交增值税（进项税额转出）
运输部门责任事故造成	应根据有关的索赔凭证做分录如下： 借：其他应收款 　　贷：在途物资 　　　　应交税费——应交增值税（进项税额转出）

续表

<table>
<tr><th>原因</th><th colspan="2">处理方法</th></tr>
<tr><td rowspan="4">运输途中发生的
非常损失和尚待
查明原因的途中损耗</td><td>查明原因前</td><td>借：待处理财产损溢——待处理流动资产损溢
贷：原材料
应交税费——应交增值税（进项税额转出）
注：自然原因造成的损耗进项税额不用转出</td></tr>
<tr><td rowspan="3">待查明原因
经批准后，再
根据有关批示
文件视具体情
况作出相应账
务处理</td><td>如果是因供应单位、运输部门、保险公司和其他过失人负责赔偿的损失
借：应付账款（供应单位）
其他应收款（运输部门、保险公司和其他过失人）
贷：待处理财产损溢——待处理流动资产损溢</td></tr>
<tr><td>如果是因自然灾害等非正常原因造成的损失，应将扣除残料价值和过失人、保险公司赔偿后的净损失计入营业外支出
借：营业外支出——非常损失
贷：待处理财产损溢——待处理流动资产损溢</td></tr>
<tr><td>如果是其他无法收回的损失
借：管理费用
贷：待处理财产损溢——待处理流动资产损溢</td></tr>
</table>

2. 自制材料

自制并已验收入库的原材料，以实际成本借记“原材料”账户，贷记“生产成本”账户。

3. 投资者投入

投资者投入存货的成本应当按照投资合同或协议约定的价值确定，但合同或协议约定价值不公允的除外。在投资合同或协议约定价值不公允的情况下，以该项存货的公允价值作为其入账价值。

（三）原材料发出的账务处理

在实际工作中，企业各生产单位及有关部门领用的材料具有种类多、业务频繁等特点。为了简化核算，企业可以在月末根据“领料单”或“限额领料单”中有关领料的单位、部门等加以归类，编制“发料凭证汇总表”，据以编制记账凭证、登记入账。

发出材料实际成本的确定，可以由企业从先进先出法、月末一次加权平均法、移动加权平均法、个别计价法等方法中选择。计价方法一经确定，不得随意变更。如需变更，应在附注中予以说明。

企业应根据发出材料的用途和领用部门，计入有关产品成本或当期费用。

基本账务处理如下：

借：生产成本（基本生产车间产品领用）
　　制造费用（基本生产车间一般耗用）
　　管理费用（行政管理部门领用）
　　销售费用（专设销售机构领用）
　　其他业务成本（出售材料结转的成本）
　　委托加工物资（发出委托外单位加工材料的成本）
　　贷：原材料

二、原材料按计划成本核算

原材料按计划成本核算是指原材料的收发及结存，无论是总分类核算还是明细分类核算，均按照计划成本计价。

月末，计算本月发出材料应负担的成本差异并进行分配，根据领用材料的用途计入相关资产的成本或当期损益，从而将发出材料的计划成本调整为实际成本。

账户设置4-2

（一）账户设置

账户设置详情，请扫码查看。

（二）账务处理

原材料采用计划成本核算时，外购原材料无论是否入库，都要通过“材料采购”账户进行核算，以反映所购材料的实际成本。材料验收入库后，再按计划成本转入“原材料”账户，实际成本与计划成本的差额，结转材料成本差异。

原材料按计划成本核算基本账务处理见表 4－11。

表 4－11　原材料按计划成本核算基本账务处理

业务	账务处理
取得材料，收到发票账单时	借：材料采购（实际成本） 　　应交税费——应交增值税（进项税额） 　　贷：银行存款（或其他货币资金、应付票据、应付账款等）

续表

业务	账务处理	
验收入库时	（1）按计划成本结转	借：原材料（计划成本） 　贷：材料采购（计划成本）
	（2）结转材料成本差异 （材料成本差异＝实际成本－计划成本）	超支差 借：材料成本差异 　贷：材料采购 节约差 借：材料采购 　贷：材料成本差异
发出材料时	（1）平时按计划成本发出	借：生产成本等（计划成本） 　贷：原材料（计划成本）
	（2）期末结转发出材料应负担的差异	结转节约差 借：材料成本差异 　贷：生产成本等 结转超支差 借：生产成本等 　贷：材料成本差异

材料成本差异率＝（月初结存材料的成本差异＋本月验收入库材料的成本差异）÷（月初结存材料的计划成本＋本期验收入库材料的计划成本）×100%

发出材料应负担的成本差异＝发出材料的计划成本×材料成本差异率

发出材料的实际成本＝发出材料的计划成本＋发出材料应负担的成本差异

＝发出材料的计划成本×（1＋材料成本差异率）

结存材料的实际成本＝结存材料的计划成本＋结存材料应负担的成本差异

如果企业的材料成本差异率各期之间是比较均衡的，也可以采用期初材料成本差异率分摊本期的材料成本差异

期初材料成本差异率＝期初结存材料的成本差异÷期初结存材料的计划成本×100%

发出材料应负担的成本差异＝发出材料的计划成本×期初材料成本差异率

【归纳总结】

1. 采购时，材料无论是否验收入库必须先按实际成本记入“材料采购”账户借方

2. 验收入库时，按计划成本记入“原材料”账户的借方，实际成本记入“材料采购”账户贷方，差额形成“材料成本差异”（节约差异为负，超支差异为正）

3. 平时发出材料时，一律用计划成本

4. 计算材料成本差异率，结转发出材料应负担的差异额

入库材料成本差异的结转有两种方式：逐笔结转和月末一次结转。在实际工作中，材料成本差异的结转不是每笔入库业务都结转，而是到月末通过编制“收料凭证汇总表”一次结转。

案例4-16

案例4-17

技能训练

一、原材料按实际成本核算

任务资料：

甲公司为增值税一般纳税人，2023 年 7 月 1 日结存 A 材料 200 千克，单位成本 50 元，7 月份 A 材料的收发业务如下：

（1）5 日，从外地购入 A 材料 300 千克，增值税专用发票上注明的价款为 15 450 元，增值税税额为 2 008. 50 元，运输增值税专用发票注明运输费为 150 元，增值税税额为 13. 50 元，全部款项已用转账支票付讫，材料已验收入库。

（2）12 日，生产车间生产产品领用 A 材料 250 千克。

（3）15 日，车间一般耗用 A 材料 50 千克。

（4）20 日，在本市购入 A 材料 300 千克，增值税专用发票注明价款为 16 200 元，增值税税额为 2 106 元，材料已验收入库，货款尚未支付。

（5）25 日，生产车间生产产品领用 A 材料 300 千克。

要求：

假设甲公司原材料采用实际成本核算，按**先进先出法**计算发出材料成本。请根据相关经济业务编制会计分录。

拓展：

尝试采用**月末一次加权平均法、移动加权平均法**计算发出材料成本，并根据相关经济业务编制会计分录。

二、原材料按计划成本核算

任务资料：

北方工厂为增值税一般纳税人，材料按计划成本核算。该企业 2023 年 8 月初“原材料”账户余额 135 000 元，“材料成本差异”账户为借方余额 12 026. 72 元。

8 月份发生经济业务如下：

（1）4 日，甲企业上月月底发来的在途 A 材料已到达并验收入库，该批材料实际成本 75 400 元，计划成本 77 700 元。

（2）10 日，从乙企业采购 A 材料，增值税专用发票注明价款为 110 000 元，增值税税额为 14 300 元，运输增值税专用发票注明运费为 900 元，增值税税额为 81 元，装卸费 600 元，款项已用银行存款支付。材料已验收入库，计划成本为110 000元。

（3）12 日，从甲企业购入 A 材料，增值税专用发票注明价款为 150 000 元，增值税税额为19 500元，企业签发并承兑一张面值为169 500元一个月期的商业汇票结算材料款项。该批材料已验收入库，计划成本为153 000元。

（4）15日，从丙企业采购B材料4 000千克，增值税专用发票注明价款为150 000元，增值税税额为19 500元。运输增值税专用发票注明运费为1 400元，增值税税额为126元。另发生装卸费1 000元，款项已用银行存款支付，材料尚未收到。

（5）25日，从丙企业购买的B材料已运达，实际验收入库3 930千克，短缺70千克，属定额内合理损耗。B材料计划单位成本为38元。

（6）26日，按合同规定向丁企业预付购料款50 000元，开出转账支票支付。

（7）28日，从丙企业购买B材料，增值税专用发票注明价款为100 000元，增值税税额为13 000元，货款已用银行汇票支付，材料尚未收到。

（8）31日，根据发料凭证汇总表，本月领用材料的计划成本为508 000元，包括：生产产品领用396 000元，车间管理部门领用45 000元，厂部管理部门领用67 000元。

要求：

1. 根据以上经济业务编制会计分录。

2. 计算材料成本差异率并分摊差异。（小数点后保留2位小数）

三、了解零存货管理理念

拓展资源4-4

要求：

1. 阅读拓展资源4－4，思考以下问题，并将自己的看法简要记录下来。

（1）查阅资料，概括零存货管理的主要思想。

（2）海尔公司是怎样实现零存货管理的？

（3）数字经济时代，对会计从业人员提出了哪些新要求？

2. 你可以试着与同伴分享、讨论这些问题，来拓展自己的思维。

任务评价

请填写任务评价参考表，检测目标达成情况，见表4－12。

表4－12　核算原材料评价参考表

任务目标	达成情况
1. 能够正确编制实际成本法下原材料相关业务的会计分录	是☐否☐
2. 能够正确编制计划成本法下原材料相关业务的会计分录	是☐否☐
3. 能够主动了解企业先进的管理理念	是☐否☐

续表

任务目标	达成情况
4. 能够积极主动地完成任务，并能逻辑清晰地与他人分享	是 □ 否 □
5. 能够在任务活动中不断反思、调节，以帮助预期目标的达成	是 □ 否 □

任务 4 - 4　核算周转材料

任务目标

知识目标：

掌握周转材料的核算方法。

技能目标：

1. 能够正确编制低值易耗品相关业务的会计分录。
2. 能够正确编制包装物相关业务的会计分录。

素养目标：

1. 培养坚持准则等良好的职业素养以及服务意识、管理意识。
2. 能够积极主动地完成任务，并能逻辑清晰地做讲解。
3. 能够在任务活动中不断反思、调节，以帮助预期目标的达成。

建议学时

2 学时。

相关知识

周转材料是指企业能够多次使用，不符合固定资产定义，逐渐转移价值但仍然保持原有形态的材料物品。企业的周转材料包括低值易耗品和包装物。

周转材料可以按实际成本核算，也可以按计划成本核算，其方法与原材料相似。企业购入、自制、委托外单位加工完成并已验收入库的周转材料，比照“原材料”账户的相关规定进行处理。

一、低值易耗品核算

（一）低值易耗品的核算内容

低值易耗品按其用途可以分为以下几类。

（1）一般工具，指生产中常用的各种工具，如刀具、量具、夹具等。

（2）专用工具，指专门用于制造某一特定产品，或在某一特定工序上使用的工具，如专用的刀具、夹具等。

（3）替换设备，指容易磨损或为制造不同产品需要更换使用的各种设备，如轧钢用的钢棍等。

（4）管理用具，指在经营管理中使用的各种办公用具、家具等。

（5）劳动保护用品，指为了安全生产、劳动保护而发给职工的工作服、工作鞋和各种劳动保护用品。

（二）低值易耗品的核算方法

账户设置："周转材料——低值易耗品"（资产类账户）

账户设置4-3

低值易耗品在使用过程中会发生磨损，因磨损而减少的价值可根据价值数额大小，采用一次摊销法或分次摊销法等，计入相关的成本费用。

1. 一次摊销法

一次摊销法是指在领用低值易耗品时就将其全部价值计入相关成本费用的方法。它适用于价值较低或极易损坏的周转材料的摊销。

一次摊销法基本账务处理见表4－13。

表4－13　一次摊销法基本账务处理

业务	账务处理
领用时	借：制造费用/管理费用等 　贷：周转材料——低值易耗品
报废时	借：原材料（残料价值） 　贷：制造费用/管理费用等

2. 分次摊销法

分次摊销法是指在领用周转材料时，将其价值根据预计的使用次数分次平均摊销计入有关成本费用的一种摊销方法，主要适用于可供多次反复使用的周转材料。在采用分次摊销法的情况下，需要单独设置"周转材料——低值易耗品——在库""周转材料——低值易耗品——在用"和"周转材料——低值易耗品——摊销"等账户进行明细核算。

案例4-18

案例4-19

二、包装物核算

包装物是指为了包装本企业商品而储备的各种包装容器，如桶、箱、瓶、坛、袋等。其具体包括以下几种。

（1）生产过程中用于包装产品作为产品组成部分的包装物。

（2）随同商品出售而不单独计价的包装物。

（3）随同商品出售单独计价的包装物。

（4）出租或出借给购买单位使用的包装物。

账户设置4-4

（一）账户设置

账户设置详情，请扫码查看。

（二）账务处理

1. 生产领用包装物

案例4-20

对于生产领用的，用于包装本企业产品并构成产品组成部分的包装物，应根据领用包装物的实际成本，借记“生产成本”账户，按照领用包装物的计划成本，贷记“周转材料”账户，按照其差额，借记或贷记“材料成本差异”账户。

2. 随同商品出售而单独计价的包装物

随同商品出售而单独计价的包装物，实际上在销售商品的同时也在销售包装物。应按实际取得的金额，借记“银行存款”等账户，按照其销售收入，贷记“其他业务收入”账户，按照增值税专用发票上注明的增值税销项税额，贷记“应交税费——交增值税（销项税额）”账户；同时，结转所销售包装物的成本，按其实际成本借记“其他业务成本”账户，按其计划成本，贷记“周转材料——包装物”账户，按其差额，借记或贷记“材料成本差异”账户。

案例4-21

3. 随同商品出售不单独计价的包装物

案例4-22

随同商品出售而不单独计价的包装物，其不计价收费的实质是为了推销或扩大其商品的销售。因此，包装物的成本作为包装费记入“销售费用”账户。

4. 出租、出借包装物

出租包装物是企业为了促进销售而向客户提供的一种有偿服务，其租金收入应记入“其他业务收入”账户，出租包装物的实际成本应记入“其他业务成本”账户。

出借包装物给购货单位免费使用，其实际成本应视为企业在销售过程中的耗费，记入“销售费用”账户。

出租、出借包装物频繁且数量多、一般金额不大的企业，出租、出借包装物的成本通常可以采用一次摊销法进行核算，在领用时一次计入成本费用；多次使用的包装物通常使用分次摊销法进行价值摊销。

其基本账务处理见表4－14。

表4－14　包装物核算基本账务处理

业务	账务处理
发出	借：销售费用（出借） 其他业务成本（出租） 贷：周转材料——包装物
收取押金	借：库存现金/银行存款等 贷：其他应付款——存入保证金 （退还押金时，编制相反的会计分录）
确认的包装物租金	借：库存现金/银行存款/其他应收款等 贷：其他业务收入 应交税费——应交增值税（销项税额）
收回残料	借：原材料 贷：销售费用（出借） 其他业务成本（出租）
修理费用等支出	借：其他业务成本（出租包装物） 销售费用（出借包装物） 贷：库存现金/银行存款/原材料/应付职工薪酬等

技能训练

一、低值易耗品核算

任务资料：

甲公司对低值易耗品采用计划成本核算，某月基本生产车间领用专用工具一批，实际成本为101 000元，计划成本为100 000元，不符合固定资产定义，采用分次摊销法进行摊销。估计使用次数为2次，材料成本差异率为1%。

要求：

根据任务资料，完成低值易耗品相关账务处理。

二、包装物核算

任务资料：

1. 甲公司5月份销售包装物实际成本为20 000元，该包装物单独计价，销售收入为24 000元，增值税税额为3 120元。收到转账支票存入银行。

2. 乙公司7月份销售商品领用不单独计价包装物的计划成本为60 000元，材料成本差异率为5%。

要求：

根据任务资料，完成甲、乙公司包装物相关业务的账务处理。

任务评价

请填写任务评价参考表，检测目标达成情况，见表4－15。

表4－15　核算周转材料评价参考表

任务目标	达成情况
1. 能够正确编制周转材料相关业务的会计分录	是☐否☐
2. 能够积极主动地完成任务，并能逻辑清晰地做讲解	是☐否☐
3. 能够在任务活动中不断反思、调节，以帮助预期目标的达成	是☐否☐

任务4－5　核算委托加工物资

任务目标

知识目标：

掌握委托加工物资的概念及核算方法。

技能目标：

1. 能够正确界定委托加工业务。

2. 能够正确编制委托加工相关业务的会计分录。

素养目标：

1. 培养坚持准则等良好的职业素养以及服务意识、管理意识。

2. 能够积极主动地完成任务，并能逻辑清晰地讲给他人。

3. 能够在任务活动中不断反思、调节，以帮助预期目标的达成。

建议学时

1学时。

相关知识

一、委托加工物资概述

委托加工物资是指企业委托外单位加工的各种材料、商品等物资。

企业委托外单位加工物资的成本包括加工中实际耗用物资的成本、支付的加工费用及应负担的运杂费、装卸费和支付的税费等。

账户设置："委托加工物资"（资产类账户）

二、委托加工物资的财务处理

委托加工物资核算内容主要包括拨付加工物资、支付加工费用和税金、收回加工物资和剩余物资等。

需要交纳消费税的委托加工物资，由受托方代收代缴消费税。如果收回后用于直接销售的，消费税记入"委托加工物资"账户；如果收回后用于继续加工的，记入"应交税费——应交消费税"账户。

其基本账务处理见表4－16。

表4－16　委托加工物资核算基本账务处理

<table>
<tr><th>业务</th><th colspan="2">账务处理</th></tr>
<tr><td>发出材料物资</td><td colspan="2">借：委托加工物资
　　贷：原材料（周转材料、库存商品等）</td></tr>
<tr><td rowspan="2">支付加工费、运费等</td><td>一般纳税人</td><td>借：委托加工物资
　　应交税费——应交增值税（进项税额）
　　贷：银行存款等</td></tr>
<tr><td>小规模纳税人</td><td>借：委托加工物资
　　贷：银行存款等</td></tr>
<tr><td rowspan="2">交纳消费税</td><td>收回后直接用于销售</td><td>借：委托加工物资
　　贷：银行存款等</td></tr>
<tr><td>收回后用于连续生产</td><td>借：应交税费——应交消费税
　　贷：银行存款等</td></tr>
<tr><td>验收入库时</td><td colspan="2">借：原材料（周转材料、库存商品等）
　　贷：委托加工物资</td></tr>
</table>

技能训练

一、归纳总结

要求：

运用表格归纳总结委托加工物资支付税费的有关核算（表4－17）。

表4－17　委托加工物资支付税费的有关核算

支付税费	情形	记入哪个账户
增值税	一般纳税人，取得增值税专用发票	
	小规模纳税人或者一般纳税人未取得增值税专用发票	
消费税	收回后用于直接销售	
	收回后用于连续生产应税消费品	

二、账务处理

任务资料：

甲公司（一般纳税人）委托嘉华公司加工一批高档化妆品，材料和商品采用计划成本法核算。

（1）发出原材料一批，计划成本为100万元，材料成本差异率为－1%。

（2）支付往返运费，价款1万元，增值税税率为9%。

（3）支付加工费用70万元，增值税税额为9.1万元。

（4）支付消费税30万元，假设高档化妆品收回后用于直接销售。

（5）化妆品验收入库，计划成本190万元。

假设甲公司支付消费税30万元，高档化妆品收回后用于继续加工。

要求：

根据任务资料，完成甲公司委托加工业务的账务处理。

任务评价

请填写任务评价参考表，检测目标达成情况，见表4－18。

表4－18　核算委托加工物资评价参考表

任务目标	达成情况
1. 能够正确界定委托加工业务	是□ 否□
2. 能够正确编制委托加工相关业务的会计分录	是□ 否□
3. 能够积极主动地完成任务，并能逻辑清晰地讲解给他人	是□ 否□
4. 能够在任务活动中不断反思、调节，以帮助预期目标的达成	是□ 否□

任务4－6 核算库存商品

任务目标

知识目标：

1. 掌握工业企业库存商品相关业务的核算方法。
2. 掌握毛利率法、售价金额核算法。

技能目标：

1. 能够正确编制工业企业库存商品相关业务的会计分录。
2. 能够运用毛利率法、售价金额核算法计算本期销售商品成本和期末结存商品成本。

素养目标：

1. 培养坚持准则等良好的职业素养以及服务意识、管理意识。
2. 能够积极主动地完成任务，并能逻辑清晰地讲给他人。
3. 能够在任务活动中不断反思、调节，以帮助预期目标的达成。

建议学时

1 学时。

相关知识

一、库存商品概述

库存商品是指企业完成全部生产过程并已验收入库，合乎标准规格和技术条件，可以按照合同规定的条件送交订货单位，或可以作为商品对外销售的产品以及外购或委托加工完成验收入库用于销售的各种商品。

库存商品具体包括库存产成品、外购商品、存放在门市部准备出售的商品、发出展览的商品、寄存在外的商品等。已完成销售手续但购买单位在月末未提取的产品，不应作为企业的库存商品，而应作为代管商品处理，单独设置“代管商品”备查簿进行登记。

账户设置4-6

账户设置：“库存商品”（资产类账户）

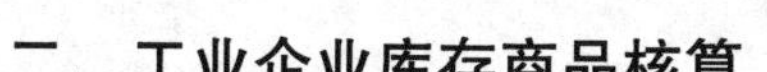

二、工业企业库存商品核算

工业企业的库存商品，主要是产成品。企业接受外来原材料加工制造的代制品和为外单位加工修理的代修品，制造和修理完成验收入库后应视同企业的产成品。

库存商品可以采用实际成本核算，也可以采用计划成本核算，其方法与原材料相似。

（一）产成品验收入库

企业生产的产成品一般应按实际成本核算，产品完工验收入库时，借记“库存商品”账户，贷记“生产成本——基本生产成本”账户。

（二）发出产品

企业销售等发出产成品的实际成本，可以采用先进先出法、月末一次加权平均法、移动加权平均法或个别计价法计算确定，借记“主营业务成本”等账户，贷记“库存商品”账户。

案例4-26

产成品种类较多的企业，也可按计划成本进行日常核算，其实际成本与计划成本的差异，可以单独设置“产品成本差异”账户，比照“材料成本差异”账户核算。

三、商品流通企业库存商品核算

商品流通企业是指所有独立从事商品流通活动的企业单位，是通过低价购进商品、高价出售商品的方式实现商品进销差价，以弥补企业的各项费用和支出，获得利润的企业。商品流通企业经营活动的主要内容就是商品购销。

商品流通企业发出库存商品通常采用毛利率法和售价金额核算法等方法进行核算。

（一）毛利率法

毛利率法是根据本期销售净额乘以上期实际（或本期计划）毛利率计算本期销售毛利，并据以计算发出存货和期末存货成本的一种方法。

计算公式：

毛利率＝销售毛利÷销售净额×100%

销售净额＝商品销售收入－销售退回与折让

销售毛利＝销售净额×毛利率

销售成本＝销售净额－销售毛利＝销售净额×（1－毛利率）

期末存货成本＝期初存货成本＋本期购货成本－本期销售成本

案例4-27

原理：借助毛利率计算销售成本

适用范围：商业批发企业

（二）售价金额核算法

售价金额核算法是指平时商品的购入、加工收回、销售均按售价记账，售价与进价差额通过“商品进销差价”账户核算，期末计算进销差价率和本期已销售商品应分摊的进销差价，并据以调整本期销售成本的一种方法。

售价金额核算法主要适用于从事商业零售业务的企业，如百货公司、超市等。由于商业零售业经营的商品种类、规格等繁多，而且要求按商品零售价格标价，采用其他成本计算结转方法均较困难，因此广泛采用这一方法。

在计算中，如果企业的商品进销差价率各期之间比较均衡，也可以采用上期商品进销差价率计算分摊本期的商品进销差价。年度终了，再对商品进销差价进行核实调整。

账户设置：“商品进销差价”（“库存商品”的备抵调整账户）

案例4-29

其基本账务处理见表4－19。

表4－19 售价金额核算法基本账务处理

业务	账务处理
购入商品验收入库时	借：库存商品（商品售价） 　　应交税费——应交增值税（进项税额） 　　贷：银行存款/在途物资等（商品进价） 　　　　商品进销差价（商品售价与进价的差额）
销售商品时	借：银行存款/应收账款/应收票据等 　　贷：主营业务收入 　　　　应交税费——应交增值税（销项税额）
按售价结转销售成本	借：主营业务成本（商品售价） 　　贷：库存商品
期末分摊已销商品的进销差价	借：商品进销差价 　　贷：主营业务成本

计算公式：

$$商品进销差价率=\frac{期初库存商品进销差价+本期购入商品进销差价}{期初库存商品售价+本期购入商品售价}\times 100\%$$

本期销售商品应分摊的商品进销差价＝本期商品销售收入×商品进销差价率

本期销售商品的成本＝本期商品销售收入－本期销售商品应分摊的商品进销差价

期末结存商品的成本＝期初结存商品的进价成本＋本期购进商品的进价成本－本期销售商品的成本

技能训练

任务资料：

业务1：某企业采用毛利率法对库存商品进行核算。2023年2月1日，“库存商品”账户期初余额为150万元，本月购进商品一批，采购成本为250万元，本月实现商品销售收入 300 万元。上季度该类商品的实际毛利率为 20%。

业务 2：某商场采用售价金额核算法核算库存商品，2023 年 3 月 1 日，该商场库存商品的进价成本总额为 180 万元，售价总额为 250 万元；本月购入商品的进价成本总额为 500 万元，售价总额为 750 万元；本月实现的销售收入总额为 600 万元。

要求：

1. 根据业务 1 资料，计算该企业的销售毛利、本期销售成本及月末库存商品成本。

销售毛利 = ____________________

本期销售成本 = ____________________

月末库存商品成本 = ____________________

2. 根据业务 2 资料，计算本月商品进销差价率及月末库存商品的成本总额。

本月商品进销差价率 = ____________________

3 月 31 日，该商场库存商品的成本总额 = ____________________

任务评价

请填写任务评价参考表，检测目标达成情况，见表 4 – 20。

表 4 – 20　核算库存商品评价参考表

任务目标	达成情况
1. 能够正确编制工业企业库存商品相关业务的会计分录	是 □ 否 □
2. 能够运用毛利率法、售价金额核算法计算本期销售商品成本和期末结存商品成本	是 □ 否 □
3. 能够积极主动地完成任务，并能逻辑清晰地讲解给他人	是 □ 否 □
4. 能够在任务活动中不断反思、调节，以帮助预期目标的达成	是 □ 否 □

任务 4 – 7　存货清查与存货期末计量

任务目标

知识目标：

1. 掌握存货清查的核算方法。

2. 掌握存货期末计量方法。

技能目标：

1. 能够正确编制存货清查结果的会计分录。

2. 能够正确处理存货跌价准备相关业务。

素养目标：

1. 培养坚持准则等良好的职业素养以及服务意识、管理意识。
2. 能够积极主动地完成任务，并能逻辑清晰地与他人分享。
3. 能够在任务活动中不断反思、调节，以帮助预期目标的达成。

建议学时

2 学时。

相关知识

一、存货清查

存货清查是指通过对存货的实地盘点，确定存货的实有数量，并与账面结存数核对，从而确定存货实存数与账面结存数是否相符的一种专门方法。

企业的存货种类繁多、收发频繁，在日常收发过程中，可能因计量错误、计算差错、自然损耗、管理失职以及贪污盗窃等原因，造成账实不符，形成存货的盘盈、盘亏。为此，企业应该定期或不定期地清查，以保证存货的安全与完整。对于存货的盘点结果，应如实填写“存货盘点报告表”，将其作为存货清查的原始凭证，并据以编制记账凭证，以调整账目，使得账实相符。同时，还要及时查明原因，按照规定程序报批处理。

案例4-30

（一）存货盘盈的核算

企业发生存货盘盈时，应及时办理入账手续，调整账面记录，按盘盈存货的计划成本或估计成本记入“待处理财产损溢——待处理流动资产损溢”账户，按管理权限报经批准后，再进行账务处理。

存货盘盈的基本账务处理见表4－21。

表4－21 存货盘盈的基本账务处理

情形	账务处理
批准处理前	借：原材料/库存商品等 　　贷：待处理财产损溢——待处理流动资产损溢
批准处理后	借：待处理财产损溢——待处理流动资产损溢 　　贷：管理费用

（二）存货盘亏的核算

存货毁损包括自然灾害造成的毁损和人为过失造成的毁损。企业发生存货盘亏及毁损时，应调整账面记录，先记入“待处理财产损溢——待处理流动资产损溢”账户，按管理权限报经批准后，再根据不同的情况进行账务处理（表4－22）。

表4－22　存货盘亏的基本账务处理

情形	账务处理
批准处理前	借：待处理财产损溢——待处理流动资产损溢 　　贷：原材料/库存商品等 　　　　应交税费——应交增值税（进项税额转出） 注：因管理不善造成被盗、丢失、霉烂变质等货物损失，其进项税额应转出，与存货一并转入“待处理财产损溢”账户；因自然灾害造成的货物损失，其进项税额不需要转出
批准处理后	借：原材料（残料价值） 　　其他应收款（过失人或保险公司赔偿） 　　管理费用（属于一般经营损失部分） 　　营业外支出——非常损失（属于非常损失部分） 　　贷：待处理财产损溢——待处理流动资产损溢

二、存货期末计量

（一）存货期末计量原则

资产负债表日，存货应当按照成本与可变现净值孰低计量。

其中，成本是指期末存货的实际成本。可变现净值是指在日常活动中，存货的估计售价减去至完工时估计将要发生的成本、估计的销售费用以及估计的相关税费后的金额，即

可变现净值＝估计售价－至完工时估计将要发生的成本－估计的销售费用及税费

（二）存货跌价准备的核算

资产负债表日，存货的成本高于可变现净值，企业应当计提存货跌价准备。

账户设置：“存货跌价准备”“资产减值损失”

1. 存货跌价准备的计提与转回

当存货成本小于可变现净值时，存货未减值，按成本计价；当存货成本大于可变现净值时，存货发生减值，按可变现净值计价。

以前减记存货价值的影响因素已经消失的，减记的金额应当予以

恢复，并在原已计提的存货跌价准备金额内转回，转回的金额计入当期损益。

2. 存货跌价准备的计算

当期应计提的存货跌价准备 =（存货成本 - 可变现净值）- 计提前“存货跌价准备”账户贷方余额

计算结果 >0，当期计提存货跌价准备。

计算结果 <0，应在原已计提的存货跌价准备金额内转回，而不得超出该金额。

3. 账务处理

存货跌价准备的计提与转回的账务处理见表4-23。

表4-23 存货跌价准备的计提与转回的账务处理

情形	账务处理
计提减值	借：资产减值损失——计提的存货跌价准备 贷：存货跌价准备
转回减值	借：存货跌价准备 贷：资产减值损失——计提的存货跌价准备
结转存货销售成本	借：主营业务成本/其他业务成本 存货跌价准备 贷：库存商品/原材料等

技能训练

一、存货清查结果的核算

任务资料：

某企业为增值税一般纳税人，2023年6月20日因管理不善造成一批库存材料毁损。该批材料账面余额为20 000元，增值税进项税额为2 600元，未计提存货跌价准备，收回残料价值1 000元，应由责任人赔偿5 000元。

要求：

1. 根据任务资料，编制会计分录。

2. 确认该企业的材料毁损净损失。

二、存货减值业务的核算

任务资料：

北方公司为增值税一般纳税人，增值税税率为13%，生产中所需原材料按计划成本核算。2023年8月1日，原材料结存2 000千克，计划成本为每千克50元，“材料成本差异”账户为借方余额1 000元，未计提存货跌价准备。北方公司2023年8月发生的有关原材料业务如下。

（1）8月12日，北方公司持银行汇票600 000元购入原材料10 000千克，增值税专用发票上注明的货款为480 000元，增值税税额为62 400元，对方代垫包装费和运输费8 400元（不考虑增值税），验收入库时发现短缺50千克，经查明为途中定额内自然损耗，按实收数量验收入库。剩余票款退回并存入银行。

（2）8月发出材料情况如下：

生产车间领用原材料5 000千克，用于生产A产品；车间管理部门领用500千克。

（3）8月31日，原材料的可变现净值为310 000元。

要求：

根据任务资料，完成表4－24中任务。

表4－24　根据任务资料完成任务

经济业务	账务处理
（1）关于原材料的核算，下列说法中正确的是（　　）	A. 原材料可以采用实际成本法核算，也可以采用计划成本法核算 B. 购进原材料过程中的合理损耗计入原材料成本 C. 原材料期末应按照成本与可变现净值孰低计量 D. 购进原材料过程中的包装费和运输费计入原材料成本
（2）下列关于原材料核算的说法中，正确的是（　　）	A. 因自然灾害毁损的原材料，进项税额要转出 B. 应收保险公司赔偿款，计入“应收账款”科目 C. 生产车间生产产品耗用的原材料，计入“制造费用”或“生产成本”科目 D. 车间管理部门耗用的原材料，计入“制造费用”科目
（3）根据资料（1）编制会计分录	
（4）根据资料（2）编制会计分录	
（5）计算材料成本差异率	
（6）计算期末原材料的实际成本	
（7）根据资料（3）判断是否计提存货跌价准备，如果需要计提请编制会计分录	

三、存货舞弊案例分析

任务描述：

存货历来是财务舞弊的“高发之地”和“藏身之所”，且其核查难度较大，生产过程难以观察、需要大量专业知识才可判断其真实性的产品尤为如此。存货清查过程中，操纵存货盘点，虚假列示存货；不报毁损，虚盈实亏；对材料盘盈、盘亏，不做转账处理，人为调节利润；期末计量时任意计提或是任意转回存货跌价准备。比如，獐子岛扇贝逃跑事件，康美药业计提巨额存货跌价准备等。

要求：

1. 收集獐子岛、康美药业等企业存货舞弊案例，思考下列问题，并简要记录下来。

（1）分析、归纳存货舞弊行为。

（2）基于注册会计师、会计师事务所、外部环境等不同视角，谈谈这些舞弊案例带给我们的启示。

2. 团队交流讨论，自我改进完善。

任务评价

请填写任务评价参考表，检测目标达成情况，见表4-25。

表4-25 存货清查与存货期末计量评价参考表

任务目标	达成情况
1. 能够正确编制存货清查结果的会计分录	是 □ 否 □
2. 能够正确处理存货跌价准备相关业务	是 □ 否 □
3. 能够基于不同的视角进行案例分析	是 □ 否 □
4. 能够积极主动地完成任务，并能逻辑清晰地与他人分享	是 □ 否 □
5. 能够在任务活动中不断反思、调节，以帮助预期目标的达成	是 □ 否 □

即测即练

总结与评价

一、绘制思维导图

运用思维导图总结、归纳与本项目相关的知识点、技能点，帮助自己记忆、理解及查缺补漏。

二、自我分析与总结

（1）通过本项目的学习，学会了哪些知识？掌握了哪些技能？素养方面得到了哪些提升？

（2）反思本项目的完成情况，提出改进建议。

三、项目评价

请根据质量评价标准，完成项目评价，见表4-26。

表4-26 核算存货质量评价标准

评价内容		质量要求	分值	评价
A. 知识与方法（30分）	必备知识	掌握存货的概念、入账价值的确定方法	5	
		掌握发出存货的计价方法	5	
		掌握原材料、周转材料、委托加工物资、库存商品的账务处理方法	8	
		掌握存货清查及期末计量方法	5	
	学习方法	自主学习、网络学习、查阅资料、师生互动学习等方法应用有效	7	
B. 完成任务/职业能力（40分）	职业能力	能够确定不同取得方式下存货的入账价值	5	
		能够运用存货计价方法正确核算发出存货的成本	5	
		能够正确处理原材料、周转材料、委托加工物资、库存商品等业务	10	
		能够正确处理存货清查及存货跌价准备相关的业务	5	
	解决问题	遇到问题能够独立思考，提出自己的见解	4	
	团队协作	能够有效沟通、协作，目标一致，完成小组任务	6	
	任务完成	在规定的时间内，保质保量地完成了任务实施中的各项任务	5	

续表

评价内容		质量要求	分值	评价
C. 职业道德与价值观（30 分）	法治观念	树立法律意识和责任意识	15	
	职业素养	培养坚持准则等良好的职业素养以及服务意识、管理意识	8	
		树立终身学习的理念，不断学习行业新技术、新方法	7	
项目得分				

项目 5　核算固定资产

项目提要

本项目主要介绍固定资产的核算。通过学习，学生能够明确固定资产的分类，掌握固定资产的取得、折旧、后续支出、处置、清查及减值的核算方法；能够完成固定资产相关业务的账务处理；能够达成相应的职业道德、核心价值观等素养目标。

价值引领

固定资产是企业生产经营活动中重要的劳动资料和物质基础，是企业资产的主要组成部分，在企业资产中占有较大比重。然而，大多数企业都曾被固定资产管理“难”的问题困扰：固定资产种类多，规模类型多样；使用周期不确定，使用地点分散；易耗品库存不清，容易采购浪费；涉及数据维度多，形成管理孤岛。容易出现如账实不符、账物过多、盘点耗时、决策不便等管理瓶颈，影响企业经营管理和安全防控。这就需要企业结合实际情况加强固定资产管理，构建完善的企业内控机制，保证固定资产的安全性，提高固定资产使用效率。

党的二十大报告明确指出，坚持把发展经济的着力点放在实体经济上，推进新型工业化，加快建设制造强国、质量强国、航天强国、交通强国、网络强国、数字中国。实施产业基础再造工程和重大技术装备攻关工程，支持专精特新企业发展，推动制造业高端化、智能化、绿色化发展。制造业是立国之本、强国之基，我国是世界第一制造业大国，科技、产业发展水平持续提高，从跟跑向并跑、领跑转变。推进以制造业为重点的实体经济结构高级化和产业链现代化成为立足新发展阶段、贯彻新发展理念、构建新发展格局、推动高质量发展的重要任务。企业需要服务国家战略，依靠科技创新，积极促进产业转型升级，推动制造业加速向智能化、高端化、绿色化发展。

岗位职责

固定资产核算是对固定资产的取得、折旧、后续支出、处置、清查等业务的核算。其岗位职责主要是固定资产的管理及核算。

固定资产核算岗位职责如下。

(1) 贯彻执行国家的财经法律、法规、方针、政策和上级主管部门的规章制度，拟定本单位固定资产核算办法。

(2) 负责固定资产的明细分类核算，做好与总分类账的核对，建立固定资产卡片、台账，编制固定资产报表。

(3) 负责办理有关固定资产购置、调进、调出、内部转租、封存、报废方面的核算工作。

(4) 正确核算固定资产的折旧和减值，及时准确计提固定资产折旧，需要计提固定资产减值的应准确合理识别固定资产减值迹象并按规定计提减值，确保固定资产的及时更新改造。

(5) 参与固定资产的清查盘点，做好盘盈、盘亏的账务处理工作。

(6) 完成领导交办的其他工作。

建议学时

8学时。

任务5－1 固定资产认知

任务目标

知识目标：

掌握固定资产的概念及特征。

技能目标：

1. 能够描述固定资产的概念及特征。

2. 能够作出准确的业务判断。

素养目标：

1. 了解国家战略，树立新发展理念、科学管理理念及终身学习理念。

2. 能够积极主动地思考问题，并能逻辑清楚地与他人分享。

3. 能够在任务活动中不断反思、调节，以帮助预期目标的达成。

建议学时

1学时。

相关知识

一、固定资产的概念和特征

（一）固定资产的概念

固定资产是指为生产商品、提供劳务、出租或经营管理而持有的，使用寿命超过一个会计年度的有形资产。

（二）固定资产的特征

固定资产具有以下特征。

（1）为生产商品、提供劳务、出租或经营管理而持有。企业持有固定资产的目的，是满足生产商品、提供劳务、出租或经营管理的需要，而不是直接用于出售。这一特征是固定资产区别于存货等流动资产的重要标志。其中“出租”的固定资产是指以经营租赁方式出租的机器设备等。

（2）使用寿命超过一个会计年度。企业使用固定资产的期限较长，其使用寿命一般超过一个会计年度。这一特征表明固定资产属于企业的非流动资产，能在一年以上的时间里为企业创造经济利益。

二、固定资产的分类

根据不同的管理需要和核算要求以及不同的分类标准，可以对固定资产进行不同的分类，具体情况见表5－1。

表5－1　固定资产的分类

<table>
<tr><th>分类标准</th><th colspan="2">具体内容</th></tr>
<tr><td rowspan="2">经济用途</td><td>生产经营用固定资产</td><td>直接服务于企业生产、经营过程的各种固定资产，如生产经营用的房屋、建筑物、机器、设备、器具、工具等</td></tr>
<tr><td>非生产经营用固定资产</td><td>不直接服务于生产、经营过程的各种固定资产，如职工宿舍等使用的房屋、设备和其他固定资产等</td></tr>
<tr><td rowspan="6">综合分类</td><td colspan="2">生产经营用固定资产</td></tr>
<tr><td colspan="2">非生产经营用固定资产</td></tr>
<tr><td>租出固定资产</td><td>企业在经营租赁方式下出租给外单位使用的固定资产</td></tr>
<tr><td>不需用固定资产</td><td>企业多余或不适用，需要调配处置的固定资产</td></tr>
<tr><td>未使用固定资产</td><td>已经完工或购建的尚未交付使用的新增固定资产以及因改建、扩建等原因暂时停止使用的固定资产</td></tr>
<tr><td>土地</td><td>过去已经估价单独入账的土地</td></tr>
</table>

续表

分类标准	具体内容	
综合分类	租入固定资产	企业除短期租赁和低价值资产租赁外租入的固定资产，该资产在租赁期内，应作为使用权资产进行核算与管理

三、固定资产的确认条件

固定资产在符合定义的前提下，应同时满足以下两个条件，才能予以确认。

（1）与该固定资产有关的经济利益很可能流入企业。判断某项固定资产所包含的经济利益是否很可能流入企业，主要依据与该固定资产所有权相关的风险和报酬是否转移到了企业。通常，只要与固定资产所有权相关的风险和报酬已转移到企业，即使没有所有权也应确认为企业的固定资产，如融资租入固定资产。

（2）该固定资产的成本能够可靠计量。成本能够可靠计量是资产确认的一项基本条件。要确认固定资产，企业取得该固定资产所发生的支出必须能够可靠地计量。企业在确定固定资产成本时，有时需要根据所获得的各项资料，对固定资产成本进行合理的估计。如果企业能够合理地估计出固定资产成本，则视同固定资产的成本能够可靠地计量。

企业在对固定资产进行确认时，应当按照固定资产定义和确认条件，考虑企业的具体情况加以判断。例如，企业的环保设备和安全设备等资产，虽然不能直接为企业带来经济利益，但这类资产却有助于企业从其他相关资产上获得未来经济利益，或者减少未来经济利益的流出，因此应将这些设备确认为固定资产。

固定资产的各组成部分具有不同的使用寿命或者以不同方式为企业提供经济利益，适用不同折旧率或折旧方法的，企业应当将各组成部分确认为单项固定资产。如飞机的引擎，如果它与飞机机身具有不同的使用寿命，适用不同折旧率或折旧方法，则企业应当将它单独确认为一项固定资产。

四、固定资产的账户设置

为了反映和监督固定资产的取得、计提折旧和处置等情况，企业一般需要设置“固定资产”“累计折旧”“在建工程”“工程物资”“固定资产清理”等账户。

技能训练

一、固定资产确认辨析

1. 独立思考下述问题，将自己的思考简要地记录下来。

（1）房子是固定资产吗？

（2）如果是房地产企业持有以备出售的房子，它还是固定资产吗？如果不作为固定资产，应该作为什么确认？

（3）卖糖葫芦老爷爷的自行车，企业生产待售的自行车，共享单车企业投放的自行车，同样都是自行车，它们又该作为什么样的资产去确认？你为什么作出这样的判断？

（4）如果一项资产作为固定资产确认，那它应该具备哪些特征？

2. 你可以试着与自己的同伴分享、讨论这一问题，来拓展自己的思维。

二、固定资产管理

要求：

拓展资源5-1

1. 阅读拓展资源5-1，收集资产管理系统、固定资产全生命周期管理等相关资料，思考以下问题，并将自己的看法简要记录下来。

（1）资产管理系统的应用价值有哪些？

（2）企业应如何加强固定资产的智能化、标准化管理？

2. 你可以试着与同伴分享、讨论这些问题，来拓展自己的思维。

任务评价

请填写任务评价参考表，检测目标达成情况，见表5-2。

表5-2　固定资产认知评价参考表

任务目标	达成情况
1. 能够描述固定资产的概念及特征	是 □ 否 □
2. 能够作出准确的业务判断	是 □ 否 □
3. 能够积极主动地思考问题，并能逻辑清楚地与他人分享	是 □ 否 □
4. 能够在任务活动中不断反思、调节，以帮助预期目标的达成	是 □ 否 □

任务5-2　核算固定资产取得

任务目标

知识目标：

掌握不同取得方式下固定资产的核算方法。

技能目标：

1. 能够正确计算固定资产的入账价值。

2. 能够正确编制固定资产取得业务的会计分录。

素养目标：

1. 培养法律意识和责任意识。

2. 能够积极主动地思考问题，并能逻辑清楚地与他人分享。

3. 能够在任务活动中不断反思、调节，以帮助预期目标的达成。

建议学时

2 学时。

相关知识

企业取得固定资产应当按照实际成本进行计量。由于企业取得固定资产的途径和方式不同，其入账成本也有所不同。

一、外购固定资产

（一）一般纳税人外购固定资产

对于一般纳税人来讲，确定外购固定资产的成本所遵循的基本原则是：成本 = 购买价款 + 相关税费（不包括可以抵扣的增值税进项税额）。

具体来讲，企业外购的固定资产，应按实际支付的购买价款、相关税费及使固定资产达到预定可使用状态前所发生的可归属于该项资产的运输费、装卸费、安装费和专业人员服务费等，作为固定资产的取得成本。其中相关税费包括企业为取得固定资产缴纳的契税、耕地占用税、车辆购置税等，不包括可以抵扣的增值税进项税额。

在这里需要注意的是，购入的不需要安装就可以使用的设备等固定资产，按照购买价款、相关税费（增值税除外）确认其入账价值，直接记入“固定资产”账户；而对于需要安装才能使用的设备等，在未达到预定可使用状态前，不能作为固定资产，应先记入“在建工程”账户，直到安装完毕，达到预定可使用状态时才能转入“固定资产”账户。

外购固定资产的账务处理见表 5 – 3。

表 5-3　外购固定资产的账务处理

购入不需要安装的固定资产	购入需要安装的固定资产
借：固定资产 　应交税费——应交增值税（进项税额） 　贷：银行存款、应付账款等	(1) 购入时 借：在建工程 　应交税费——应交增值税（进项税额） 　贷：银行存款、应付账款等 (2) 发生安装调试成本时 借：在建工程 　应交税费——应交增值税（进项税额） 　贷：银行存款等 (3) 耗用材料和人工时 借：在建工程 　贷：原材料、应付职工薪酬等 (4) 达到预定可使用状态时 借：固定资产 　贷：在建工程

（二）小规模纳税人外购固定资产

由于小规模纳税人采用简易办法征收增值税，其增值税进项税额不允许抵扣，所以外购固定资产在确认入账价值时，成本 = 购买价款 + 相关税费（包括增值税进项税额）。

（三）同时购入多项没有单独标价的资产

企业以一笔款项购入多项没有单独标价的固定资产，应当将这些资产分别单独确认为固定资产，并按照各项固定资产公允价值的比例对总成本进行分配，分别确定各项固定资产的成本。

二、建造固定资产

企业自行建造固定资产，应按该项资产达到预定可使用状态前所发生的必要支出，作为固定资产的成本。

企业自行建造固定资产，应先通过“在建工程”账户核算，工程达到预定可使用状态时，再从“在建工程”账户转入“固定资产”账户。企业自行建造固定资产主要有自营和出包两种方式，因采用的建设方式不同，其会计处理也不同。

（一）自营方式建造固定资产

企业以自营方式建造固定资产，是指企业自行组织工程物资采购、施工人员施工的建筑工程和安装工程。

其基本账务处理见表5－4。

表5－4 自营方式建造固定资产基本账务处理

业 务	账务处理
购入工程物资时	借：工程物资 应交税费——应交增值税（进项税额） 贷：银行存款/应付账款等
领用工程物资时	借：在建工程 贷：工程物资
领用本企业原材料时	借：在建工程 贷：原材料（成本）
领用本企业生产的商品时	借：在建工程 贷：库存商品（成本）
辅助生产部门为工程提供的水、电、设备安装、修理、运输等劳务	借：在建工程 贷：生产成本——辅助生产成本
在建工程发生的借款费用满足借款费用资本化条件的	借：在建工程 贷：长期借款/应付利息
发生的其他费用（如分配工程人员薪酬等）	借：在建工程 贷：银行存款/应付职工薪酬等
达到预定可使用状态时	借：固定资产 贷：在建工程
工程完工后，剩余的工程物资转为企业存货	借：原材料 贷：工程物资

建造期间发生的工程物资盘亏、报废及毁损，减去残料价值以及保险公司、过失人等赔偿后的净损失，计入在建工程成本；盘盈工程物资或处置净收益，冲减所建工程项目的成本；完工后发生的工程物资盘盈、盘亏、报废和毁损，计入当期损益。

案例5-6

（二）出包方式建造固定资产

企业以出包方式建造固定资产，是指企业通过招标方式将工程项目发包给建造承包商，由建造承包商组织施工的建筑工程和安装工程。企业采用出包方式进行的固定资产工程，其工程的具体支出主要由建造承包商核算，在这种方式下，“在建工程”账户主要反映企业与建造承包商办理工程价款结算的情况。

案例5-7

其基本账务处理见表 5－5。

表 5－5　出包方式建造固定资产账务处理

业务	账务处理
按合理估计的发包工程进度和合同规定结算进度款	借：在建工程 　　应交税费——应交增值税（进项税额） 　　贷：银行存款（支付给承包商的工程价款）
达到预定可使用状态	借：固定资产 　　贷：在建工程

三、其他方式取得固定资产

企业除了外购和自行建造固定资产之外，还有其他一些取得方式，主要包括投资者投入、非货币性资产交换、债务重组、企业合并等。

投资者投入固定资产应按投资合同或协议约定的价值作为入账成本，但合同或协议约定价值不公允的除外。

技能训练

一、固定资产入账成本的计算

任务资料：

业务 1：甲公司为增值税一般纳税人，2023 年 5 月初自华宇公司购入一台需要安装的生产设备，实际支付买价 60 万元，增值税税额 7.8 万元；另支付运杂费 3 万元（假定不考虑运费抵扣进项税的因素），途中保险费 8 万元；安装过程中，领用一批外购原材料，成本 6 万元，售价为 6.5 万元，支付安装人员服务费 5 万元，该设备在 2023 年 9 月 1 日达到预定可使用状态。

业务 2：某企业为增值税小规模纳税人，2023 年 4 月 1 日购入一台不需要安装即可投入使用的设备，取得的增值税专用发票上注明的价款为 40 000 元，增值税税额为 5 200 元；支付运费 300 元，增值税税额 27 元；全部款项以银行存款支付。

业务 3：某企业为增值税一般纳税人，2023 年 6 月自建仓库一幢，购入工程物资 200 万元，增值税税额为 26 万元，已全部用于建造仓库；耗用库存材料 50 万元，应负担的增值税税额为 6.5 万元；支付建筑工人工资 36 万元。该仓库建造完成并达到预定可使用状态。

要求：

1. 根据表格提示计算固定资产的入账价值。

2. 计算过程清晰，计算结果准确（表5-6）。

表5-6 固定资产入账价值的计算

任务	固定资产的入账价值
业务1	1. 实务判断 （1）专业人员服务费是否计入固定资产的入账价值？ （是□否□） （2）员工培训费是否计入固定资产的入账价值？ （是□否□） 2. 该设备的入账价值＝
业务2	1. 小规模纳税人购入设备支付的增值税如何处理？ 2. 该设备的入账价值＝
业务3	1. 企业自行建造固定资产，应先通过__________账户核算，工程达到预定可使用状态时，再从该账户转入“固定资产”账户。 2. 该仓库的入账价值＝

二、固定资产取得的核算

要求：

根据下列资料，完成固定资产取得业务的账务处理。

任务资料：

业务1：卓越公司为增值税一般纳税人，2023年7月5日购入一台需要安装的生产用机器设备，取得的增值税专用发票上注明设备价款为500 000元，增值税税率13%，增值税税额为65 000元，款项已通过银行存款支付；设备安装时，领用本公司原材料一批，价值30 000元，购进该批原材料时的增值税进项税额为3 900元；支付安装工人的工资为4 900元。假定不考虑其他相关税费，完成表5-7。

表5-7 固定资产取得业务的账务处理

业务	账务处理
（1）购入需要安装的设备时	
（2）领用原材料、支付安装工人工资时	

续表

业务	账务处理
(3) 设备安装完毕，达到预定可使用状态时	

业务 2：2023 年 6 月 1 日，甲公司自建厂房一幢，购入工程物资 600 000 元，增值税专用发票上注明增值税税额为 78 000 元，全部用于工程建设。领用企业生产用原材料 50 000 元，相关进项税额为 6 500 元。领用本企业生产的水泥一批，实际成本 40 000 元。应付工程人员工资 55 000 元，辅助生产车间提供有关劳务 10 000 元。9 月 20 日，工程达到预定可使用状态并交付使用。假定不考虑其他因素，完成表 5 – 8。

表 5 – 8　固定资产取得业务的账务处理

业务	账务处理
(1) 购入工程物资时	
(2) 领用全部工程物资时	
(3) 领用企业生产用原材料时	
(4) 领用本企业生产的水泥时	
(5) 分配工程人员工资时	
(6) 辅助生产车间提供有关劳务	
(7) 工程达到预定可使用状态并交付使用	转入固定资产的成本 =

任务评价

请填写任务评价参考表，检测目标达成情况，见表 5 – 9。

表 5-9 核算固定资产取得评价参考表

任务目标	达成情况
1. 能够正确计算固定资产的入账价值	是 □ 否 □
2. 能够正确编制固定资产取得业务的会计分录	是 □ 否 □
3. 能够积极主动地思考问题，并能逻辑清楚地与他人分享	是 □ 否 □
4. 能够在任务活动中不断反思、调节，以帮助预期目标的达成	是 □ 否 □

任务 5-3 计提固定资产折旧

任务目标

知识目标：

1. 明确固定资产折旧的概念、影响因素、折旧范围及折旧时间。
2. 掌握固定资产折旧的计提方法。

技能目标：

1. 能够熟练掌握固定资产的概念及折旧范围。
2. 能够运用不同的折旧方法计提固定资产折旧。
3. 能够正确编制固定资产折旧业务的会计分录。

素养目标：

1. 培养法律意识和责任意识。
2. 能够积极主动地思考问题，并能逻辑清楚地与他人分享。
3. 能够在任务活动中不断反思、调节，以帮助预期目标的达成。

建议学时

2 学时。

相关知识

一、固定资产折旧概述

固定资产折旧是指企业在固定资产使用寿命内，按照确定的方法对应计折旧额进行系统分摊。

应计折旧额是指应当计提折旧的固定资产原值扣除其预计净残值后的金额。已计提减值准备的固定资产，还应当扣除已计提的固定资产减值准备累计金额。

（一）影响固定资产折旧的因素

（1）固定资产的原值，是指固定资产的成本。

（2）固定资产的使用寿命，是指固定资产的预计使用期间，或该固定资产所能生产产品或提供劳务的数量。

（3）预计净残值，是指假定固定资产预计使用寿命已满并处于使用寿命终了时的预期状态，企业从该项资产处置中获得的扣除预计处置费用后的金额。

（4）固定资产减值准备，是指固定资产已计提的固定资产减值准备累计金额。

（二）固定资产的折旧范围

除以下情况外，企业应当对所有固定资产计提折旧。

（1）已提足折旧仍继续使用的固定资产（折旧已提完，无折旧可提）。

（2）单独计价入账的土地（土地的寿命无法确定）。

企业在确定计提折旧的范围时，还应注意以下几点。

（1）固定资产提足折旧后，不论能否继续使用，均不再计提折旧。提前报废的固定资产，也不再补提折旧。

（2）季节性、大修理停用的固定资产，未使用、不需用的固定资产，需要计提折旧。

（3）已达到预定可使用状态，但未办理竣工结算的，应当自达到预定可使用状态之日起，根据工程预算、造价或实际成本等，按暂估价值转入固定资产，并计提折旧。待办理了竣工决算手续后再调整原来的暂估价值，但不需要调整原来的折旧额。

（4）处于更新改造过程中的固定资产不再计提折旧，达到预定可使用状态后，再按照重新确定的折旧方法和该项固定资产尚可使用寿命计提折旧。

（5）融资租入的固定资产，应当采用与自有应计提折旧固定资产相一致的折旧政策。

（三）固定资产折旧的时间

固定资产应当按月计提折旧，当月增加的固定资产，当月不提折旧，从下月起计提折旧；当月减少的固定资产，当月仍计提折旧，从下月起不计提折旧。

二、固定资产的折旧方法

企业应当根据与固定资产有关的经济利益的预期实现方式，合理选择固定资产折旧方法。可选用的折旧方法包括年限平均法、工作量法、双倍余额递减法和年数总和法等。企业选用不同的固定资产折旧方法，将影响固定资产使用寿命内不同时期的折旧费用，因此，固定资产的折旧方法一经确定，不得随意变更，如需变更，要在会计报表附注中予以说明。

（一）年限平均法

案例5-9

年限平均法又称直线法，是将固定资产折旧额均衡地分摊到固定资产预计使用寿命内的一种方法。采用这种方法计算的每期折旧额均相等（表5－10）。

表5－10 年限平均法

计算公式： 年折旧额＝（原值－预计净残值）÷预计使用年限＝原值×（1－预计净残值率）÷预计使用年限 实际工作中，每月应计提的折旧额一般是根据固定资产的原值乘以月折旧率计算确定的。 年折旧率＝（1－预计净产值率）÷预计使用年限×100% 月折旧率＝ 年折旧率÷12 月折旧额＝固定资产原值×月折旧率

（二）工作量法

工作量法是根据实际工作量计算每期应提折旧额的一种方法（表5－11）。

表5－11 工作量法

计算公式： 单位工作量折旧额＝（原值－预计净残值）÷预计总工作量 ＝ 原值×（1－预计净残值率）÷预计总工作量 某项固定资产月折旧额＝该项固定资产当月实际工作量×单位工作量折旧额

（三）双倍余额递减法

案例5-10

双倍余额递减法，指在不考虑固定资产预计净残值的情况下，根据每期期初固定资产原值减去累计折旧后的余额和双倍的直线折旧率计算固定资产折旧的一种方法。采用双倍余额递减法计提折旧的固定资产，通常在其折旧年限到期前两年内，将固定资产净值扣除预计净残值后的余额平均摊销（表5－12）。

表5－12 双倍余额递减法

计算公式： （1）年折旧率＝2÷预计使用年限×100% （2）固定资产净值＝固定资产原值－累计折旧 （3）年折旧额＝固定资产账面净值×年折旧率 （4）最后两年，将双倍余额递减法改成年限平均法，减去净残值。 最后两年折旧额＝（原值－累计折旧－净残值）÷2

（四）年数总和法

年数总和法是指用固定资产原值减去预计净残值后的净额，乘以一个逐年递减的分数（折旧率），计算折旧额的一种加速折旧方法（表5－13）。

表5－13　年数总和法

计算公式：
年折旧率＝尚可使用年限÷预计使用寿命的年数总和×100%
月折旧率＝年折旧率÷12
月折旧额＝（固定资产原值－预计净残值）×月折旧率

三、固定资产折旧的账务处理

（一）固定资产折旧的基本账务处理

固定资产应当按月计提折旧，计提的折旧应当记入“累计折旧”账户，并根据固定资产的用途计入相关资产的成本或者当期损益。

其基本账务处理如下。

借：制造费用（生产车间使用的固定资产）
　　管理费用（企业管理部门、未使用的固定资产）
　　销售费用（企业专设销售部门的固定资产）
　　其他业务成本（企业出租固定资产）
　　研发支出（企业研发无形资产时使用的固定资产）
　　在建工程（工程建造期间，在建工程耗用的资产）
　贷：累计折旧

（二）固定资产使用寿命、预计净残值和折旧方法的复核

企业至少应当于每年年度终了，对固定资产的使用寿命、预计净残值和折旧方法进行复核。使用寿命预计数与原先估计数有差异的，应当调整固定资产使用寿命；净残值预计数与原先估计数有差异的，应当调整预计净残值；与固定资产有关的经济利益预期实现方式有重大改变的，应当改变固定资产折旧方法。

固定资产使用寿命、预计净残值和折旧方法的改变应当作为会计估计变更进行会计处理。

技能训练

一、固定资产折旧的理解

要求：

1. 阅读拓展资源5-2，思考以下问题，并将自己的看法简要记录下来。

（1）为什么固定资产需要计提折旧？

（2）哪些因素会影响折旧额？

（3）折旧计提的多少对企业的利润有什么影响？

2. 你可以试着与同伴分享、讨论这些问题，来拓展自己的思维。

二、固定资产折旧方法的运用

（一）年限平均法的运用

（1）阅读、分析案例5-9，试着独立计算一下案例中应计提的折旧额，并与案例对照，检查自己公式运用是否准确。

（2）根据下列资料，计算并回答相关问题。

业务资料：

卓越公司是增值税一般纳税人，2023年6月1日购入需要安装的设备一台，取得的增值税专用发票上注明的设备价款为100万元，增值税税额为13万元。购买过程中，以银行存款支付运杂费等费用5万元。安装时，领用材料7万元，该材料负担的增值税税额为0.91万元；支付安装工人工资8万元。该设备于2023年6月30日达到预定可使用状态。卓越公司对该设备采用年限平均法计提折旧，预计使用年限为10年，预计净残值为零。假定不考虑其他因素，请思考回答下列问题。

①计算该设备的入账价值。

②该固定资产从哪一个月开始计提折旧？2023年度该设备应计提几个月的折旧？

③2023年度该设备应计提的折旧额是多少？

（3）根据下列资料，确认设备入账价值并运用年限平均法计提2023年度设备的折旧额。

业务资料：

2023年11月20日，甲公司购进一台需要安装的A设备，取得的增值税专用发票注明的设备款为950万元，可抵扣增值税进项税额为123.5万元，款项已通过银行支付。安装A设备时，甲公司领用原材料36万元（不含增值税），支付安装人员工资14万元。2023年12月30日，A设备达到预定可使用状态。A设备预计使用年限为5年，预计净残值率为5%，甲公司采用年限平均法计提折旧。

根据上述资料，不考虑其他因素，回答下列问题。

①甲公司A设备的入账价值是（　　）万元。

A. 950　　B. 986　　C. 1 000　　D. 1 111.5

②甲公司2024年度对A设备计提的折旧是（　　）万元。

A. 400　　B. 240　　C. 333.33　　D. 190

（二）工作量法的运用

要求：

根据下列资料，计算并回答相关问题。

业务资料：

2023年1月15日，甲公司以银行存款30万元购入一台生产A产品的设备，另支付相关运输费1.5万元、员工培训费2万元。该设备预计能够生产1 000件A产品，预计净残值率为1%，采用工作量法计提折旧。2023年该设备共生产A产品100件，假定不考虑其他因素，完成表5-14。

表5-14　计算并回答问题

问题	计算、回答
（1）计算该设备的入账价值	
（2）员工培训费应该怎样处理	
（3）2023年度该设备应计提的折旧额	

（三）双倍余额递减法的运用

（1）根据双倍余额递减法的计算公式，先试着独自计算一下案例5-10中仲夏公司每一年的折旧额，然后再和案例答案核对，检查公式运用是否准确。

（2）根据下列资料，填制固定资产折旧计算表（表5-15）。

表5-15　固定资产折旧计算表（双倍余额递减法）

年份	期初账面净值	折旧率	年折旧额	累计折旧额	期末账面净值

续表

年份	期初账面净值	折旧率	年折旧额	累计折旧额	期末账面净值

业务资料：

2021 年 12 月 20 日，某企业购入一台设备，其原值为 2 000 万元，预计使用年限为 5 年，预计净残值为 5 万元，采用双倍余额递减法计提折旧。

（四）年数总和法的运用

（1）根据年数总和法的计算公式，先试着独自计算一下案例 5－11 中仲夏公司每一年的折旧额，然后再和案例答案核对，检查公式运用是否准确。

（2）根据下列资料，填制固定资产折旧计算表（表 5－16）。

表 5－16　固定资产折旧计算表（年数总和法）

年份	尚可使用年限	应计折旧额	年折旧率	年折旧额	累计折旧额

业务资料：

甲公司为增值税一般纳税人，2023 年 12 月 31 日购入不需要安装的生产设备一台，当日投入使用。该设备价款为 360 万元，增值税税额为 46. 8 万元，预计使用寿命为 5 年，预计净残值为零，采用年数总和法计提折旧。

（3）双倍余额递减法和年数总和法都是一种加速折旧的方法。请独立思考加速折旧法的优缺点及适用范围，并进行简要记录。你也可以通过查阅资料、和其他同伴讨论来进一步补充完善，拓展自己的思维。

任务评价

请填写任务评价参考表，检测目标达成情况，见表 5－17。

表 5－17　计提固定资产折旧评价参考表

任务目标	达成情况
1. 能够熟练掌握固定资产的概念及折旧范围	是 □ 否 □
2. 能够运用不同的折旧方法计提固定资产折旧	是 □ 否 □

续表

任务目标	达成情况
3. 能够正确编制固定资产折旧业务的会计分录	是 □ 否 □
4. 能够积极主动地完成任务，并能逻辑清楚地与他人分享	是 □ 否 □
5. 能够在任务活动中不断反思、调节，以帮助预期目标的达成	是 □ 否 □

任务 5-4　核算固定资产后续支出

任务目标

知识目标：

掌握固定资产后续支出的概念及核算方法。

技能目标：

1. 能够区分资本化支出和费用化支出。
2. 能够正确编制固定资产后续支出业务的会计分录。

素养目标：

1. 培养法律意识和责任意识。
2. 能够积极主动地思考问题，并能逻辑清楚地与他人分享。
3. 能够在任务活动中不断反思、调节，以帮助预期目标的达成。

建议学时

1 学时。

相关知识

一、固定资产后续支出概述

固定资产后续支出是指固定资产使用过程中发生的更新改造支出、修理费用等。

基本处理原则：与固定资产有关的更新改造等后续支出，符合资本化确认条件的应当予以资本化，计入固定资产成本，如有被替换的部分，应同时将被替换部分的账面价值从该固定资产原账面价值中扣除；与固定资产有关的修理费用等后续支出，不符合固定资产确认条件的应当予以费用化，计入当期损益。

二、资本化的后续支出

固定资产发生可以资本化的后续支出时，通过“在建工程”账户核算。

其基本账务处理见表5－18。

表5－18　固定资产资本化的后续支出基本账务处理

业务	账务处理
将固定资产的账面价值转入在建工程时	借：在建工程（账面价值） 累计折旧（已计提数） 固定资产减值准备（已计提数） 贷：固定资产（原值）
发生可以资本化的后续支出时	借：在建工程 应交税费——应交增值税（进项税额） 贷：银行存款等
扣除被替换部件账面价值时	借：银行存款等 营业外支出（净损失） 贷：在建工程（被替换部分的账面价值）
达到预定可使用状态时	借：固定资产 贷：在建工程

发生后续支出的固定资产达到预定可使用状态转为固定资产后，按重新确定的固定资产原值、使用寿命、预计净残值和折旧方法计提折旧。

三、费用化的后续支出

不满足固定资产确认条件的固定资产修理费用等后续支出，应当在发生时计入当期损益（管理费用或销售费用）。

其基本账务处理如下：

借：管理费用（企业生产车间和行政管理部门发生的修理费用）

　　销售费用（专设销售机构发生的修理费用）

　　应交税费——应交增值税（进项税额）

　　贷：银行存款等

技能训练

一、固定资产后续支出的理解

要求：

1. 阅读拓展资源5－3，思考以下问题，并将自己的看法简要记录下来。

（1）什么是固定资产的后续支出？

（2）用自己的语言解释固定资产资本化支出。

（3）用自己的语言解释固定资产费用化支出。

2. 你可以试着与同伴分享、讨论这些问题，来拓展自己的思维。

二、资本化后续支出的核算

业务资料：

A 公司持有一条生产线，该生产线原值为 300 万元，至 2022 年 12 月 31 日累计计提折旧 180 万元，计提减值准备 20 万元。由于设备老化，A 公司准备将其进行更新改造。在更新改造期间，共发生人工费用 4 万元、领用原材料 10 万元、换入新设备的价值为 45 万元，替换的旧设备的账面价值为 30 万元。该生产线于 2023 年 5 月 30 日达到预定可使用状态，预计净残值为零，生产线尚可使用的年限为 10 年，采用年限平均法计提折旧。假定不考虑相关税费及其他因素。

要求：

请试着为 A 公司进行相关业务的账务处理（表 5 – 19）。

表 5 – 19　A 公司相关业务的账务处理

业务	账务处理
将固定资产的账面价值转入在建工程	
发生可以资本化的后续支出	
扣除被替换部件账面价值	
达到预定可使用状态	
计算 2023 年应提折旧，并编制会计分录	

三、综合业务分析

业务资料：

甲公司为增值税一般纳税人，与固定资产业务相关的资料如下。

（1）2021 年 3 月 5 日，甲公司开始建造一条生产线，为建造该生产线领用自产产品 100 万元，这部分自产产品的市场售价为 200 万元，同时领用以前外购的原材料一批，该批原材料的实际购入成本为 50 万元，购入时的增值税为 6.5 万元，领用时该批原材料市价为 100 万元。

（2）2021年3月至6月，应付建造该条生产线的工程人员的工资40万元，用银行存款支付其他费用10万元。

（3）2021年6月30日，该条生产线达到预定可使用状态。该条生产线的预计使用年限为5年，预计净残值为零，采用双倍余额递减法计提折旧。

（4）2023年6月30日，甲公司对该生产线的某一重要部件进行更换，合计发生支出100万元（改造支出符合会计准则规定的固定资产确认条件），已知该部件的账面原值为80万元，被替换部件的变价收入为10万元。2023年10月31日，该条生产线达到预定可使用状态，更新改造后的生产线预计使用年限和计提折旧的方法并未发生改变，预计净残值为零。

要求：根据上述资料，不考虑其他条件，回答下列问题。

1. 下列固定资产中，需要计提折旧的是（　　）。

A. 经营租出的机器设备　　B. 单独估价入账的土地

C. 融资租入的生产设备　　D. 闲置不用的厂房

2. 根据资料（1），关于领用自产产品用于在建工程的相关说法中，正确的是（　　）。

A. 应计入在建工程的金额为200万元

B. 应计入在建工程的金额为100万元

C. 应计入在建工程的金额为234万元

D. 应计入在建工程的金额为117万元

3. 根据资料（1），关于领用外购的材料用于在建工程的相关说法中，正确的是（　　）。

A. 应计入在建工程的金额为50万元　　B. 应计入在建工程的金额为58.5万元

C. 应计入在建工程的金额为41.5万元　　D. 应计入在建工程的金额为100万元

4. 根据资料（1）至（3），该条生产线的入账价值为（　　）万元。

A. 217　　B. 200　　C. 225.5　　D. 334

5. 根据资料（4），该条生产线在更换重要部件后，重新达到预定可使用状态时的入账价值为（　　）万元。

A. 153.2　　B. 123.2　　C. 138.2　　D. 143.2

任务评价

请填写任务评价参考表，检测目标达成情况，见表5-20。

表 5－20　核算固定资产后续支出评价参考表

任务目标	达成情况
1. 能够区分资本化支出和费用化支出	是 □ 否 □
2. 能够正确编制固定资产后续支出业务的会计分录	是 □ 否 □
3. 能够积极主动地思考问题，并能逻辑清楚地与他人分享	是 □ 否 □
4. 能够在任务活动中不断反思、调节，以帮助预期目标的达成	是 □ 否 □

任务 5－5　核算固定资产清查与减值

任务目标

知识目标：

掌握固定资产清查与减值的核算方法。

技能目标：

1. 能够正确编制固定资产盘亏、盘盈业务的会计分录。
2. 能够归纳库存现金、存货和固定资产盘盈、盘亏的账务处理。
3. 能够正确编制计提减值准备业务的会计分录。

素养目标：

1. 培养法律意识和责任意识。
2. 能够积极主动地思考问题，并能逻辑清楚地与他人分享。
3. 能够在任务活动中不断反思、调节，以帮助预期目标的达成。

建议学时

1 学时。

相关知识

一、固定资产清查

企业应定期或者至少每年年末对固定资产进行清查盘点，以保证固定资产核算的真实性，充分挖掘企业现有固定资产的潜力。在固定资产清查过程中，如果发现盘盈、盘亏的固定资产，应填制固定资产盘盈、盘亏报告表。清查固定资产的损溢，应及时查明原因，并按照规定程序报批处理。

（一）固定资产盘亏

固定资产盘亏造成的损失应计入当期损益。其基本账务处理见表5－21。

表5－21 固定资产盘亏的基本账务处理

业务		账务处理
报经批准处理前	盘亏固定资产	借：待处理财产损溢——待处理固定资产损溢（账面价值） 累计折旧（已提数） 固定资产减值准备（已提数） 贷：固定资产（原值）
	转出不可抵扣的进项税额时	应按其账面净值（即固定资产原值－已计提折旧）乘以适用税率计算不可抵扣的进项税额 借：待处理财产损溢——待处理固定资产损溢 贷：应交税费——应交增值税（进项税额转出）
按照管理权限报经批准处理后		借：其他应收款（保险公司赔偿或过失人赔偿） 营业外支出——盘亏损失 贷：待处理财产损溢——待处理固定资产损溢

（二）固定资产盘盈

企业盘盈的固定资产应当作为重要的前期差错进行会计处理。在按管理权限报经批准处理前，应先通过“以前年度损益调整”账户核算，盘盈的固定资产按重置成本确定其入账价值。

其基本账务处理见表5－22。

表5－22 固定资产盘盈的基本账务处理

业务	账务处理
盘盈固定资产，报经批准处理前	借：固定资产（重置成本） 贷：以前年度损益调整
因调整增加以前年度利润而增加的所得税费用	借：以前年度损益调整 贷：应交税费——应交所得税
报经批准处理后，结转以前年度损益调整	借：以前年度损益调整 贷：盈余公积——法定盈余公积 利润分配——未分配利润

“以前年度损益调整”是一个过渡账户，核算企业本年度发生的调整以前年度损益的事项，以及本年度发现的重要前期差错更正涉及调整以前年度损益的事项。经过调整后，应将本账户的余额转入“利润分配——未分配利润”账户，结转后无余额。

二、固定资产减值

固定资产的初始入账价值是历史成本，固定资产使用年限较长，市场条件和经营环境的变化、科学技术的进步以及企业经营管理不善等原因，都可能使固定资产未来创造经济利益的能力大大下降。

固定资产在资产负债表日存在可能发生减值的迹象时，其可收回金额低于账面价值的，企业应当将该固定资产的账面价值减记至可收回金额，减记的金额确认为减值损失，计入当期损益，同时计提相应的资产减值准备。其中，可收回金额应当根据资产的公允价值减去处置费用后的净额与资产预计未来现金流量的现值两者之中较高者确定。

（一）账户设置

账户设置5-2

账户设置详情，请扫码查看。

（二）账务处理

资产负债表日，当固定资产可收回金额低于账面价值，发生减值时，借记“资产减值损失——计提的固定资产减值准备”账户，贷记“固定资产减值准备”账户。

案例5-17

固定资产减值损失一经确认，在以后会计期间不得转回，但在出售、报废处置固定资产时，应予以转销。固定资产减值损失确认后，应当在剩余使用寿命内按照调整后的固定资产账面价值和预计净残值重新计算折旧率与折旧额。

技能训练

一、固定资产清查的核算

业务资料：

甲公司进行资产清查时发现短缺设备一台，原值为8 000元，已计提折旧2 000元，购入时增值税税额为1 040元。经查明属于管理人员的责任，管理人员需赔偿2 500元，其余作为盘亏损失，计入营业外支出。

要求：

假定不考虑其他因素，请试着为甲公司进行相关业务的账务处理（表5－23）。

表 5－23 甲公司固定资产清查的账务处理

业务	账务处理
盘亏固定资产时	
转出不可抵扣的进项税额时	
按照管理权限报经批准处理后	

二、固定资产减值的核算

业务资料：

甲公司 2021 年 12 月购入车间用设备一台，原值 50 000 元，预计使用寿命为 8 年，预计净残值为 2 000 元，采用年限平均法计提折旧。2023 年年末该设备存在发生减值迹象，经计算，该设备可收回金额为 37 000 元，预计尚可使用寿命为 5 年。

要求：

假定不考虑其他因素，请试着为甲公司进行相关业务的账务处理（表 5－24）。

表 5－24 甲公司固定资产减值的账务处理

业务	账务处理
2022 年年末计提折旧	应计提折旧额＝
2023 年年末计提折旧	应计提折旧额＝
2023 年年末计提固定资产减值准备	固定资产账面价值＝ 应计提的减值准备＝
2024 年年末计提折旧	应计提折旧额＝

任务评价

请填写任务评价参考表，检测目标达成情况，见表5－25。

表5－25　核算固定资产清查与减值评价参考表

任务目标	达成情况
1. 能够正确编制固定资产盘亏、盘盈业务的会计分录	是□否□
2. 能够归纳库存现金、存货和固定资产盘盈、盘亏的账务处理	是□否□
3. 能够正确编制计提减值准备业务的会计分录	是□否□
4. 能够积极主动地思考问题，并能逻辑清楚地与他人分享	是□否□
5. 能够在任务活动中不断反思、调节，以帮助预期目标的达成	是□否□

任务5－6　核算固定资产处置

任务目标

知识目标：

1. 明确“固定资产清理”账户的核算内容。
2. 掌握固定资产处置业务的核算方法。

技能目标：

1. 能够说出“固定资产清理”账户的核算内容。
2. 能够正确编制固定资产处置业务的会计分录。

素养目标：

1. 培养法律意识和责任意识。
2. 能够积极主动地思考问题，并能逻辑清楚地与他人分享。
3. 能够在任务活动中不断反思、调节，以帮助预期目标的达成。

建议学时

1学时。

相关知识

一、固定资产处置概述

固定资产处置，即固定资产的终止确认，具体包括固定资产的出售、报废、毁损、对外投资、非货币性资产交换、债务重组等。

企业在生产经营过程中，可能将不适用或不需用的固定资产对外出售转让，或因磨损、技术进步等原因对固定资产进行报废，或因遭受自然灾害而对毁损的固定资产进行处理。对于上述事项在进行会计处理时，应当按照规定程序办理有关手续，结转固定资产的账面价值，计算有关的清理收入、清理费用及残料价值等。

账户设置5-3

二、固定资产处置的核算

企业处置固定资产应通过“固定资产清理”账户进行核算。

（一）账户设置

账户设置详情，请扫码查看。

（二）账务处理

固定资产处置的相关账务处理见表5－26。

表5－26　固定资产处置的相关账务处理

<table>
<tr><th>业务</th><th colspan="3">账务处理</th></tr>
<tr><td>固定资产转入清理</td><td colspan="3">借：固定资产清理（账面价值）
累计折旧（已提折旧）
固定资产减值准备（已提减值准备）
贷：固定资产（原值）</td></tr>
<tr><td>发生的清理费用</td><td colspan="3">借：固定资产清理
应交税费——应交增值税（进项税额）
贷：银行存款</td></tr>
<tr><td>收回出售固定资产的价款、残料价值和变价收入等</td><td colspan="3">借：银行存款
原材料
贷：固定资产清理
应交税费——应交增值税（销项税额）</td></tr>
<tr><td>确认应收责任单位（个人）赔偿损失</td><td colspan="3">借：其他应收款
贷：固定资产清理</td></tr>
<tr><td rowspan="5">结转清理净损益</td><td rowspan="2">净收益</td><td>因出售、转让等原因产生的净收入（人为原因）</td><td>借：固定资产清理
贷：资产处置损益</td></tr>
<tr><td>因丧失使用功能（正常报废）或自然灾害等原因产生的净收益</td><td>借：固定资产清理
贷：营业外收入</td></tr>
<tr><td rowspan="3">净损失</td><td>因出售、转让等原因造成的损失（人为原因）</td><td>借：资产处置损益
贷：固定资产清理</td></tr>
<tr><td>属于经营期间正常报废清理的处理损失</td><td>借：营业外支出——处置非流动资产损失
贷：固定资产清理</td></tr>
<tr><td>属于自然灾害等非常原因造成的损失</td><td>借：营业外支出——非常损失
贷：固定资产清理</td></tr>
</table>

技能训练

一、出售固定资产的账务处理

业务资料：

甲公司处置一台旧设备，原值为23万元，已计提折旧5万元。处置该设备开具的增值税专用发票上注明的价款为20万元，增值税税额为2.6万元，款项已收存银行。发生的清理费用为1.5万元。

要求：

假定不考虑其他因素，请试着为甲公司进行相关业务的账务处理（表5－27）。

表5－27　甲公司出售固定资产的账务处理

业务	账务处理
（1）将出售的固定资产转入清理	
（2）收到出售固定资产的价税款	
（3）支付清理费用	
（4）结转出售固定资产的净损益	

二、毁损固定资产的账务处理

业务资料：

2023年12月8日，甲公司某仓库因火灾发生毁损，该仓库原值400万元，已计提折旧110万元，其残料估计价值5万元，残料已办理入库，发生的清理费用2万元，以银行存款支付，经保险公司核定应赔偿损失150万元，尚未收到赔款。

要求：

假定不考虑其他因素，请试着为甲公司进行相关业务的账务处理（表5－28）。

表 5-28 甲公司毁损固定资产的账务处理

业务	账务处理
(1) 将毁损的固定资产转入清理	
(2) 残料入库	
(3) 支付清理费用	
(4) 应收保险公司赔偿款	
(5) 结转清理净损益	

任务评价

请填写任务评价参考表，检测目标达成情况，见表 5-29。

表 5-29 核算固定资产处置评价参考表

任务目标	达成情况
1. 能够说出“固定资产清理”账户的核算内容	是 □ 否 □
2. 能够正确编制固定资产处置业务的会计分录	是 □ 否 □
3. 能够进行固定资产综合业务的分析与处理	是 □ 否 □
4. 能够积极主动地思考问题，并能逻辑清楚地与他人分享	是 □ 否 □
5. 能够在任务活动中不断反思、调节，以帮助预期目标的达成	是 □ 否 □

即测即练

总结与评价

一、绘制思维导图

运用思维导图总结、归纳与本项目相关的知识点、技能点，帮助自己记忆、理解及查缺补漏。

二、自我分析与总结

(1) 通过本项目的学习，学会了哪些知识？掌握了哪些技能？素养方面得到了哪些提升？

(2) 反思本项目的完成情况，提出改进建议。

三、项目评价

请根据质量评价标准，完成项目评价，见表5-30。

表5-30 核算固定资产质量评价标准

<table>
<tr><th colspan="2">评价内容</th><th>质量要求</th><th>分值</th><th>评价</th></tr>
<tr><td rowspan="4">A. 知识与方法
(30分)</td><td rowspan="3">必备知识</td><td>掌握固定资产的概念及特征</td><td>5</td><td></td></tr>
<tr><td>掌握固定资产的折旧范围及折旧方法</td><td>10</td><td></td></tr>
<tr><td>区分资本化支出和费用化支出</td><td>7</td><td></td></tr>
<tr><td>学习方法</td><td>自主学习、网络学习、查阅资料、师生互动学习等方法应用有效</td><td>8</td><td></td></tr>
<tr><td rowspan="6">B. 完成任务/
职业能力
(40分)</td><td rowspan="3">职业能力</td><td>能够正确计算固定资产的入账价值</td><td>4</td><td></td></tr>
<tr><td>能够运用不同的折旧方法计提固定资产折旧</td><td>6</td><td></td></tr>
<tr><td>能够正确编制固定资产取得、计提折旧、后续支出、清查、减值及处置业务的会计分录</td><td>10</td><td></td></tr>
<tr><td>解决问题</td><td>遇到问题能够独立思考，提出自己的见解</td><td>5</td><td></td></tr>
<tr><td>团队协作</td><td>能够有效沟通、协作，目标一致，完成小组任务</td><td>5</td><td></td></tr>
<tr><td>任务完成</td><td>在规定的时间内，保质保量地完成了任务实施中的各项任务</td><td>10</td><td></td></tr>
<tr><td rowspan="3">C. 职业道德与
价值观
(30分)</td><td>法治观念</td><td>具有法律意识和责任意识</td><td>10</td><td></td></tr>
<tr><td>理念更新</td><td>了解国家战略，树立新发展理念、科学管理理念、终身学习理念</td><td>12</td><td></td></tr>
<tr><td>职业道德</td><td>具有良好的沟通能力、团队协作精神</td><td>8</td><td></td></tr>
<tr><td colspan="3">项目得分</td><td colspan="2"></td></tr>
</table>

项目6　核算无形资产

项目提要

本项目主要介绍无形资产的取得、摊销、减值及处置业务的核算。通过学习，学生能够完成无形资产相关业务的账务处理，坚持无形资产准则，具有法律意识、责任意识、创新意识和爱国情怀，具有良好的服务意识、沟通及协作能力。

价值引领

实践证明，我国制造业的巨大规模和低成本的传统优势不能成为企业发展的不竭动力，只有技术进步的自持和自主创新能力的培育才能给企业带来持久的竞争优势。

企业无形资产的规模和质量决定着创新型企业的技术水平、创新资源、创新能力和创新效率等核心竞争力与可持续发展能力，无形资产相对于有形资产在保持和增强企业持久经济利益流入中越来越重要。无形资产准确及时地确认与计量、提供高质量的无形资产会计核算资料和会计信息，可防范和化解企业因无形资产权属不清、技术落后、缺乏核心技术、管理失当、存在重大技术安全隐患等导致企业法律纠纷、缺乏可持续发展能力风险，并对引导创新决策、有效配置创新资源等方面具有重要意义和作用。

岗位职责

无形资产核算是对无形资产的取得、摊销、出售、报废及减值业务的核算。无形资产管理岗位的主要职责是负责无形资产的管理及核算。

其具体工作职责如下。

(1) 负责制定并实施无形资产管理制度。

(2) 负责无形资产增减变动及摊销的账务处理。

(3) 负责无形资产减值准备的资料收集、上报审批、账务处理工作。

(4) 负责无形资产相关报表的编制工作。

(5) 负责建立并管理无形资产明细台账。

(6) 掌握、监控无形资产的增减变动情况，并定期编制分析报告。

(7) 负责无形资产的效益分析、评价工作。

(8) 提供相关业务服务和完成领导交办的其他工作。

建议学时

6 学时。

任务 6-1 无形资产认知

任务目标

知识目标：

掌握无形资产的概念、特征和内容。

技能目标：

1. 能够说出无形资产的概念及特征。
2. 能够列举无形资产包括的内容。

素养目标：

1. 培养法律意识、责任意识、创新意识及爱国情怀。
2. 能够积极主动地思考问题，并能逻辑清楚地与他人分享。
3. 能够在任务活动中不断反思、调节，以帮助预期目标的达成。

建议学时

1 学时。

相关知识

一、无形资产的概念和特征

（一）无形资产的概念

无形资产是指企业拥有或者控制的没有实物形态的可辨认非货币性资产。通常包括专利权、非专利技术、商标权、著作权、土地使用权、特许权等。

（二）无形资产的特征

(1) 具有资产基本特征。

(2) 不具有实物形态。

（3）具有可辨认性。资产满足下列条件之一的，符合无形资产定义中的可辨认性标准：①能够从企业中分离或者划分出来，并能单独或者与相关合同、资产或负债一起，用于出售或转让等。②源自合同性权利或其他法定权利，无论这些权利是否可以从企业或其他权利和义务中转移或者分离。

（4）属于非货币性长期资产。

拓展资源6-1

二、无形资产的确认与计量

无形资产的确认与计量，应同时满足与该无形资产有关的经济利益很可能流入企业和该无形资产的成本能够可靠地计量两个条件。

三、无形资产的账户设置

账户设置6-1

为了核算和监督无形资产的取得、摊销和处置等情况，企业应设置“无形资产”“研发支出”“累计摊销”等账户。

技能训练

一、无形资产解析与管理提升

要求：

1. 独立思考回答下列问题，并将自己的想法记录下来。

（1）什么是无形资产？主要包括哪些内容？

（2）如何有效管理无形资产，提升企业核心竞争力？

2. 团队交流讨论，自我改进完善。

二、案例讨论

要求：

拓展资源6-2

1. 阅读拓展资源6－2，收集大疆创新相关资料，思考以下问题，并将自己的看法简要记录下来。

（1）大疆无人机为什么能成功占领国际市场？

（2）什么是中国制造？为什么说大疆重新诠释了“中国制造”的内涵？

（3）了解大疆创始人的创业历程，谈谈如何培养个人的创新意识。

2. 你可以试着与同伴分享、讨论这些问题，来拓展自己的思维。

任务评价

请填写任务评价参考表，检测目标达成情况，见表6－1。

表6－1 无形资产认知评价参考表

任务目标	达成情况
1. 能够说出无形资产的概念及特征	是☐ 否☐
2. 能够列举无形资产包括的内容	是☐ 否☐
3. 能够积极主动地思考问题，并能逻辑清楚地与他人分享	是☐ 否☐
4. 能够在任务活动中不断反思、调节，以帮助预期目标的达成	是☐ 否☐

任务6－2 核算无形资产取得

任务目标

知识目标：

掌握无形资产取得业务的核算方法。

技能目标：

1. 能够正确计算无形资产的入账价值。
2. 能够正确编制无形资产取得业务的会计分录。

素养目标：

1. 培养爱岗敬业、坚持原则、强化服务等良好的职业素养。
2. 能够积极主动地思考问题，并能逻辑清楚地与他人分享。
3. 能够在任务活动中不断反思、调节，以帮助预期目标的达成。

建议学时

2学时。

相关知识

无形资产应当按照实际成本进行初始计量，即以取得无形资产并使之达到预定用途而发生的全部支出，作为无形资产的成本。对于不同来源取得的无形资产，其初始成本构成也不尽相同。在这里主要介绍企业外购、自行研发等方式取得的无形资产的核算。

一、外购无形资产

（一）外购无形资产的成本

外购无形资产的成本包括购买价款、相关税费以及直接归属于使该项资产达到预定用途所发生的其他支出。其中，相关税费不包括按照现行增值税制度规定，可以从销项税额中抵扣的增值税进项税额；直接归属于使该项资产达到预定用途所发生的其他支出包括使无形资产达到预定用途所发生的专业服务费用、测试无形资产是否能够正常发挥作用的费用等。

购买无形资产的价款超过正常信用条件延期支付，实质上具有融资性质的，无形资产的成本以购买价款的现值为基础确定。实际支付的价款与购买价款的现值之间的差额，除按照《企业会计准则第17号——借款费用》应予资本化的以外，应当在信用期间内计入当期损益。

下列各项支出不包括在无形资产的初始成本中。

（1）为引进新产品进行宣传发生的广告费、管理费以及其他间接费用。

（2）无形资产已经达到预定用途以后发生的费用。

（二）外购无形资产的账务处理

案例6-1

企业外购的无形资产，按照实际支付的价款和相关税费，借记“无形资产”；取得增值税专用发票的，可以凭票抵扣增值税进项税额，借记“应交税费——应交增值税（进项税额）”账户；按实际支付的款项，贷记“银行存款”等账户。

二、自行研究开发的无形资产

企业自行研究开发的无形资产，由于确定研发活动所发生的支出，是否符合无形资产的定义和相关特征、能否为企业带来预期收益，以及成本能否可靠计量等尚存在不确定因素，因此，企业研发支出能否确认为无形资产，需要企业根据实际情况以及相关信息予以判断。

（一）研究阶段和开发阶段的划分

企业内部自行研发的无形资产项目，应当区分为研究阶段和开发阶段。

研究阶段是指为了获取新的技术和知识等进行的有计划的调研等准备事项。研究阶段是探索性的，为进一步开发活动进行资料及相关方面的准备，已进行的研究活动将来是否会转入开发、开发后是否会形成无形资产等均具有较大的不确定性。

开发阶段是指在进行商业性生产或使用前，将研究成果或其他知识应用于某项计划或设计，以生产出新的或具有实质性改进的材料、装置、产品等。相对于研究阶段而言，开发阶段应当是已完成研究阶段的工作，在很大程度上具备了形成一项新产品或新技术的基本条件。比如，生产前或使用前的原型和模型的设计、建造和测试，不具有商业性生产经济规模的试生产设施的设计、建造和运营等，均属于开发活动。

（二）企业内部研发无形资产的账务处理

企业内部研究开发无形资产发生的支出，属于研究阶段的支出全部费用化，计入当期损益（管理费用）；属于开发阶段的支出，符合资本化条件的才能资本化，计入无形资产的成本，不符合资本化条件的，计入当期损益（管理费用）；如果无法可靠区分研究阶段和开发阶段的支出，应当将其所发生的研发支出全部费用化，计入当期损益（管理费用）。

其基本账务处理，见表6－2。

表6－2　企业内部研发无形资产的账务处理

<table>
<tr><th colspan="2">节点</th><th>账务处理</th></tr>
<tr><td colspan="2">研究阶段</td><td rowspan="2">借：研发支出——费用化支出
应交税费——应交增值税（进项税额）
贷：银行存款、原材料、应付职工薪酬等
期末：
借：管理费用
贷：研发支出——费用化支出</td></tr>
<tr><td rowspan="2">开发阶段</td><td>不符合资本化条件</td></tr>
<tr><td>符合资本化条件</td><td>借：研发支出——资本化支出
应交税费——应交增值税（进项税额）
贷：银行存款、原材料、应付职工薪酬等</td></tr>
<tr><td colspan="2">达到预定用途</td><td>借：无形资产
贷：研发支出——资本化支出</td></tr>
</table>

注：未达到预定用途前，“研发支出——资本化支出”账户余额列示在资产负债表中的“开发支出”项目。

技能训练

一、无形资产入账价值的计算

任务资料：

业务1：某企业为增值税一般纳税人，购入一项专利权，支付价款350万元，增值税税额21万元，支付使专利权达到预定用途的专业服务费10万元，增值税税额0.6万元，已取得相关增值税专用发票。为宣传该专利权生产的产品，另外发生宣传费 20 万元。

业务 2：某企业自行研发一项非专利技术，累计支出 680 万元，其中 280 万元属于开发阶段符合资本化条件的支出，240 万元属于研究阶段的支出，160 万元属于无法可靠区分研究阶段和开发阶段的支出。该技术研发完成并形成一项非专利技术。

要求：

1. 根据表 6 – 3 的要求计算无形资产的入账价值。

表 6 – 3　无形资产入账价值的计算

任务	无形资产的入账价值
业务 1	1. 专利权的入账价值 = 2. 发生的宣传费应记入（　　　　）账户。
业务 2	1. 非专利技术的入账价值 = 2. 影响当期损益的金额 =

2. 计算过程清晰，计算结果准确。

二、无形资产购入与自研业务的会计分录编制

任务资料：

业务 1：某企业为增值税一般纳税人，购入一项专利权，支付价款 350 万元，增值税税额 21 万元，支付使专利权达到预定用途的专业服务费 10 万元，增值税税额 0.6 万元，已取得相关增值税专用发票。为宣传该专利权生产的产品，另外发生宣传费 20 万元。

业务 2：某企业自行研究开发一项技术，共发生研发支出 450 万元。其中，研究阶段发生职工薪酬 100 万元，专用设备折旧费用 50 万元；开发阶段满足资本化条件支出 300 万元，取得增值税专用发票上注明的增值税税额为 39 万元；开发阶段结束，研究开发项目达到预定用途形成无形资产。

要求：

根据上述经济业务编制会计分录（表 6 – 4）。

表 6－4 无形资产取得会计分录

<table>
<tr><th>业务</th><th>会计分录</th></tr>
<tr><td>业务 1</td><td></td></tr>
<tr><td rowspan="3">业务 2</td><td>研究阶段：

期末：</td></tr>
<tr><td>开发阶段：</td></tr>
<tr><td>达到预定用途，形成无形资产：</td></tr>
</table>

任务评价

请填写任务评价参考表，检测目标达成情况，见表 6－5。

表 6－5 核算无形资产取得评价参考表

任务目标	达成情况
1. 能够正确计算无形资产的入账价值	是 □ 否 □
2. 能够正确编制无形资产取得业务的会计分录	是 □ 否 □
3. 能够积极主动地思考问题，并能逻辑清楚地与他人分享	是 □ 否 □
4. 能够在任务活动中不断反思、调节，以帮助预期目标的达成	是 □ 否 □

任务 6－3 计提无形资产摊销

任务目标

知识目标：

掌握无形资产摊销的计提方法。

技能目标：

1. 能够说出无形资产摊销的范围、时间及方法。

2. 能够正确计算无形资产的摊销额及账面价值。

3. 能够正确编制无形资产摊销业务的会计分录。

素养目标：

1. 培养爱岗敬业、坚持原则、强化服务等良好的职业素养。

2. 能够积极主动地思考问题，并能逻辑清楚地与他人分享。

3. 能够在任务活动中不断反思、调节，以帮助预期目标的达成。

建议学时

1 学时。

相关知识

企业在使用无形资产期间内，应以成本减去累计摊销额和累计减值损失后的余额，计量无形资产的账面价值。《企业会计准则第 6 号——无形资产》规定，使用寿命不确定的无形资产不需要摊销；只有使用寿命有限的无形资产，才需要在估计使用寿命内采用系统合理的方法进行摊销。

无形资产代表的未来经济利益受诸多因素的影响，具有高度的不确定性。因此，企业应当于取得无形资产时分析判断，合理估计其使用寿命。

一、无形资产使用寿命的确定和复核

（一）无形资产使用寿命的确定

企业可以按照以下原则确定无形资产的使用寿命。

（1）源自合同性权利或其他法定权利，其使用寿命不应超过合同性权利或其他法定权利的期限。

（2）如果无形资产的预计使用期限短于合同性权利或其他法定权利规定的期限，应当按照企业预计使用期限确定其使用寿命。

（3）如果合同性权利或其他法定权利能够在到期时因续约等延续，而且有证据表明企业续约时不需要付出重大成本，续约期应包括在使用寿命的估计中。

（4）没有明确的合同或法律规定无形资产的使用寿命的，企业应当综合各方面情况，如企业经过努力，聘请相关专家进行论证、与同行业的情况进行比较以及参考企业的历史经验等，来确定无形资产为企业带来未来经济利益的期限。如果经过

这些努力，仍无法合理确定无形资产为企业带来经济利益的期限，才能将该无形资产作为使用寿命不确定的无形资产。

（二）无形资产使用寿命的复核

企业至少应当于每年年度终了，对无形资产的使用寿命及摊销方法进行复核，如果有证据表明无形资产的使用寿命及摊销方法不同于以前的估计，则对于使用寿命有限的无形资产，应改变其摊销年限及摊销方法，并按照会计估计变更进行处理。

对于使用寿命不确定的无形资产，如果有证据表明其使用寿命是有限的，则应视为会计估计变更，估计其使用寿命并按照使用寿命有限的无形资产的处理原则进行处理。

二、使用寿命有限的无形资产

使用寿命有限的无形资产，应在其预计的使用寿命内采用系统、合理的方法对应摊销金额进行摊销。

（一）影响无形资产摊销的因素

（1）应摊销金额。应摊销金额是指无形资产的成本扣除残值后的金额。已计提减值准备的无形资产，还应扣除已计提的无形资产减值准备累计金额。

（2）残值。除下列情况外，无形资产的残值一般为零：有第三方承诺在无形资产使用寿命结束时购买该项无形资产；可以根据活跃市场得到无形资产预计残值信息，并且该市场在该项无形资产使用寿命结束时可能存在。

（3）摊销期。无形资产的摊销期自其可供使用（即其达到预定用途）时起至终止确认。无形资产摊销的起始和停止日期为：当月增加的无形资产，当月开始摊销；当月减少的无形资产，当月不再摊销。

（4）摊销方法。无形资产的摊销方法主要有直线法、产量法等。企业选择的无形资产摊销方法，应当能够反映与该项无形资产有关的经济利益的预期实现方式，并一致地运用于不同会计期间。例如，受技术陈旧因素影响较大的专利权和专有技术等无形资产，可采用类似固定资产加速折旧的方法进行摊销；有特定产量限制的特许经营权或专利权，应采用产量法进行摊销。无法可靠确定其预期实现方式的，应当采用直线法进行摊销。

（二）无形资产摊销的账务处理

企业应当按月对无形资产进行摊销。摊销时，企业应当考虑该项无形资产所服务的对象，并以此为基础将其摊销价值计入相关资产的成本或者当期损益。

借：管理费用（行政管理用的无形资产摊销额）

　　生产成本/制造费用（用于生产产品的无形资产摊销额）

　　其他业务成本（出租无形资产摊销额）

　　贷：累计摊销

三、使用寿命不确定的无形资产

根据可获得的相关信息判断，如果确实无法合理估计某项无形资产的使用寿命，应作为使用寿命不确定的无形资产进行核算。对于使用寿命不确定的无形资产，持有期间不需要摊销，但应当在每个会计期间进行减值测试。如经减值测试表明已发生减值，则需要计提相应的减值准备。

技能训练

甲公司为制造业增值税一般纳税人，2023 年发生与无形资产相关的经济业务如下。

资料 1：1 月 10 日，开始研发一项行政管理用非专利技术。1 月发生研发支出 50 000 元，支付增值税税额 6 500 元；2 月发生研发支出 30 000 元，支付增值税税额 3 900 元，相关支出均不符合资本化条件，2 月末经测试，该项研发活动完成了研究阶段。

资料 2：3 月 1 日，研发活动进入开发阶段，陆续发生研发人员薪酬 600 000 元，支付其他研发费用 300 000 元，支付增值税税额 39 000 元。相关支出已取得增值税专用发票。符合资本化条件。

资料 3：7 月 1 日，研发活动结束，经测试，该研究项目达到预定技术标准，形成一项非专利技术并投入使用。该项非专利技术预计使用年限为 5 年，采用直线法摊销。

资料 4：12 月 1 日，将上述非专利技术出租给乙公司，双方约定的租赁期限为一年。月末，甲公司收取当月租金 30 000 元，增值税税额 1 800 元，全部款项已存入银行。

要求：

1. 根据上述资料，不考虑其他因素，分析回答表 6－6 所列问题。

表 6-6 分析回答问题

要求	计算并回答问题
(1) 根据资料 1，编制甲公司研究阶段的会计分录	1 月发生研发支出时： 2 月发生研发支出时： 1 月末： 2 月末：
(2) 根据资料 1~3，编制达到预定用途，形成无形资产时的会计分录	甲公司非专利技术的入账价值 = 账务处理：
(3) 根据资料 3，进行摊销业务的核算	摊销起始时间： 每月摊销额 = 账务处理：
(4) 根据资料 4，编制出租无形资产的会计分录	收取租金时： 摊销非专利技术成本时：
(5) 根据资料 1~4，计算上述业务对甲公司 2023 年度营业利润的影响金额	对甲公司 2023 年度营业利润的影响金额 =

2. 根据表 6-7 的要求，进行归纳总结。

表 6-7 归纳总结

知识点	内容
摊销范围	空间范围： 时间范围：
残值	
摊销方法	
摊销期限	
账务处理	

任务评价

请填写任务评价参考表，检测目标达成情况，见表6-8。

表6-8 计提无形资产摊销评价参考表

任务目标	达成情况
1. 能够说出无形资产摊销的范围、时间及方法	是☐ 否☐
2. 能够正确计算无形资产的摊销额及账面价值	是☐ 否☐
3. 能够正确编制无形资产摊销业务的会计分录	是☐ 否☐
4. 能够积极主动地思考问题，并能逻辑清楚地与他人分享	是☐ 否☐
5. 能够在任务活动中不断反思、调节，以帮助预期目标的达成	是☐ 否☐

任务6-4 核算无形资产减值和处置

任务目标

知识目标：

掌握无形资产减值及处置的核算方法。

技能目标：

1. 能够正确计算无形资产计提减值准备后的后续摊销额。
2. 能够正确计算出售或报废无形资产对净损益的影响金额。
3. 能够正确编制无形资产减值与处置业务的会计分录。

素养目标：

1. 培养爱岗敬业、坚持原则、强化服务等良好的职业素养。
2. 能够积极主动地思考问题，并能逻辑清楚地与他人分享。
3. 能够在任务活动中不断反思、调节，以帮助预期目标的达成。

建议学时

2学时。

相关知识

一、无形资产减值的核算

如果无形资产将来为企业创造的经济利益不足以补偿无形资产成本（摊余成

本)，则说明无形资产发生了减值，具体表现为无形资产的账面价值超过了其可收回金额。

在资产负债表日，无形资产存在可能发生减值迹象，且其可收回金额低于账面价值的，企业应当将该无形资产的账面价值减记至可收回金额，减记的金额确认为减值损失，计入当期损益（资产减值损失），同时计提相应的资产减值准备。

企业计提无形资产减值准备，应当设置“无形资产减值准备”账户核算（表6－9）。

表6－9 无形资产减值准备（“无形资产”备抵调整账户）

项目	要求
内容	核算企业对无形资产计提的资产减值准备
借方	企业出售、报废等转销的无形资产减值准备
贷方	企业计提的无形资产减值准备
期末余额	一般在贷方，反映企业已计提尚未转销的无形资产减值准备
明细账设置	按无形资产的项目进行明细核算

其基本账务处理如下。

借：资产减值损失——无形资产减值损失

　　贷：无形资产减值准备

需要注意的是，根据《企业会计准则第8号——资产减值》的规定，企业无形资产减值损失一经确认，在以后会计期间不得转回。

二、无形资产处置的核算

无形资产处置，主要是指无形资产出售、对外捐赠，或是无形资产无法为企业带来未来经济利益时，转销并终止确认无形资产。

（一）无形资产出售的核算

企业出售无形资产，属于日常经营活动，应当将取得的价款扣除该无形资产账面价值以及出售相关税费后的差额作为资产处置损益进行会计处理。

其基本账务处理如下。

借：银行存款、其他应收款等

　　无形资产减值准备

　　累计摊销

　　贷：无形资产

应交税费——应交增值税（销项税额）

资产处置损益（差额，或借方）

（二）无形资产报废的核算

如果无形资产预期不能为企业带来未来经济利益，如某项无形资产已被其他新技术所替代或超过法律保护期，该资产不再符合无形资产的定义，企业应将其报废并予以转销，其账面价值转入当期损益。

其基本账务处理如下。

借：累计摊销

无形资产减值准备

营业外支出——处置非流动资产损失

贷：无形资产

技能训练

任务资料：

甲公司为增值税一般纳税人，发生的有关无形资产业务如下。

1. 甲公司2020年初开始自行研究开发一项管理用专利技术，在研究开发过程中发生材料费300万元、人工工资100万元以及其他费用50万元，共计450万元。其中，符合资本化条件的支出为300万元。2021年1月，专利技术获得成功，达到预定用途。不考虑相关税费。

对于该项专利权，相关法律规定其有效年限为10年，甲公司估计该专利权的使用年限为12年，并采用直线法摊销该项无形资产。

2. 2022年12月31日，由于市场发生不利变化，该专利权发生减值，甲公司预计其可收回金额为160万元。该专利权减值后摊销年限和摊销方法不变。

3. 2023年4月5日，甲公司出售该专利权，收到价款120万元，已存入银行。

要求：

根据上述资料，完成甲公司无形资产相关业务的账务处理（表6-10）。

表6-10 甲公司无形资产减值和处置的账务处理

业务要求	计算过程及账务处理
（1）编制甲公司2020年度有关研究开发专利权的会计分录	发生支出时： 年末，将费用化支出转入管理费用：

续表

业务要求	计算过程及账务处理
(2) 编制甲公司2021年该项无形资产的相关会计分录（假定按年摊销）	2021年1月，专利权达到预定用途时： 该无形资产的年摊销额＝ 年末摊销时：
(3) 计算甲公司2022年对该专利权应该计提的减值金额，并编制计提减值准备的会计分录	2022年12月31日计提减值准备前无形资产账面价值： 2022年12月31日应计提无形资产减值准备： 账务处理：
(4) 编制甲公司2023年与该专利权相关的会计分录	计算2023年度（1—3月）摊销的无形资产： 2023年4月5日，处置无形资产时：

任务评价

请填写任务评价参考表，检测目标达成情况，见表6－11。

表6－11　核算无形资产减值和处置评价参考表

任务目标	达成情况
1. 能够正确计算无形资产计提减值准备后的后续摊销额	是□ 否□
2. 能够正确计算出售或报废无形资产对净损益的影响金额	是□ 否□
3. 能够正确编制无形资产减值与处置业务的会计分录	是□ 否□
4. 能够积极主动地思考问题，并能逻辑清楚地与他人分享	是□ 否□
5. 能够在任务活动中不断反思、调节，以帮助预期目标的达成	是□ 否□

即测即练

总结与评价

一、绘制思维导图

运用思维导图总结、归纳与本项目相关的知识点、技能点，帮助自己记忆、理解及查缺补漏。

二、自我分析与总结

（1）通过本项目的学习，学会了哪些知识？掌握了哪些技能？素养方面得到了哪些提升？

（2）反思本项目的完成情况，提出改进建议。

三、项目评价

请根据质量评价标准，完成项目评价，见表6－12。

表6－12　核算无形资产质量评价标准

<table>
<tr><th colspan="2">评价内容</th><th>质量要求</th><th>分值</th><th>评价</th></tr>
<tr><td rowspan="5">A. 知识与方法
（30分）</td><td rowspan="4">必备知识</td><td>掌握无形资产的概念、特征及内容</td><td>4</td><td></td></tr>
<tr><td>掌握无形资产取得的核算方法</td><td>8</td><td></td></tr>
<tr><td>掌握无形资产摊销的核算方法</td><td>6</td><td></td></tr>
<tr><td>掌握无形资产减值及处置的核算方法</td><td>5</td><td></td></tr>
<tr><td>学习方法</td><td>自主学习、网络学习、查阅资料、师生互动学习等方法应用有效</td><td>7</td><td></td></tr>
<tr><td rowspan="7">B. 完成任务/职业能力
（40分）</td><td rowspan="4">职业能力</td><td>能够正确编制无形资产取得业务的会计分录</td><td>8</td><td></td></tr>
<tr><td>能够正确计算无形资产的摊销额及账面价值</td><td>3</td><td></td></tr>
<tr><td>能够正确编制无形资产摊销业务的会计分录</td><td>5</td><td></td></tr>
<tr><td>能够正确编制无形资产减值与处置业务的会计分录</td><td>6</td><td></td></tr>
<tr><td>解决问题</td><td>遇到问题能够独立思考，提出自己的见解</td><td>5</td><td></td></tr>
<tr><td>团队协作</td><td>能够有效沟通、协作，目标一致，完成小组任务</td><td>5</td><td></td></tr>
<tr><td>任务完成</td><td>在规定的时间内，保质保量地完成了任务实施中的各项任务</td><td>8</td><td></td></tr>
<tr><td rowspan="3">C. 职业道德与价值观
（30分）</td><td>思政及素养目标</td><td>培养法律意识、责任意识、创新意识及爱国情怀</td><td>15</td><td></td></tr>
<tr><td rowspan="2">职业素养</td><td>培养爱岗敬业、坚持原则、强化服务等良好的职业素养</td><td>8</td><td></td></tr>
<tr><td>具有良好的沟通能力和团队协作精神</td><td>7</td><td></td></tr>
<tr><td colspan="4">项目得分</td><td></td></tr>
</table>

视频6-1

视频6-2

项目7　核算投资性房地产

项目提要

本项目主要介绍投资性房地产的取得、后续计量及处置业务的核算。通过学习，学生能够明确投资性房地产的核算范围，能够进行两种计量模式下的业务核算，能够坚持投资性房地产准则，坚定“四个自信”，具有法律意识、风险意识、创新意识和爱国情怀，具有良好的服务意识、沟通及协作能力。

价值引领

房地产是土地和房屋及其权属的总称。在我国，土地归国家或集体所有，企业只能取得土地使用权。因此，房地产中的土地是指土地使用权，房屋是指土地上的房屋等建筑物及构筑物。投资性房地产是企业的一种经营性活动，经营方式主要是出租赚取租金和持有并准备增值后转让获取资本增值。

投资性房地产的租金和资本增值高低，与国内外市场供求、经济发展、房地产市场波动、国家对房地产市场的管控及其政策变化等众多经济、政治、法律等因素影响紧密相关。加之，投资性房地产投资金额巨大、周期长，在持有期间管理难度大，客观存在较大风险，所以要加强投资性房地产的会计核算与监督管理。

充分理解国家宏观调控政策，是加强投资性房地产核算与管理的前提。自2016年中央经济工作会议首次提出“房子是用来住的，不是用来炒的”定位之后，国家在很多重要经济会议上不断重申这一观点。2022年国务院《政府工作报告》再次对房地产行业定调，依然坚持“房子是用来住的，不是用来炒的”总体定位，同时提出“探索新的发展模式，坚持租购并举，加快发展长租房市场，推进保障性住房建设，支持商品房市场更好满足购房者的合理住房需求，稳地价、稳房价、稳预期，因城施策促进房地产业良性循环和健康发展”。

“房住不炒”是今后一段时期我国调控房地产市场发展政策的根本指导思想，是党中央坚持人民至上的理念，是在正确把握城镇住房供需矛盾规律的基础上作出的重大决策，必须坚定不移、毫不动摇地贯彻落实。个人层面，需要我们改变“房子是保值增值最佳投资品”的观念，减少盲目投资，让房子回归居住属性，房产交易回归理性，努力实现住有所居。企业层面，在“三条红线”政策的指引下，充分坚持去杠杆、降负债的模式化发展，树立全环节风险意识，细化成本管理，建立严格的内部控制制度，增强风险防范效能，提升企业综合实力，实现高质量发展。

岗位职责

投资性房地产核算是对投资性房地产的取得、后续计量、处置及转换业务的核算。其岗位职责主要是投资性房地产的管理及核算。

其具体工作职责如下。

(1) 负责制定并实施投资性房地产管理制度。

(2) 负责投资性房地产相关业务的账务处理。

(3) 负责建立并管理投资性房地产明细台账。

(4) 负责投资性房地产的风险管理工作。

(5) 提供相关业务服务和完成领导交办的其他工作。

建议学时

6 学时。

任务 7-1 投资性房地产认知

任务目标

知识目标：

掌握投资性房地产的概念及核算范围。

技能目标：

1. 能够说出投资性房地产的概念。
2. 能够列举投资性房地产的核算范围，并作出准确的实务判断。

素养目标：

1. 坚定道路自信、理论自信、制度自信、文化自信。
2. 培养法律意识、风险意识、创新意识及爱国情怀。
3. 能够积极主动地思考问题，并能逻辑清楚地与他人分享。
4. 能够在任务活动中不断反思、调节，以帮助预期目标的达成。

建议学时

2 学时。

相关知识

一、投资性房地产的概念

投资性房地产是指为赚取租金或资本增值，或两者兼有而持有的房地产。投资性房地产应当能够单独计量和出售。

投资性房地产在用途、状态、目的等方面区别于企业作为生产经营场所的房地产（固定资产、无形资产）和房地产开发企业用于销售的房地产（存货）。投资性房地产或者是让渡房地产使用权以赚取租金收入，或者是持有并准备赚取增值收益，因此，投资性房地产在一定程度上具备了金融资产的属性。所以将投资性房地产与自用房地产区分开来，需要作为一项单独的资产予以确认、计量和列报。

如某项房地产不同用途的部分能够单独计量和出售，应当分别确认为固定资产、无形资产、存货和投资性房地产。

投资性房地产业务属于企业日常经营活动，所以后续取得租金收入等计入营业收入。

二、投资性房地产的范围

（一）已出租的土地使用权

其指企业通过出让或转让方式取得并以经营租赁方式出租的土地使用权。企业计划用于出租但尚未出租的土地使用权，不属于此类。对以经营租赁方式租入土地使用权再转租给其他单位的，不能确认为投资性房地产。

（二）持有并准备增值后转让的土地使用权

其指企业通过出让或转让方式取得并准备增值后转让的土地使用权。按照国家有关规定认定的闲置土地，不属于投资性房地产。

（三）已出租的建筑物

其指企业拥有产权并以经营租赁方式出租的房产等建筑物，包括自行建造或开发活动完成后用于出租的建筑物。

企业将建筑物出租，按租赁协议向承租人提供的相关辅助服务在整个协议中不重大的，应当将该建筑物确认为投资性房地产。例如，企业将其办公楼出租，同时向承租人提供维护、保安等日常辅助服务，企业应当将其确认为投资性房地产。

企业以经营租赁方式租入再转租给其他单位的建筑物不属于投资性房地产。

三、投资性房地产的确认与计量

（一）投资性房地产的确认

（1）确认条件。投资性房地产只有在符合其定义的前提下，并同时满足下列条件时才能予以确认：①与该投资性房地产相关的经济利益很可能流入企业，即有证据表明企业能够获取租金或资本增值，或两者兼而有之。②该投资性房地产的成本能够可靠地计量。

（2）确认时点（表7－1）。

表7－1　投资性房地产的确认时点

适用情况	确认时点
已出租的土地使用权、建筑物	租赁期开始日
持有并准备增值后转让的土地使用权	自用土地使用权停止自用，准备增值后转让的日期
持有以备经营出租的空置建筑物	董事会或类似机构作出书面决议的日期

（二）投资性房地产的计量

投资性房地产的计量分为成本模式和公允价值模式两种。

（1）成本模式。成本模式是指投资性房地产的初始计量和后续计量均采用**实际成本**进行核算，外购、自行建造等按照初始购置或自行建造的实际成本计量，后续发生符合资本化条件的支出计入账面成本，后续计量按照固定资产或无形资产的相关规定按期计提折旧或摊销，资产负债表日发生减值的计提减值准备。

（2）公允价值模式。公允价值模式是指投资性房地产初始计量采用实际成本核算，后续计量按照投资性房地产的**公允价值**进行计量。按会计准则规定，只有存在确凿证据表明投资性房地产的公允价值能够持续可靠取得的情况下，企业才可以采用公允价值模式进行后续计量。确凿证据是指投资性房地产所在地有活跃的房地产交易市场、企业能够从活跃的交易市场上取得同类或类似房地产的市场价格及其他相关信息，从而对投资性房地产的公允价值作出合理的估计。企业一旦选择采用公允价值模式，就应当对其所有投资性房地产均采用公允价值模式进行后续计量。

四、投资性房地产的账户设置

账户设置7-1

为了反映和监督投资性房地产的取得、计提折旧或摊销、公允价值变动和处置等情况，企业应按照成本模式或公允价值模式分别设置

“投资性房地产”等账户。

技能训练

一、投资性房地产的概念及核算范围

要求：

1. 独立思考回答下列问题，并将自己的想法记录下来。

（1）企业自用的房地产是否属于投资性房地产？应作为什么资产进行核算？

（2）房地产开发企业用于销售的商品房或为了销售而正在开发的商品房和土地是否属于投资性房地产？应作为什么资产进行核算？

（3）投资性房地产用途、持有目的是什么？

（4）在实务中，存在某项房地产部分自用或作为存货出售、部分用于赚取租金或资本增值的情形。如果某项投资性房地产不同用途的部分能够单独计量和出售的，应当如何确认？

2. 团队交流讨论，自我改进完善。

二、投资性房地产的确认与计量

要求：

1. 独立思考回答下列问题，并将自己的想法记录下来。

（1）是否可以对一部分投资性房地产采用成本模式计量、一部分投资性房地产采用公允价值模式计量？

（2）企业可以随意选择公允价值的计量模式吗？

（3）两种计量模式可以随意转换吗？

2. 团队交流讨论，自我改进完善。

三、案例讨论

要求：

拓展资源7-1

1. 阅读拓展资源7-1，收集相关资料，思考以下问题，并将自己的看法简要记录下来。

（1）为什么对房地产业的宏观调控要坚持“房住不炒”的总基调，你是怎样理解的？

（2）房地产“三条红线”指的是什么？为什么要设置房地产“三条红线”？

（3）碧桂园收购满国康洁、京东在苏州成功拿地，给予我们怎样的启示？

（4）“三条红线”背景下，房地产企业应如何加强财务管理，请试着提出你认为合理的应对策略。

2. 你可以试着与同伴分享、讨论这些问题，来拓展自己的思维。

任务评价

请填写任务评价参考表，检测目标达成情况，见表7－2。

表7－2　投资性房地产认知评价参考表

任务目标	达成情况
1. 能够说出投资性房地产的概念	是□ 否□
2. 能够列举投资性房地产的核算范围，并作出准确的实务判断	是□ 否□
3. 能够积极主动地思考问题，并能逻辑清楚地与他人分享	是□ 否□
4. 能够在任务活动中不断反思、调节，以帮助预期目标的达成	是□ 否□

任务7－2　核算投资性房地产取得

任务目标

知识目标：

掌握投资性房地产取得业务的核算方法。

技能目标：

1. 能够正确计算投资性房地产的入账价值。
2. 能够正确编制投资性房地产取得业务的会计分录。

素养目标：

1. 培养爱岗敬业、责任心强、严谨踏实等良好的职业素养。
2. 能够积极主动地思考问题，并能逻辑清楚地与他人分享。
3. 能够在任务活动中不断反思、调节，以帮助预期目标的达成。

建议学时

2学时。

相关知识

投资性房地产不论是采用成本模式还是采用公允价值模式进行后续计量，其在取得时均按照实际成本进行初始计量，二者初始成本的计量原则是一致的。

一、外购投资性房地产

企业外购的土地使用权和建筑物，按照取得时的实际成本进行初始计量，借记“投资性房地产”账户，贷记“银行存款”等账户。取得时的实际成本包括购买价款、相关税费和可直接归属于该资产的其他支出。

企业购入的房地产，部分用于出租（或资本增值）、部分自用，用于出租（或资本增值）的部分应当予以单独确认的，应按照不同部分的公允价值占公允价值总额的比例将成本在不同部分之间进行分配。

二、自行建造投资性房地产

在采用成本模式计量下，自行建造的投资性房地产，其成本由建造该项资产达到预定可使用状态前发生的必要支出构成，包括土地开发费、建筑成本、安装成本、应予以资本化的借款费用、支付的其他费用和分摊的间接费用等。建造过程中发生的非正常性损失直接计入当期损益，不计入建造成本。

按照建造过程中发生的成本，借记“投资性房地产”账户，贷记“银行存款”等账户。

三、自用房地产或存货转换为采用公允价值模式计量的投资性房地产

自用房地产或存货转换为采用公允价值模式计量的投资性房地产应当按照转换日的公允价值计量。转换日的公允价值小于原账面价值的，其差额计入当期损益（公允价值变动损益）。转换日的公允价值大于原账面价值的，其差额作为其他综合收益核算。处置该项投资性房地产时，原计入其他综合收益的部分应当转入处置当期损益。

其基本账务处理如下。

（一）转换日的公允价值 < 原账面价值

借：投资性房地产——成本（转换日的公允价值）

　　累计折旧（摊销）

　　固定（无形）资产减值准备

　　公允价值变动损益（借方差）

　　贷：固定资产/无形资产

（二）转换日的公允价值>原账面价值

借：投资性房地产——成本（转换日的公允价值）

　　累计折旧（摊销）

　　固定（无形）资产减值准备

　　贷：固定资产/无形资产

　　　　其他综合收益（贷方差）

对公允价值变动损益的不同处理，一方面有利于满足谨慎性要求，即费用不应少计、收入不应多计，使得反映的净利润偏低；另一方面有利于满足可靠性要求，即公允价值增值有着客观确凿证据，理应如实记账，转换日的公允价值大于原账面价值的差额属于未实现损益，作为其他综合收益计入利润表，但不增加净利润，这就既满足了谨慎性要求，又增加了会计核算的相关性要求。

技能训练

一、账务处理

任务资料：

业务1：2023年2月1日，甲公司从其他单位购入一宗土地使用权，并于同日开始在这块土地上建造两栋厂房。2023年9月1日，甲公司预计厂房即将完工，与乙公司签订了租赁合同，将其中的一栋厂房租赁给乙公司使用。租赁合同约定，该厂房于完工时开始出租。2023年9月15日，两栋厂房同时完工，当日该土地使用权的账面价值为900万元，两栋厂房实际发生的建造成本均为120万元，能够单独计量。假设甲公司采用成本模式对投资性房地产进行后续计量。

业务2：2023年2月，甲公司准备将其自用的一栋办公楼出租，用以赚取租金。2023年3月10日，甲公司与乙公司签订了租赁协议，将其办公楼租赁给乙公司使用，租赁期开始日为2023年3月15日，租赁期限为3年。2023年3月15日，该办公楼原值为1 200万元，已提折旧200万元，公允价值为900万元。假设甲公司对投资性房地产采用公允价值模式计量。

要求：

根据上述经济业务编制会计分录（表7-3）。

表 7－3 根据经济业务编制会计分录

业务	会计分录
业务 1	(1) 两栋厂房完工，达到预定可使用状态并交付使用时： (2) 出租厂房应分摊的土地使用权转作投资性房地产累计摊销： (3) 2023 年 9 月 15 日甲公司投资性房地产的入账价值为（　　）万元
业务 2	(1) 转换日甲公司的账务处理： (2) 假设转换日该办公楼的公允价值为 1 100 万元，则甲公司的账务处理为

二、总结归纳

取得投资性房地产的账务处理见表 7－4。

表 7－4 取得投资性房地产的账务处理

项目	账务处理
外购	
自行建造	
自用房地产或存货转换为采用公允价值模式计量的投资性房地产	(1) 转换日的公允价值 < 原账面价值 (2) 转换日的公允价值 > 原账面价值

任务评价

请填写任务评价参考表，检测目标达成情况，见表 7－5。

表 7－5 核算投资性房地产取得评价参考表

任务目标	达成情况
1. 能够正确计算投资性房地产的入账价值	是 □ 否 □
2. 能够正确编制投资性房地产取得业务的会计分录	是 □ 否 □
3. 能够积极主动地思考问题，并能逻辑清楚地与他人分享	是 □ 否 □

续表

任务目标	达成情况
4. 能够在任务活动中不断反思、调节，以帮助预期目标的达成	是 □ 否 □

任务 7－3　核算投资性房地产后续计量

任务目标

知识目标：

1. 掌握成本模式计量的投资性房地产的核算方法。
2. 掌握公允价值模式计量的投资性房地产的核算方法。

技能目标：

1. 能够运用成本模式对投资性房地产进行后续核算。
2. 能够运用公允价值模式对投资性房地产进行后续核算。

素养目标：

1. 培养爱岗敬业、责任心强、严谨踏实等良好的职业素养。
2. 能够积极主动地思考问题，并能逻辑清楚地与他人分享。
3. 能够在任务活动中不断反思、调节，以帮助预期目标的达成。

建议学时

1 学时。

相关知识

一、采用成本模式进行后续计量的投资性房地产

采用成本模式进行后续计量的投资性房地产，应当按照《企业会计准则第 4 号——固定资产》或《企业会计准则第 6 号——无形资产》的有关规定，对投资性房地产进行后续计量，按期（月）计提折旧或摊销；存在减值迹象的，还应当按照《企业会计准则第 8 号——资产减值》的有关规定对其计提减值。

其基本账务处理见表 7－6。

表7-6 采用成本模式进行后续计量的投资性房地产的基本账务处理

业务	账务处理
(1) 确认租金收入时	借：银行存款等 贷：其他业务收入等 应交税费——应交增值税（销项税额）
(2) 按期（月）计提折旧或摊销时	借：其他业务成本等 贷：投资性房地产累计折旧（摊销）
(3) 发生减值时（账面价值 > 可收回金额）	借：资产减值损失 贷：投资性房地产减值准备
注：采用成本模式进行后续计量的投资性房地产计提减值准备后，在其持有期间不得转回	

二、采用公允价值模式进行后续计量的投资性房地产

投资性房地产采用公允价值模式进行后续计量的，应以资产负债表日的公允价值计量，且其变动计入当期损益。其账务处理可比照交易性金融资产进行理解。

案例7-6

企业采用公允价值模式对投资性房地产进行后续计量的，不对投资性房地产计提折旧或摊销，也不计提减值准备。

其基本账务处理见表7-7。

表7-7 采用公允价值模式进行后续计量的投资性房地产的基本账务处理

业务	账务处理
(1) 取得租金时	借：银行存款等 贷：其他业务收入等 应交税费——应交增值税（销项税额）
(2) 公允价值上升	借：投资性房地产——公允价值变动 贷：公允价值变动损益
(3) 公允价值下降	借：公允价值变动损益 贷：投资性房地产——公允价值变动

技能训练

一、采用成本模式进行后续计量的投资性房地产

任务资料：甲公司2023年2月1日购入一栋办公楼用于对外出租，支付购买价款5 000万元，支付相关税费200万元。甲公司预计该办公楼可以使用20年，预计净残值率为5%，采用年限平均法计提折旧。2023年12月31日办公楼的可收回金

额为 5 100 万元，假定不考虑增值税等其他因素，甲公司取得办公楼当日直接对外出租，且对投资性房地产采用成本模式进行后续计量。请按照要求完成相关业务处理。（金额单位以“万元”表示，计算时保留两位小数）

要求：根据上述资料，不考虑其他因素，完成下列任务单的内容。

1. 编制 2 月 1 日购入办公楼的会计分录。

2. 计算月折旧额，并编制计提折旧的会计分录。

（1）计算月折旧额	月折旧额 =
（2）编制会计分录	

3. 判断是否计提减值准备。

（1）计算账面价值	当年应计提的折旧金额 = 资产负债表日投资性房地产的账面价值 =
（2）是否计提减值准备	

二、采用公允价值模式进行后续计量的投资性房地产

任务资料：甲公司将一土地使用权出租给乙公司，约定年租金为 260 万元（不含增值税），甲公司对投资性房地产采用公允价值模式进行后续计量。2023 年 1 月 1 日投资性房地产的账面价值为 2 350 万元，2023 年 6 月 30 日投资性房地产的公允价值为 2 600 万元，2023 年 12 月 31 日投资性房地产的公允价值为 2 450 万元。（金额单位以“万元”表示）

要求：根据上述资料，不考虑其他因素，完成表 7－8 所列任务单的内容。

表 7－8　任务单

任务	账务处理及计算
（1）6 月 30 日，按照公允价值调整投资性房地产的账面价值	
（2）12 月 31 日，按照公允价值调整投资性房地产的账面价值	

续表

任务	账务处理及计算
(3) 编制收到租金时的会计分录	
(4) 分析该投资性房地产对甲公司当年营业利润的影响	

三、投资性房地产计量模式变更的影响

要求：

1. 投资性房地产计量模式发生变更后，必然会对企业的财务状况造成一定影响，请试着从以下角度进行分析，将自己的分析结果简要地记录下来。

(1) 计量模式变更后，会对企业的资产价值造成什么影响?

(2) 计量模式变更后，会对企业的财务指标造成什么影响?

(3) 计量模式变更后，会对企业的管理成本造成什么影响?

(4) 计量模式变更后，会对企业的经营风险造成什么影响?

(5) 企业应该怎样选择投资性房地产的会计计量模式?

2. 团队交流讨论，自我改进完善。

任务评价

请填写任务评价参考表，检测目标达成情况，见表7－9。

表7－9　核算投资性房地产后续计量评价参考表

任务目标	达成情况
1. 能够运用成本模式对投资性房地产进行后续核算	是□ 否□
2. 能够运用公允价值模式对投资性房地产进行后续核算	是□ 否□
3. 能够积极主动地思考问题，并能逻辑清楚地与他人分享	是□ 否□
4. 能够在任务活动中不断反思、调节，以帮助预期目标的达成	是□ 否□

任务7－4　核算投资性房地产处置

任务目标

知识目标：

掌握投资性房地产处置业务的核算方法。

技能目标：

1. 能够正确计算两种计量模式下投资性房地产的处置损益。
2. 能够正确编制成本计量模式下投资性房地产处置业务的会计分录。
3. 能够正确编制公允价值计量模式下投资性房地产处置业务的会计分录。

素养目标：

1. 培养爱岗敬业、责任心强、严谨踏实等良好的职业素养。
2. 能够积极主动地思考问题，并能逻辑清楚地与他人分享。
3. 能够在任务活动中不断反思、调节，以帮助预期目标的达成。

建议学时

1 学时。

相关知识

当投资性房地产被处置，或者永久退出使用且预计不能从其处置中取得经济利益时，应当终止确认该项投资性房地产。

企业出售、转让、报废投资性房地产或者发生投资性房地产毁损时，应当将处置收入扣除其账面价值和相关税费后的金额计入当期损益。

一、采用成本模式计量的投资性房地产处置的核算

处置采用成本模式计量的投资性房地产时，应当按实际收到的处置金额，借记“银行存款”等账户，贷记“其他业务收入”“应交税费——应交增值税（销项税额）”账户；按该项投资性房地产的账面价值，借记“其他业务成本”账户，按其账面余额，贷记“投资性房地产”账户，按已计提的折旧或摊销，借记“投资性房地产累计折旧（摊销）”账户，原已计提减值准备的，借记“投资性房地产减值准备”账户。

案例7-7

其基本账务处理见表7-10。

表7-10　采用成本模式计量的投资性房地产处置的基本账务处理

业务	账务处理
（1）收到处置价款	借：银行存款 　　贷：其他业务收入等 　　　　应交税费——应交增值税（销项税额）

续表

业务	账务处理
(2) 结转投资性房地产账面价值	借：其他业务成本等 投资性房地产累计折旧（摊销） 投资性房地产减值准备 贷：投资性房地产

二、采用公允价值模式计量的投资性房地产处置的核算

处置采用公允价值模式计量的投资性房地产，应当按实际收到的处置金额，借记“银行存款”等账户，贷记“其他业务收入”“应交税费——应交增值税（销项税额）”账户；按该项投资性房地产的账面余额，借记“其他业务成本”账户，按其成本，贷记“投资性房地产——成本”账户，按其累计公允价值变动，贷记或借记“投资性房地产——公允价值变动”账户。

其基本账务处理见表7－11。

表7－11 采用公允价值模式计量的投资性房地产处置的基本账务处理

业务	账务处理
(1) 收到处置价款	借：银行存款 贷：其他业务收入等 应交税费——应交增值税（销项税额）
(2) 结转投资性房地产账面价值	借：其他业务成本等 贷：投资性房地产——成本 ——公允价值变动（或借方）

技能训练

一、投资性房地产处置的核算

任务资料：

甲公司对投资性房地产采用公允价值模式进行后续计量，2022年至2023年与投资性房地产有关的业务资料如下。

1. 2022年3月1日，甲公司将一栋原作为固定资产的写字楼以经营租赁的方式出租给乙公司，并办妥相关手续，租期为18个月。当日，写字楼的公允价值为16 000万元，该写字楼的原值为15 000万元，累计计提折旧3 000万元，未计提过减值准备。

2. 2022 年 3 月 31 日，甲公司收到出租写字楼的月租金 125 万元，存入银行。2022 年 12 月 31 日，该写字楼的公允价值为 17 000 万元。

3. 2023 年 9 月 1 日，租期已满，甲公司以 17 500 万元的价格出售该写字楼，价款已存入银行，出售满足收入确认条件。假设不考虑相关税费等因素。

要求：

根据上述资料，完成甲公司投资性房地产相关业务的账务处理（表 7－12）。（会计分录编制时以“万元”为单位）

表 7－12　甲公司投资性房地产相关业务的账务处理

业务要求	计算过程及账务处理
（1）编制 2022 年 3 月 1 日甲公司出租该写字楼的相关会计分录	
（2）编制 2022 年 3 月 31 日甲公司收到租金的会计分录	
（3）编制 2022 年 12 月 31 日写字楼公允价值变动的会计分录	
（4）编制 2023 年 9 月 1 日甲公司出售该写字楼的会计分录	

二、投资性房地产综合业务处理

任务资料：

长城公司投资性房地产采用成本模式进行后续计量，与投资性房地产有关的业务资料如下，不考虑所得税影响。

1. 2019 年 12 月 31 日将一项自用办公楼对外经营出租。该办公楼为 2017 年 4 月 5 日以银行存款 5 000 万元购入，购入时支付的差旅费 1 万元，谈判费用 1 万元，契税 4 万元，购入后另发生装修等费用 1 196 万元（假设符合资产确认条件）；2017 年 8 月 20 日办公楼达到预定可使用状态，该项办公楼预计使用 20 年，预计净残值 200 万元，采用直线法计提折旧；2018 年 12 月 31 日可收回金额为 5 576 万元。

2. 2020 年 12 月 31 日取得租金收入 500 万元存入银行并计提折旧，长城公司测试表明该房产公允价值减去处置费用后的净额为 4 400 万元，预计未来现金流量现值为 4 600 万元。

3. 2021 年 12 月 31 日取得租金收入 500 万元存入银行并计提折旧，长城公司测试表明该房产的公允价值减去处置费用后的净额为 4 300 万元，预计未来现金流量现值 4 500 万元。

4. 2022 年 1 月 1 日该项投资性房地产停止出租，重新作为自用办公楼管理。

要求：

根据上述资料，完成长城公司投资性房地产相关业务的账务处理（表 7－13）。（会计分录编制时以“万元”为单位）

表 7－13 长城公司投资性房地产相关业务的账务处理

业务要求	计算过程及账务处理
（1）计算转换前的固定资产的账面价值	固定资产的初始入账价值＝ 至 2018 年计提减值前的账面价值＝ 2018 年年底应计提减值准备的金额＝ 2019 年年底该固定资产的账面价值＝
（2）编制 2019 年 12 月 31 日出租办公楼的会计分录	
（3）编制 2020 年 12 月 31 日取得租金收入的会计分录	
（4）编制 2020 年 12 月 31 日计提折旧的会计分录	年折旧额＝
（5）减值判断，如需要计提减值准备，则编制计提减值准备的会计分录	
（6）编制 2021 年 12 月 31 日取得租金收入的会计分录	
（7）编制 2021 年 12 月 31 日计提折旧的会计分录	年折旧额＝
（8）减值判断，如需要计提减值准备，则编制计提减值准备的会计分录	
（9）编制 2022 年 1 月 1 日投资性房地产转自用时的会计分录	

任务评价

请填写任务评价参考表，检测目标达成情况，见表7－14。

表7－14 核算投资性房地产处置评价参考表

任务目标	达成情况
1. 能够正确计算两种计量模式下投资性房地产的处置损益	是 □ 否 □
2. 能够正确编制成本计量模式下投资性房地产处置业务的会计分录	是 □ 否 □
3. 能够正确编制公允价值计量模式下投资性房地产处置业务的会计分录	是 □ 否 □
4. 能够积极主动地思考问题，并能逻辑清楚地与他人分享	是 □ 否 □
5. 能够在任务活动中不断反思、调节，以帮助预期目标的达成	是 □ 否 □

即测即练

总结与评价

一、绘制思维导图

运用思维导图总结、归纳与本项目相关的知识点、技能点，帮助自己记忆、理解及查漏补缺。

二、自我分析与总结

（1）通过本项目的学习，学会了哪些知识？掌握了哪些技能？素养方面得到了哪些提升？

（2）反思本项目的完成情况，提出改进建议。

三、项目评价

请根据质量评价标准，完成项目评价，见表7－15。

表7－15 核算投资性房地产质量评价标准

评价内容		质量要求	分值	评价
A. 知识与方法（30分）	必备知识	掌握投资性房地产的概念及核算范围	3	
		掌握投资性房地产取得业务的核算方法	5	
		掌握成本模式计量的投资性房地产的核算方法	6	
		掌握公允价值模式计量的投资性房地产的核算方法	5	
		掌握投资性房地产处置业务的核算方法	5	
	学习方法	自主学习、网络学习、查阅资料、师生互动学习等方法应用有效	6	
B. 完成任务/职业能力（40分）	职业能力	能够正确编制投资性房地产取得业务的会计分录	5	
		能够运用成本计量模式对投资性房地产进行后续核算	6	
		能够运用公允价值计量模式对投资性房地产进行后续核算	5	
		能够正确编制投资性房地产处置业务的会计分录	6	
	解决问题	遇到问题能够独立思考，提出自己的见解	5	
	团队协作	能够有效沟通、协作，目标一致，完成小组任务	5	
	任务完成	在规定的时间内，保质保量地完成了任务实施中的各项任务	8	
C. 职业道德与价值观（30分）	思政及素养目标	坚定“四个自信”，具有法律意识、责任意识、创新意识及爱国情怀	15	
	职业素养	具有爱岗敬业、责任心强、严谨踏实等良好的职业素养	8	
		具有学习能力、沟通能力、团队协作及开拓创新精神	7	
项目得分				

视频7-1

视频7-2

视频7-3

项目8　核算金融资产

项目提要

金融资产包括以摊余成本计量、以公允价值计量且其变动计入其他综合收益及以公允价值计量且其变动计入当期损益三类金融资产的核算。通过本项目的学习，学生能够掌握交易性金融资产的核算方法；能够完成相关业务的账务处理；坚持金融资产相关会计准则，具有法律意识、风险意识和创新意识，具有较强的学习能力、分析能力、沟通及团队协作能力。

价值引领

现代金融市场的健康、可持续发展离不开金融工具的广泛运用和不断创新。企业管理金融资产的业务模式是通过金融市场交易产生现金流量，其目的多为提高企业闲置资金的使用效益。金融市场不同于商品市场，具有不确定性、普遍性、扩散性和突发性等特征，存在不可分散的系统风险。因此，对于金融资产的会计核算和监督，难度大、要求高，企业会计应准确计量、如实谨慎地反映金融资产风险，关注金融资产公允价值的周期性特点和可能产生的不良经济后果，加强金融资产监督管理，防止金融资产过度投资导致的经济虚拟化，影响企业主业核心竞争力和长期稳定健康发展。

目前，我国已迈向高质量、可持续经济发展之路，绿色金融可以有效降低经济发展外部环境负效应，是保护环境的重要政策工具。习近平总书记曾多次强调发展绿色金融、实现"碳达峰、碳中和"宏伟目标的必要性和紧迫性，展现了我国的大国责任及担当。因此，作为投资者，在保持投资组合稳定回报的同时，更需增强在环境可持续发展方向上的投资能力，树立责任投资与环境、社会和公司治理理念，积极落实绿色投资原则。

《绿色投资指引（试行）》指出，要以促进企业环境绩效、发展绿色产业和减少环境风险为目标，采用系统性绿色投资策略，对能够产生环境效益、降低环境成本与风险的企业或项目进行投资。应围绕环保、低碳、循环利用，包括并不限于提高效能、降低排放、清洁与可再生能源、环境保护及修复治理、循环经济等。要根据自身条件，逐步建立完善绿色投资制度，促进绿色环保产业发展、促进资源循环利用和可持续发展、促进高效低碳发展、履行负责任投资，运用投资者权利，督促被投资企业改善环境绩效并提高信息披露水平。

岗位职责

金融资产核算是对金融资产的取得、持有期间以及出售的核算。其岗位职责主要是金融资产的管理及核算。

其具体工作职责如下。

(1) 负责金融资产相关业务的账务处理。

(2) 负责与托管行、资管中心核对数据。

(3) 负责报送投资相关数据。

(4) 负责联络及协调与部门业务相关的专家顾问的工作。

(5) 关注公司其他部门业务的开发和项目进展，做好相关的配合和服务工作。

建议学时

4 学时。

任务8－1　金融工具认知

任务目标

知识目标：

1. 了解金融工具、金融资产的概念。
2. 明确金融资产的分类。

技能目标：

1. 能够说出金融工具、金融资产的概念。
2. 能够描述金融资产的分类，并举例说明。
3. 能够对碳达峰、绿色金融等内容有所了解。

素养目标：

1. 培养法律意识、责任意识、风险意识和创新意识。
2. 能够积极主动地思考问题，并能逻辑清楚地与他人分享。
3. 能够在任务活动中不断反思、调节，以帮助预期目标的达成。

建议学时

1 学时。

相关知识

一、金融工具概述

（一）金融工具的概念

金融工具是指形成一方的金融资产并形成其他方的金融负债或权益工具的合同。金融工具包括金融资产、金融负债和权益工具。

其中，合同的形式多种多样，可以采用书面形式，也可以不采用书面形式。实务中的金融工具合同通常采用书面形式。非合同的资产和负债不属于金融工具。例如，应交所得税是基于税法规定的义务，而非合同产生的义务，因此不符合金融工具的定义。

（二）金融资产的界定

金融资产是指企业持有的现金、其他方的权益工具以及符合下列条件之一的资产。

（1）从其他方收取现金或其他金融资产的合同权利。例如，企业的银行存款、应收账款、应收票据和贷款等均属于金融资产。

（2）在潜在有利条件下，与其他方交换金融资产或金融负债的合同权利。例如，企业持有的看涨期权或看跌期权。

（3）将来须用或可用企业自身权益工具进行结算的非衍生工具合同，且企业根据该合同将收到可变数量的自身权益工具，即将来收取固定金额的自身权益工具。

（4）将来须用或可用企业自身权益工具进行结算的衍生工具合同，但以固定数量的自身权益工具交换固定金额的现金或其他金融资产的衍生工具合同除外。

此外，本项目不涉及以下金融资产的会计处理。

（1）长期股权投资（即企业对外能够形成控制、共同控制和重大影响的股权投资）。

（2）货币资金（即库存现金、银行存款、其他货币资金）。

二、金融资产分类

（一）金融资产具体分类内容

企业应当根据其管理金融资产的业务模式和金融资产的合同现金流量特征，对金融资产进行合理分类。《企业会计准则第 22 号——金融工具确认和计量》规定将金融资产划分为以下三类。

（1）以摊余成本计量的金融资产，如应收账款、贷款和债权投资。

（2）以公允价值计量且其变动计入其他综合收益的金融资产，如其他债权投资、其他权益工具投资。

（3）以公允价值计量且其变动计入当期损益的金融资产，如交易性金融资产。

金融资产分类一经确定，不得随意变更。

（二）企业管理金融资产的业务模式

1. 业务模式评估

企业管理金融资产的业务模式是指企业如何管理其金融资产以产生现金流量。业务模式决定企业所管理金融资产现金流量的来源是收取合同现金流量、出售金融资产还是两者兼有。

2. 以收取合同现金流量为目标的业务模式

在以收取合同现金流量为目标的业务模式下，企业管理金融资产旨在通过在金融资产存续期内收取合同付款来实现现金流量，而不是通过持有并出售金融资产产生整体回报。

3. 以收取合同现金流量和出售金融资产为目标的业务模式

在同时以收取合同现金流量和出售金融资产为目标的业务模式下，企业的关键管理人员认为收取合同现金流量和出售金融资产对于实现其管理目标而言都是不可或缺的。

与以收取合同现金流量为目标的业务模式相比，此业务模式涉及的出售通常频率更高、价值更大。因为出售金融资产是此业务模式的目标之一，在该业务模式下不存在出售金融资产的频率或者价值的明确界限。

4. 其他业务模式

如果企业管理金融资产的业务模式，不是以收取合同现金流量为目标，也不是以收取合同现金流量和出售金融资产为目标，则该企业管理金融资产的业务模式为其他业务模式。例如，企业管理金融资产的目标是通过出售金融资产以实现现金流量。

（三）金融资产的具体分类

金融资产的具体分类见表 8－1。

表 8-1　金融资产的具体分类

业务模式	类型	核算账户
以收取合同现金流量为目标	以摊余成本计量的金融资产	“贷款”“应收账款”“债权投资”等账户
既以收取合同现金流量为目标，又以出售金融资产为目标	以公允价值计量且其变动计入其他综合收益的金融资产	“其他债权投资”“其他权益工具投资”账户
其他业务模式（以出售金融资产为目标）	以公允价值计量且其变动计入当期损益的金融资产	“交易性金融资产”账户

技能训练

一、探索金融工具

要求：

1. 独立思考回答下列问题，并将自己的想法记录下来。

（1）什么是金融工具？你知道哪些金融工具？

（2）企业对金融资产分类的依据是什么？

（3）金融资产分为哪几类？请举例说明。

（4）企业管理金融资产的业务模式有几种？请试着用自己的语言进行描述。

2. 团队交流讨论，自我改进完善。

二、案例讨论

要求：

1. 阅读拓展资源 8-1，收集相关资料，思考以下问题，并将自己的看法简要记录下来。

（1）什么是转型债券？

（2）转型债券在信息披露等方面有哪些要求？企业如何才能获取支持？

（3）为支持低碳转型，绿色金融工具越来越丰富，试谈谈金融工具创新的意义。

（4）了解《2030 年前碳达峰行动方案》，简要描述其指导思想、目标及重点任务。

2. 你可以试着与同伴分享、讨论这些问题，来拓展自己的思维。

任务评价

请填写任务评价参考表，检测目标达成情况，见表8－2。

表8－2 金融工具认知评价参考表

任务目标	达成情况
1. 能够说出金融工具、金融资产的概念	是□否□
2. 能够描述金融资产的分类，并举例说明	是□否□
3. 能够对碳达峰、绿色金融等内容有所了解	是□否□
4. 能够积极主动地思考问题，并能逻辑清楚地与他人分享	是□否□
5. 能够在任务活动中不断反思、调节，以帮助预期目标的达成	是□否□

任务8－2 核算交易性金融资产

任务目标

知识目标：

掌握交易性金融资产相关业务的核算方法。

技能目标：

1. 能够正确计算交易性金融资产的入账价值、持有期间的投资收益。
2. 能够正确编制交易性金融资产相关业务的会计分录。
3. 能够准确分析投资活动对利润的影响。

素养目标：

1. 培养法律意识、责任意识、风险意识和创新意识。
2. 能够积极主动地思考问题，并能逻辑清楚地与他人分享。
3. 能够在任务活动中不断反思、调节，以帮助预期目标的达成。

建议学时

3学时。

相关知识

企业应当将除以摊余成本计量的金融资产和以公允价值计量且其变动计入其他综合收益的金融资产之外的金融资产，分类为以公允价值计量且其变动计入当期损益的金融资产。

以公允价值计量且其变动计入当期损益的金融资产可以进一步划分为交易性金融资产和直接指定为以公允价值计量且变动计入当期损益的金融资产。

一、交易性金融资产的概念

交易性金融资产是指企业为了近期内出售而持有的金融资产。满足下列条件之一的金融资产，应当划分为交易性金融资产。

（1）取得该金融资产的目的，主要是近期内出售。如企业以赚取差价为目的从二级市场购入的股票、债券和基金等。

（2）初始确认时属于进行集中管理的可辨认金融工具组合的一部分，且有客观证据表明企业近期采用短期获利方式对该组合进行管理。如企业管理的以公允价值进行业绩考核的某项投资组合。

（3）属于衍生工具。如企业购入的期货等衍生工具。但是，被指定为有效套期工具的衍生工具、属于财务担保合同的衍生工具、与在活跃市场中没有报价且其公允价值不能可靠计量的权益工具投资挂钩并须通过交付该权益工具结算的衍生工具除外。

二、交易性金融资产的账户设置

为核算交易性金融资产的取得、收取现金股利或利息、处置等业务，企业应设置“交易性金融资产”“公允价值变动损益”“投资收益”等账户。

三、交易性金融资产取得的核算

企业取得交易性金融资产时，应当以取得时的公允价值作为其初始入账金额。支付的价款中包含的已宣告但尚未发放的现金股利或已到付息期但尚未领取的债券利息，应当单独确认为应收项目。

取得交易性金融资产发生的相关交易费用直接计入当期损益，冲减投资收益，发生交易费用取得增值税专用发票的，进项税额经认证后可从当月销项税额中扣除。

交易费用是指可直接归属于购买、发行或处置金融工具新增的外部费用，包括支付给代理机构、咨询公司、券商、证券交易所等的手续费、佣金、相关税费及其他必要支出，不包括债券溢价、折价、融资费用、内部管理成本和持有成本等与交易不直接相关的费用。

其基本账务处理如下。

借：交易性金融资产——成本（取得时的公允价值）

应收股利/应收利息（支付价款中包含的已宣告但尚未发放的现金股利或已到付息期但尚未领取的利息）

投资收益（交易费用）

应交税费——应交增值税（进项税额）

贷：其他货币资金——存出投资款等（实际支付金额）

四、持有期间收到现金股利或利息的核算

（一）持有期间收到投资时支付的股利或利息

企业在取得交易性金融资产时，将已宣告但尚未发放的现金股利或已到付息期但尚未领取的利息作为应收项目进行了单独确认。持有期间，如实际收到投资时支付的股利或利息时，则直接冲减应收项目。

其基本账务处理如下。

借：其他货币资金等

贷：应收股利/应收利息

（二）持有期间被投资单位宣告分配现金股利或企业到期计提利息

企业持有交易性金融资产期间对于被投资单位宣告发放的现金股利（股权投资）或企业在资产负债表日按分期付息、一次还本债券投资的票面利率计算的利息，借记“应收股利”或“应收利息”账户，贷记“投资收益”账户。实际收到款项时做冲减应收项目处理。

其基本账务处理如下。

1. 宣告发放股利时

借：应收股利/应收利息

贷：投资收益

2. 实际收到款项时

借：其他货币资金等

贷：应收股利/应收利息

案例8-2

案例8-3

案例8-4

五、交易性金融资产的期末计量

资产负债表日，交易性金融资产应当按照公允价值计量，公允价值与账面余额之间的差额计入当期损益（公允价值变动损益）。

其基本账务处理见表 8-3。

表 8-3　交易性金融资产期末计量的账务处理

情形	账务处理
公允价值大于账面价值时	借：交易性金融资产——公允价值变动 　　贷：公允价值变动损益
公允价值小于账面价值时	借：公允价值变动损益 　　贷：交易性金融资产——公允价值变动

六、交易性金融资产的出售

企业出售交易性金融资产时，应将出售时的公允价值与其账面余额之间的差额确认为当期投资损益。

企业出售交易性金融资产，应当按照实际收到的金额，借记“其他货币资金”等账户，按照该金融资产的账面余额的成本部分，贷记“交易性金融资产——成本”账户，按照该金融资产的账面余额的公允价值变动部分，贷记或借记“交易性金融资产——公允价值变动”账户，按照其差额，贷记或借记“投资收益”账户。

七、转让金融商品应交增值税

金融商品转让按照卖出价扣除买入价（不需要扣除已宣告尚未发放的现金股利或已到付息期未领取的利息）后的余额作为销售额计算增值税，即转让金融商品按盈亏相抵后的余额为销售额。若相抵后出现负差，可结转下一纳税期与下期转让金融商品销售额互抵，但年末仍出现负差的，不得转入下一会计年度。

转让金融商品应交增值税 =（卖出价 - 买入价）÷（1 + 6%）× 6%

转让金融商品的账务处理见表 8-4。

表 8-4 转让金融商品的账务处理

情形	账务处理
1. 转让金融资产当月月末，如产生转让收益，则按应纳税额	借：投资收益 贷：应交税费——转让金融商品应交增值税
2. 如产生转让损失，则可结转下月抵扣税额	借：应交税费——转让金融商品应交增值税 贷：投资收益
3. 年末，如有借方余额，说明本年度的金融商品转让损失无法弥补，且本年度的金融资产转让损失不可转入下年度继续抵减，则应将“应交税费——转让金融商品应交增值税”账户的借方余额转出	借：投资收益 贷：应交税费——转让金融商品应交增值税

八、交易性金融资产对投资收益、营业利润的影响分析与计算

（一）计算处置时点的投资收益

处置时的投资收益 = 出售时收到的价款 - 出售时交易性金融资产账面价值 - 转让金融资产应交增值税

（二）计算整个持有期间对投资收益的影响

在分析交易性金融资产投资活动对整个投资过程，即从购入到出售整个期间的投资收益影响时，需要考虑以下几个方面。

（1）交易费用对投资收益的影响。

（2）持有期间被投资单位宣告发放现金股利或企业计提利息收益对投资收益的影响。

（3）处置时对投资收益的影响。

整个持有期间的投资收益计算相对来说比较简单，只需要将“投资收益”账户发生额（借方为“ - ”，贷方为“ + ”）进行加总即可。

（三）分析投资活动对利润的影响

在分析交易性金融资产对整个投资期间的利润影响时，需要考虑以下两个方面。

（1）持有期间投资收益对利润的影响。

（2）持有期间公允价值变动损益对利润的影响。

其具体业务事项影响损益账户情况见表 8-5。

表 8-5 交易性金融资产具体业务事项影响损益账户情况

业务事项		影响损益账户
购买时	交易费用	投资收益（借方）
持有期间	宣告分配现金股利/到期计提利息	投资收益
	价值变动	公允价值变动损益

续表

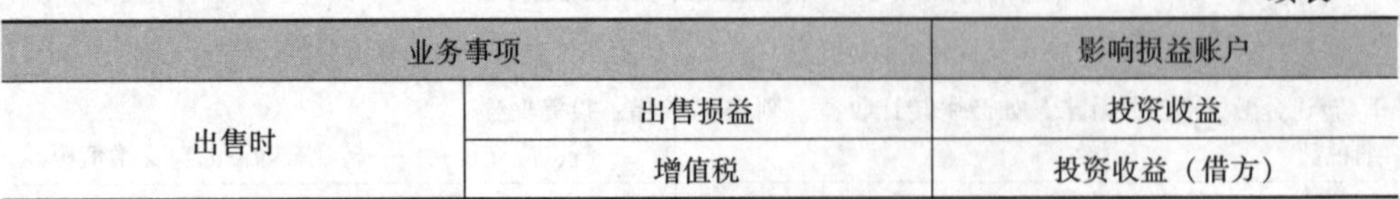

业务事项		影响损益账户
出售时	出售损益	投资收益
	增值税	投资收益（借方）

整个持有期间对当期利润的影响 = 交易费用 + 持有期间的投资收益 + 持有期间的公允价值变动损益 + 出售时价款（扣除增值税因素）与账面价值之间差额确认的投资收益

或：= 整个持有期间对投资收益的影响 + 持有期间的公允价值变动损益（借方为“－”，贷方为“＋”）

技能训练

一、三叶公司交易性金融资产核算全流程分析

任务资料：

三叶公司2022年1月1日购入公司一批股票，将其划分为交易性金融资产，支付价款1 500万元，价款中包含已宣告但尚未发放的现金股利48万元，另支付交易费用10万元，取得的增值税专用发票上注明的增值税税额为0.6万元。2022年1月6日，三叶公司收到了购买时价款中包含的现金股利48万元。2022年12月31日，该交易性金融资产的公允价值为1 550万元。2023年1月6日，三叶公司宣告发放现金股利40万元。2023年1月21日收到现金股利。2023年3月1日，三叶公司将该项交易性金融资产出售，售价为1 600万元，增值税税率为6%。

要求：

1. 根据上述经济业务，编制三叶公司会计分录（表8－6）。

表8－6　根据经济业务编制三叶公司会计分录

业务	会计分录（金额单位以“万元”表示）
（1）2022年1月1日，取得股票	
（2）2022年1月6日，收到投资时的现金股利	

续表

业务	会计分录（金额单位以“万元”表示）
(3) 2022年12月31日，确认公允价值变动	
(4) 2023年1月6日，宣告发放现金股利	
(5) 2023年1月21日，收到现金股利	
(6) 2023年3月1日，出售股票	
(7) 计算转让金融资产应交增值税	

2. 计算三叶公司出售股票时的投资收益。

______

3. 试分析三叶公司整个持有股票期间对投资收益的影响。

______

4. 试分析三叶公司整个持有股票期间对利润的影响。

______

二、案例讨论

要求：

拓展资源8-2

1. 阅读拓展资源8-2，收集相关资料，了解青岛啤酒、云南白药两家企业的经营情况，思考以下问题，并将自己的看法简要记录下来。

（1）青岛啤酒2021年三季度财报与2020年末相比，发生了哪些变化？原因是什么？结合企业具体情况，谈谈你的认识。

（2）云南白药2021年年报反映了什么问题？形成的原因是什么？结合企业具体情况，谈谈你的认识。

（3）比较青岛啤酒和云南白药的交易性金融资产，其投资内容有何不同？不同的投资对企业有何影响？

（4）你是怎样认识交易性金融资产的？如何加强交易性金融资产的风险管理？

2. 你可以试着与同伴分享、讨论这些问题，来拓展自己的思维。

任务评价

请填写任务评价参考表，检测目标达成情况，见表 8－7。

表 8－7　核算交易性金融资产评价参考表

任务目标	达成情况
1. 能够正确计算交易性金融资产的入账价值、持有期间的投资收益	是 □ 否 □
2. 能够正确编制交易性金融资产相关业务的会计分录	是 □ 否 □
3. 能够准确分析投资活动对利润的影响	是 □ 否 □
4. 能够积极主动地思考问题，并能逻辑清楚地与他人分享	是 □ 否 □
5. 能够在任务活动中不断反思、调节，以帮助预期目标的达成	是 □ 否 □

即测即练

总结与评价

一、绘制思维导图

运用思维导图总结、归纳与本项目相关的知识点、技能点，帮助自己记忆、理解及查缺补漏。

二、自我分析与总结

（1）通过本项目的学习，学会了哪些知识？掌握了哪些技能？素养方面得到了哪些提升？

（2）反思本项目的完成情况，提出改进建议。

三、项目评价

请根据质量评价标准，完成项目评价，见表8－8。

表8－8　核算金融资产质量评价标准

评价内容		质量要求	分值	评价
A. 知识与方法（30分）	必备知识	掌握金融资产的分类	5	
		掌握交易性金融资产相关业务的核算方法	15	
	学习方法	自主学习、网络学习、查阅资料、师生互动学习等方法应用有效	10	
B. 完成任务/职业能力（40分）	职业能力	能够正确编制交易性金融资产相关业务的会计分录	15	
	解决问题	遇到问题能够独立思考，提出自己的见解	10	
	团队协作	能够有效沟通、协作，目标一致，完成小组任务	7	
	任务完成	在规定的时间内，保质保量地完成了任务实施中的各项任务	8	
C. 职业道德与价值观（30分）	思政及素养目标	坚持准则，为人正直，爱岗敬业	15	
	职业素养	具有法律意识、责任意识、风险意识和创新意识	8	
		具有较强的学习能力、分析能力、沟通及团队协作能力	7	
项目得分				

项目9 核算长期股权投资

项目提要

本项目主要介绍长期股权投资的含义、取得、持有期间、减值及处置的核算。通过学习，学生能够掌握长期股权投资的核算方法；能够完成长期股权投资相关业务的账务处理；能够达成相应的职业道德、核心价值观等素养目标。

价值引领

长期股权投资是企业经营发展的重要战略手段，通过投资持有联营企业、合营企业以及子公司的股份，影响、控制目标公司作出有利于自身企业利益的战略方针、决策以及利润分配机制等，进而实现企业的经营策略和战略目标。合理的长期股权投资结构，能够帮助企业分散风险，实现一体化发展战略、多元化经营策略，并能通过借助新产业和新领域的控制、参与，获得良好竞争空间，谋求更高质量的未来发展。

长期股权投资存在诸多优势的同时也伴随着一定的风险，如行业、环境、技术、市场等投资决策风险，股权结构、被投资方转移等运营管理风险，利率、通胀、政策法律、退出时机与方式等投资清理风险。因此，企业要根据实际情况，审慎投资，加强内部控制；要对投资风险进行有效的识别、评估、预警及应对；要加强股权投资的信息化管理，确保投资决策科学合理；要及时了解被投资企业经营情况，对于发现的经营风险、舞弊现象及隐含的风险，积极采取应对措施；要加强企业财务管理，按照会计准则规定，选用正确合理的处理方法，妥善保管项目各环节发生的相关资料，定期进行内审，确保会计信息真实、可靠、准确、完整；要按照程序及时处理背离企业发展战略、失去投资价值的项目，将可能影响投资效率的潜在事件和不利因素控制在企业可承受的范围内，从而促进企业获得长远的、高质量的发展。

岗位职责

长期股权投资核算是对有关权益性投资的取得、持有期间、减值及处置的核算。其岗位职责主要是长期股权投资的管理及核算。

其具体工作职责如下。

(1) 按照企业会计准则要求对长期股权投资业务进行核算。

(2) 按照规定和企业实际情况，采用合理的长期股权投资核算方法。

(3) 准确确定股权投资的成本。

(4) 负责提供投资金额、投资收益、持股比例、投资风险等有关的财务数据。

(5) 协助做好投资项目的投资效果分析、投资收益的核对与管理、投资风险的控制与管理。

(6) 负责完成档案整理、装订、归档及数据备份工作。

建议学时

9 学时。

任务 9-1 长期股权投资认知

任务目标

知识目标：

1. 明确长期股权投资的含义。
2. 了解长期股权投资的核算方法及适用范围。

技能目标：

1. 能够描述股权投资、长期股权投资的概念。
2. 能够复述长期股权投资的核算方法及适用范围。
3. 能够对企业股权投资的风险类型及其管理等内容有所了解。

素养目标：

1. 培养法律意识、风险意识和责任意识。
2. 能够积极主动地思考问题，并能逻辑清晰地与他人分享。
3. 能够在任务活动中不断反思、调节，以帮助预期目标的达成。

建议学时

2 学时。

相关知识

一、长期股权投资的含义与内容

（一）长期股权投资的含义

长期股权投资是指投资方对被投资单位实施控制、重大影响的权益性投资，以及对其合营企业的权益性投资。

（二）长期股权投资的内容

（1）投资企业能够对被投资单位**实施控制**的权益性投资，即对子公司投资。控制是指投资方拥有对被投资单位的权利，通过参与被投资方的相关活动而享有可变回报，并且有能力运用对被投资方的权力影响其回报金额。

（2）投资企业与其他合营方一同对被投资单位实施**共同控制**的权益性投资，即对合营企业的投资。共同控制是指按照合同约定对某项安排所共有的控制，并且该安排的相关活动必须经过分享控制权的参与方一致同意后才能决策。

（3）投资企业对被投资单位具有**重大影响**的权益性投资，即对联营企业的投资。重大影响是指投资方对被投资单位的财务和生产经营决策有参与决策的权利，但并不能控制或与其他方共同控制这些政策的制定。

二、长期股权投资的核算方法

长期股权投资在持有期间，根据投资企业对被投资单位的影响程度进行划分，应当采用成本法或权益法进行核算（表9－1）。

表9－1　成本法与权益法的适用范围

投资方对被投资方的影响程度	持股比例	被投资单位的称谓	投资方的核算方法
控制	>50%	子公司	成本法
共同控制	两方或多方对被投资方持股比例相近	合营企业	权益法
重大影响	≥20%，≤50%	联营企业	权益法

注：投资方对被投资方的影响程度最终要根据实质进行判断。20%以下一般执行《企业会计准则第22号——金融工具确认和计量》

三、长期股权投资的账户设置

账户设置详情，请扫码查看。

技能训练

一、长期股权投资知识探索

要求：

1. 独立思考回答下列问题，并将自己的想法记录下来。

（1）什么是长期股权投资？（用自己的语言描述）

（2）如何区分控制、共同控制和重大影响？

（3）达不到重大影响的权益性投资，是否是长期股权投资核算的内容？应用什么账户核算？

2. 团队交流讨论，自我改进完善。

二、企业股权投资的风险管理

要求：

1. 阅读拓展资源9－1，收集相关资料，思考以下问题，并将自己的看法简要记录下来。

（1）分析企业股权投资的风险类型。

（2）分析企业股权投资的影响因素。

（3）如何加强企业股权投资的风险管理？

2. 你可以试着与同伴分享、讨论这些问题，来拓展自己的思维。

任务评价

请填写任务评价参考表，检测目标达成情况，见表9－2。

表9－2　长期股权投资认知评价参考表

任务目标	达成情况
1. 能够描述股权投资、长期股权投资的概念	是 □ 否 □
2. 能够复述长期股权投资的核算方法及适用范围	是 □ 否 □
3. 能够对企业股权投资的风险类型及其管理等内容有所了解	是 □ 否 □
4. 能够积极主动地思考问题，并能逻辑清晰地与他人分享	是 □ 否 □
5. 能够在任务活动中不断反思、调节，以帮助预期目标的达成	是 □ 否 □

任务 9－2　核算长期股权投资取得

任务目标

知识目标：

掌握长期股权投资取得业务的核算方法。

技能目标：

1. 能够正确判断长期股权投资的业务类型。
2. 能够正确计算长期股权投资的初始投资成本。
3. 能够正确编制长期股权投资取得业务的会计分录。

素养目标：

1. 培养法律意识、风险意识和责任意识。
2. 能够积极主动地思考问题，并能逻辑清晰地与他人分享。
3. 能够在任务活动中不断反思、调节，以帮助预期目标的达成。

建议学时

2 学时。

相关知识

长期股权投资在取得时，应按初始投资成本入账。长期股权投资初始成本是指取得长期股权投资时支付的全部价款，或放弃非现金资产的公允价值或账面价值，以及支付的税金、手续费等相关费用，但不包括实际支付的价款中包含的已宣告但尚未领取的现金股利。

根据长期股权投资的取得是否与企业合并有关，其来源可分为两类：一是企业合并形成的长期股权投资，二是非企业合并形成的长期股权投资。

一、企业合并形成的长期股权投资

企业合并形成的长期股权投资，应当区分为**同一控制**下企业合并形成的长期股权投资和**非同一控制**下企业合并形成的长期股权投资。

拓展资源9-2

（一）同一控制下企业合并形成的长期股权投资

对于同一控制下的企业合并，企业合并准则中规定的会计处理方法类似于权益结合法。该方法下，将企业合并看作两个或多个参与合并企业权益的重新整合，由于最终控制方的存在，从最终控制方的角度，该类企业合并一定程度上并不会造成企业集团整体的经济利益流入和流出，最终控制方在合并前后实际控制的经济资源并没有发生变化，有关交易事项不作为出售或购买。

同一控制下企业控股合并形成的长期股权投资，应当在合并日按照取得被合并方所有者权益账面价值的份额作为长期股权投资的初始投资成本。

1. 合并方以支付现金、转让非现金资产或承担债务作为合并对价

合并方以支付现金、转让非现金资产或承担债务等方式作为合并对价的，应当在合并日按照取得被合并方所有者权益在最终控制方合并财务报表中的账面价值的份额作为长期股权投资的初始投资成本。长期股权投资的初始投资成本与支付的现金、转让的非现金资产及所承担债务账面价值之间的差额，应当调整资本公积（资本溢价或股本溢价）；资本公积（资本溢价或股本溢价）的余额不足冲减的，依次冲减盈余公积和未分配利润。

在企业合并中，合并方发生的审计、法律服务、评估咨询等中介费用以及其他相关管理费用，应当于发生时计入当期损益（管理费用）。

其基本账务处理如下。

借：长期股权投资（取得被合并方所有者权益在最终控制方合并财务报表中账面价值的份额）

　　应收股利（被投资单位已宣告但尚未发放的现金股利或利润）

　　贷：有关资产或负债（支付合并对价的账面价值）

　　　　资本公积——资本溢价或股本溢价（差额，可能在借方）

借：管理费用（审计、法律服务、评估咨询等中介费用以及其他相关管理费用）

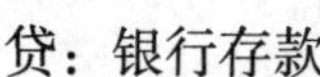

　　贷：银行存款

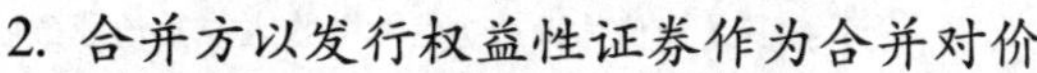

2. 合并方以发行权益性证券作为合并对价

合并方以发行权益性证券作为合并对价的，应按合并日取得被合并方所有者权益在最终控制方合并财务报表中的账面价值的份额确认长期股权投资，按发行权益性证券的面值总额作为股本，长期股权投资初始投资成本与所发行权益性证券面值总额之间的差额，应当调整资本公积（资本溢价或股本溢价）；资本公积（资本溢价或股本溢价）不足冲减的，调整留存收益。

合并方为进行企业控股合并发行的权益性证券发生的手续费、佣金等费用，不

构成长期股权投资的初始投资成本，应当从权益性证券的溢价收入中扣除，不足扣除的，冲减留存收益。

其基本账务处理如下。

借：长期股权投资（取得被合并方所有者权益在最终控制方合并财务报表中账面价值的份额）

贷：股本（发行股票的股数×每股面值）

资本公积——股本溢价（差额）

借：资本公积——股本溢价（权益性证券发行费用）

贷：银行存款

（二）非同一控制下企业合并形成的长期股权投资

非同一控制下企业合并处理的基本原则是**购买法**，即将企业合并视为购买企业以一定的价款购进被购买企业的机器设备、存货等资产项目，同时承担该企业所有负债的行为，从而按合并时的公允价值计量被购买企业的净资产，将合并成本超过享有可辨认净资产公允价值份额的差额确认为商誉的会计方法。

非同一控制下控股合并的长期股权投资取得相关账务处理如表9－3所示。

表9－3　非同一控制下控股合并的长期股权投资取得相关账务处理

<table>
<tr><th>业务</th><th colspan="2">账务处理</th></tr>
<tr><td>初始投资成本</td><td colspan="2">购买方为企业合并支付的资产、发生或承担的负债、发行的权益性证券的公允价值之和为企业合并成本，即长期股权成本
付出对价中包含的已宣告但尚未发放的现金股利或利润，不构成长期股权投资成本，单独作为应收项目处理，计入“应收股利”</td></tr>
<tr><td rowspan="3">购买方以支付现金、转让非现金资产或承担债务方式等作为合并对价</td><td>投出资产为固定资产和无形资产</td><td>差额计入“资产处置损益”</td></tr>
<tr><td>投出资产为存货</td><td>按其公允价值确认主营业务收入或其他业务收入，按其账面价值结转主营业务成本或其他业务成本，若存货计提跌价准备的，应将存货跌价准备一并结转</td></tr>
<tr><td>投出资产为以公允价值计量且其变动计入其他综合收益的债权性金融资产</td><td>其公允价值与账面价值的差额计入投资收益，原持有期间因公允价值变动形成的“其他综合收益”应一并转入投资收益</td></tr>
</table>

续表

业务	账务处理	
购买方以支付现金、转让非现金资产或承担债务方式等作为合并对价	合并成本为购买方在购买日为取得对被购买方的控制权而发行的权益性证券的公允价值	借：长期股权投资（公允价值） 　　应收股利（已宣告但尚未发放的现金股利或利润） 　　贷：股本（发行股票的股数×每股面值） 　　　　资本公积——股本溢价（差额）
发生交易费用的处理	合并方为进行企业合并发生的各项直接相关费用，如审计费用、资产评估费用、法律咨询费用等	应于发生时计入当期损益（管理费用），不计入初始投资成本 借：管理费用 　　贷：银行存款
	企业合并发行权益性证券相关的佣金、手续费等费用	冲减资本公积（资本溢价或股本溢价） 借：资本公积——股本溢价（权益性证券发行费用） 　　贷：银行存款 　　　　资本公积（资本溢价或股本溢价） 不足冲减的，依次冲减盈余公积和未分配利润
	为企业合并发行的债券或承担其他债务支付的佣金、手续费等费用	应当计入所发行债券及其他债务的初始计量金额 借：应付债券——利息调整 　　贷：银行存款

二、非企业合并形成的长期股权投资

企业不形成控股合并的长期股权投资，即对联营企业、合营企业的投资，取得时初始投资成本的处理亦遵循**购买法**原则。

（一）支付现金方式

企业以支付现金方式取得的长期股权投资，应当按照实际支付的购买价款作为长期股权投资的初始投资成本，包括为取得长期股权投资发生的各项直接相关费用（支付的审计费用、资产评估费用、法律咨询费用）。但所支付价款中包含的被投资单位已宣告但尚未发放的现金股利或利润应作为应收项目核算，不构成取得长期股权投资的成本。

（二）发行权益性证券方式

企业以发行权益性证券方式取得的长期股权投资，其成本为所发行权益性证券的公允价值，但不包括被投资单位已宣告但尚未发放的现金股利或利润。

为发行权益性证券支付给有关证券承销机构等的手续费、佣金等费用，不构成长期股权投资的初始投资成本。该部分费用应从发行权益证券的溢价发行收入中扣除，溢价收入不足冲减的，应依次冲减盈余公积和未分配利润。

技能训练

一、长期股权投资取得的核算——企业合并形成

任务资料：

2023 年 1 月 1 日，A 公司以银行存款 1 800 万元作为对价购入 B 公司 80% 的普通股权，达到对 B 公司的控制权，并准备长期持有，A 公司同时支付相关税费 10 万元。合并前，A 公司与 B 公司同受甲公司控制。2022 年 1 月 1 日，B 公司的所有者权益账面价值总额为 2 200 万元。假定 A 公司和 B 公司采用的会计政策及会计期间均相同，不考虑其他因素，请按要求完成下列任务。

要求：

1. 判断该项长期股权投资的业务类型，并说明原因。

____

2. 计算该项投资的初始投资成本。

____

3. A 公司支付的相关税费 10 万元，应该如何处理？

____

4. 请为 A 公司取得该项投资进行账务处理（表 9－4）。

表 9－4　A 公司取得长期股权投资账务处理

业务	账务处理
（1）确认初始投资成本	
（2）支付相关税费	

任务资料：

甲公司 2023 年 3 月 1 日以银行存款 600 万元和一项无形资产取得乙公司 60% 的股份，能够对乙公司的生产经营决策实施控制，当日乙公司可辨认净资产公允价值

为2 000万元。作为对价的无形资产在购买日的账面余额为2 300万元，已累计摊销800万元，未计提减值准备，公允价值为1 800万元。甲公司在此之前与乙公司不存在关联方关系，甲公司为取得该项投资，另支付相关税费20万元，相关手续费于当日办理完毕，假设不考虑其他因素，请按要求完成下列任务。

要求：

1. 判断该项长期股权投资的业务类型，并说明原因。

2. 计算该项投资的初始投资成本。

3. 发生的相关税费20万元，应该如何处理？

4. 请为甲公司取得该项投资进行账务处理（表9－5）。

表9－5 甲公司取得长期股权投资账务处理

业务	账务处理
（1）确认初始投资成本	
（2）支付相关税费	

二、长期股权投资取得的核算——非企业合并形成

任务资料：

2023年1月10日，甲公司向乙公司定向发行普通股1 000万股（占总股本0.23%）作为对价，取得乙公司持有A公司20%的股权。甲公司发行的普通股每股面值1元，每股发行价格11元。甲公司需支付券商佣金为发行总股款的1%。甲公司取得A公司20%股权后能够对其施加重大影响。上述佣金通过银行转账方式支付。甲公司在此次交易前未持有A公司任何股权。假设不考虑其他因素，请按要求完成下列任务。

要求：

1. 判断该项长期股权投资的业务类型，并说明原因。

2. 计算该项投资的初始投资成本。

3. 甲公司支付券商的佣金是多少？应该如何处理？

4. 请为甲公司取得该项投资进行账务处理（表9－6）。

表9－6　甲公司取得长期股权投资账务处理

业务	账务处理
（1）确认初始投资成本	
（2）支付相关税费	

三、归纳总结长期股权投资取得业务的核算方法

长期股权投资取得业务的核算方法见表9－7。

表9－7　长期股权投资取得业务的核算方法

事项	形成控股合并的长期股权投资		不形成控股合并的长期股权投资
	同一控制下	非同一控制下	
初始计量			
支付对价的差额			
合并方为进行企业合并发生的各项直接相关费用，如审计费用、资产评估费用、法律咨询费用等			
发行权益性证券相关的佣金、手续费等费用			
发行的债券或承担其他债务支付的佣金、手续费等费用			
商誉			

任务评价

请填写任务评价参考表，检测目标达成情况，见表9－8。

表9－8 核算长期股权投资取得评价参考表

任务目标	达成情况
1. 能够正确判断长期股权投资的业务类型	是 □ 否 □
2. 能够正确计算长期股权投资的初始投资成本	是 □ 否 □
3. 能够正确编制长期股权投资取得业务的会计分录	是 □ 否 □
4. 能够积极主动地思考问题，并能逻辑清晰地与他人分享	是 □ 否 □
5. 能够在任务活动中不断反思、调节，以帮助预期目标的达成	是 □ 否 □

任务9－3 核算长期股权投资持有期间

任务目标

知识目标：

掌握长期股权投资的后续计量方法。

技能目标：

1. 能够正确判断长期股权投资的业务类型，确定计量方法。
2. 能够运用成本法进行长期股权投资持有期间的核算。
3. 能够运用权益法进行长期股权投资持有期间的核算。

素养目标：

1. 培养法律意识、风险意识和责任意识。
2. 能够积极主动地思考问题，并能逻辑清晰地与他人分享。
3. 能够在任务活动中不断反思、调节，以帮助预期目标的达成。

建议学时

3 学时。

相关知识

一、长期股权投资的成本法

（一）成本法的定义及适用范围

成本法是指投资按成本计价的方法，即初始投资成本确定后，成本法下，除了追加投资或收回投资外，一般无须对初始投资成本进行调整。

适用范围：企业持有的、能够对被投资单位实施控制的长期股权投资，即对子公司的投资。

（二）成本法的核算

采用成本法核算的长期股权投资，核算方法如下。

（1）初始投资或追加投资时，按照初始投资或追加投资时的成本增加长期股权投资的账面价值，借记“长期股权投资”账户。

（2）除取得投资时实际支付的价款或对价中包含的已宣告但尚未发放的现金股利或利润外，投资企业应当按照享有被投资单位的部分（持股比例与被投资单位宣告分派的利润或现金股利的乘积），确认为当期投资收益，不管有关利润分配是属于对取得投资前还是属于对取得投资后被投资单位实现净利润的分配。

二、长期股权投资的权益法

（一）权益法的定义及适用范围

权益法是指投资以初始投资成本计量后，在投资持有期间根据投资企业享有被投资单位所有者权益份额的变动对长期股权投资的账面价值进行调整的方法。

权益法下，长期股权投资是随着被投资单位净资产的变动而变动的。其基本理念是投资方按照持股比例应当享有被投资单位因实现损益或其他原因导致的净资产变动的份额，投资方最终总会取得，因而应计入长期股权投资账面价值。

适用范围：投资企业对被投资单位具有共同控制或重大影响的长期股权投资，即对合营企业投资及对联营企业投资，应当采用权益法核算。

（二）权益法的核算

1. 初始投资成本的调整

投资企业取得对联营企业或合营企业的投资以后，对于取得投资时投资成本与应享有被投资单位可辨认净资产公允价值份额之间的差额，应区别情况分别处理。

（1）初始投资成本大于投资时应享有被投资单位可辨认净资产公允价值份额的，该部分差额从本质上是投资企业在取得投资过程中通过购买作价体现出的与所取得股权份额相对应的商誉及被投资单位不符合确认条件的资产价值。初始投资成本大于投资时应享有被投资单位可辨认净资产公允价值的份额时，两者之间的差额不要求对长期股权投资的成本进行调整。

（2）初始投资成本小于投资时应享有被投资单位可辨认净资产公允价值份额的，相当于被投资单位作出的让步，该部分经济利益流入应作为收益处理，计入“营业外收入”，同时调增长期股权投资的账面价值。

2. 被投资单位实现净损益的处理

投资企业取得长期股权投资后，应当按照应享有或应分担被投资单位实现净利润或发生净亏损的份额，调整长期股权投资的账面价值，并确认为当期投资损益。

（1）持有期间被投资单位实现盈利的核算。投资企业在持有长期股权投资期间被投资单位实现盈利，投资企业应当按照应享有被投资单位实现的净利润的份额，确认投资收益并调增长期股权投资的账面价值。按被投资单位实现的净利润计算应享有的份额，借记“长期股权投资——损益调整”账户，贷记“投资收益”账户。

（2）持有期间被投资单位发生亏损的核算。投资企业在持有长期股权投资期间被投资单位发生亏损时，应按照以下顺序处理，如图9－1所示。

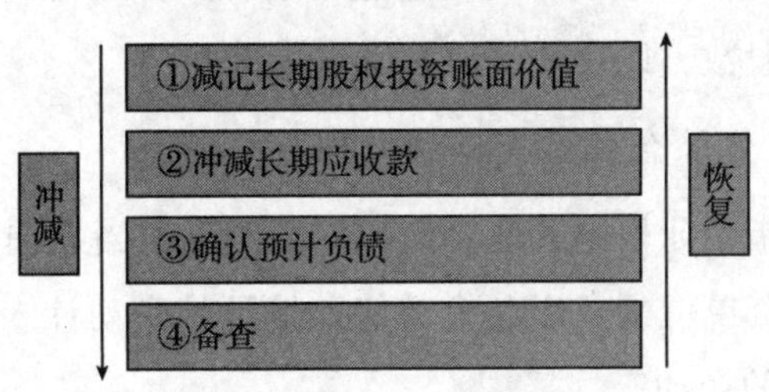

图9－1 被投资单位发生亏损的处理顺序

被投资单位以后实现盈利的，应按相反顺序进行恢复，同时确认投资收益，即应当按顺序分别借记“预计负债”“长期应收款”“长期股权投资”等账户，贷记“投资收益”账户。其具体账务处理见表9－9。

表 9－9　被投资单位发生亏损的账务处理

处理流程	冲减	恢复
（1）减记长期股权投资账面价值	借：投资收益 　　贷：长期股权投资——损益调整	借：长期股权投资——损益调整 　　贷：投资收益
（2）存在对被投资单位的长期应收款的情况，冲减长期应收款	借：投资收益 　　贷：长期应收款	借：长期应收款 　　贷：投资收益
（3）如果还是不足以冲减，按照投资合同或者协议约定，投资企业仍需承担额外损失弥补等义务的，应当按照义务金额确认预计负债	借：投资收益 　　贷：预计负债	借：预计负债 　　贷：投资收益
（4）上述情况都处理完毕还不足以冲减，剩余的应在账外备查登记	—	—

3. 取得现金股利或利润的处理

权益法下取得的现金股利或分配现金利润冲减长期股权投资成本，不确认投资收益，故不影响投资企业的利润。投资企业按照被投资单位宣告分派的现金股利或利润，借记“应收股利”账户，贷记“长期股权投资——损益调整”账户。实际收到利润或现金股利时，借记“银行存款”账户，贷记“应收股利”账户。

被投资单位分派的股票股利，投资企业不进行账务处理，但应于除权日注明所增加的股数，以反映股份的变化情况。

4. 被投资单位其他综合收益变动的处理

其他综合收益是指企业根据其他会计准则规定未在当期损益中确认的各项利得和损失。比如，被投资单位的“以公允价值计量且其变动计入其他综合收益的金融资产”的变动等。

案例9-12

在权益法核算下，被投资单位确认的其他综合收益及其变动，也会影响被投资单位所有者权益总额，进而影响投资企业应享有被投资单位所有者权益的份额。因此，当被投资单位其他综合收益发生变动时，投资企业应当按照归属于本企业的部分，相应调整长期股权投资的账面价值，同时增加或减少其他综合收益。

5. 被投资单位所有者权益的其他变动处理

在权益法核算下，投资企业对于被投资单位除净损益、其他综合收益以及利润分配**以外**的所有者权益的其他变动因素，主要包括被投资单位接受其他股东的资本性投入、被投资单位发行可分离交易的可转债中包含的权益成分、以权益结算的股份支付、其他股东对被投资单位增资导致投资方持股比例变动等。投资方应按照持股比例与被投资单位所有者权益的其他变动计算的归属于本企业的部分，相应调整长期股权投资的账面价值，同时增加或减少资本公积（其他资本公积），并在备查簿中予以登记。

技能训练

一、长期股权投资持有期间的核算——成本法的运用

任务资料：

2023 年 6 月 20 日，甲公司以 1 500 万元购入乙公司 80% 的股权。甲公司取得该部分股权后，能够有权力主导乙公司的相关活动并获得可变回报。2023 年 9 月 30 日，乙公司宣告分派现金股利，甲公司按照其持有比例确定可分回 20 万元。假设不考虑其他因素，请按要求完成下列任务。

要求：

1. 判断该项长期股权投资的业务类型，明确后续计量方法。

____

2. 确认该项股权投资的初始投资成本。

____

3. 请为甲公司该项投资进行账务处理（表 9 – 10）。

表 9 – 10　甲公司长期股权投资持有期间的账务处理

业务	账务处理
（1）6 月 20 日，取得长期股权投资	
（2）9 月 30 日，确认投资收益	

二、长期股权投资持有期间的核算——权益法的运用

（一）初始投资成本的调整

任务资料：

2023 年 1 月 2 日，甲公司以银行存款 2 000 万元取得乙公司 30% 的股权，投资时乙公司各项可辨认资产、负债的公允价值与其账面价值相同，可辨认净资产公允价值及账面价值的总额均为 7 000 万元。假设不考虑其他因素，请按要求完成下列任务。

要求：

1. 判断该项长期股权投资的业务类型，明确后续计量方法。

____

2. 确认该项股权投资的初始投资成本。

____

3. 计算享有被投资单位可辨认净资产公允价值的份额。

____

4. 是否需要调整初始投资成本？该项长期股权投资的入账价值是多少？

____

5. 请为甲公司取得该项投资进行账务处理（表 9－11）。

表 9－11　甲公司长期股权投资持有期间的账务处理

业务	账务处理
初始投资成本确认	
初始投资成本调整	

（二）被投资单位实现净损益的处理

任务资料：

M 公司 2020 年初以银行存款 680 万元作为对价取得 N 公司 30% 的股权，M 公司对 N 公司没有其他长期权益，也未约定需要承担额外损失赔偿义务。投资当年

N公司亏损800万元；2021年N公司实现净利润2 000万元；2022年N公司实现净利润600万元。不考虑顺逆流交易等因素，请按要求完成表9－12所列任务。

要求：

表9－12 M公司的长期股权投资分析计算及账务处理

任务及要求	分析计算过程及账务处理
（1）计算2020年M公司应确认的投资收益，并进行账务处理	2020年M公司应确认的投资收益＝ 账务处理：
（2）计算2020年M公司按持股比例应分担的亏损额	2020年M公司按持股比例应分担的亏损额＝
（3）计算、分析2021年M公司应确认的投资收益，并进行账务处理	计算、分析2021年M公司应确认的投资收益： 账务处理：
（4）计算2022年M公司应确认的投资收益，并进行账务处理	2022年M公司应确认的投资收益＝ 账务处理：

任务评价

请填写任务评价参考表，检测目标达成情况，见表9－13。

表9－13 核算长期股权投资持有期间评价参考表

任务目标	达成情况
1. 能够正确判断长期股权投资的业务类型，确定计量方法	是□ 否□
2. 能够运用成本法进行长期股权投资持有期间的核算	是□ 否□
3. 能够运用权益法进行长期股权投资持有期间的核算	是□ 否□
4. 能够积极主动地思考问题，并能逻辑清晰地与他人分享	是□ 否□
5. 能够在任务活动中不断反思、调节，以帮助预期目标的达成	是□ 否□

任务 9-4　核算长期股权投资减值与处置

任务目标

知识目标：

掌握长期股权投资减值与处置业务的核算方法。

技能目标：

1. 能够正确处理长期股权投资的减值业务。
2. 能够正确处理长期股权投资的处置业务。

素养目标：

1. 培养法律意识、风险意识和责任意识。
2. 能够积极主动地思考问题，并能逻辑清晰地与他人分享。
3. 能够在任务活动中不断反思、调节，以帮助预期目标的达成。

建议学时

2 学时。

相关知识

一、长期股权投资减值的核算

资产负债表日，企业应当按照《企业会计准则第 8 号——资产减值》对长期股权投资进行减值测试，可收回金额低于长期股权投资账面价值的，应当将该长期股权投资的账面价值减记至可收回金额，减记的金额确认资产减值损失，计入当期损益，同时计提相应的资产减值准备。

账户设置9-2

（一）账户设置

账户设置详情，请扫码查看。

（二）账务处理

长期股权投资发生减值，应按减记的金额，借记“资产减值损失——计提的长期股权投资减值准备”账户，贷记“长期股权投资减值准备”账户。

长期股权投资减值准备一经计提，在其持有期间不得转回。

二、长期股权投资处置的核算

企业处置长期股权投资时，应相应结转与所售股权相对应的长期股权投资的账面价值，出售所得价款与处置长期股权投资账面价值之间的差额，应确认为处置损益（投资收益），并同时结转已计提的长期股权投资减值准备。

（一）成本法下长期股权投资的处置

其基本账务处理如下。

借：银行存款等

　　长期股权投资减值准备（已提数）

　　贷：长期股权投资

　　　　投资收益（差额，或借方）

（二）权益法下长期股权投资的处置

用权益法核算的长期股权投资，原计入其他综合收益（不能结转损益的除外）或资本公积（其他资本公积）的金额，在处置时也应进行结转，将与所出售股权相对应的部分在处置时自其他综合收益或资本公积转入当期损益。结转其他综合收益时，借记或贷记“其他综合收益”账户，贷记或借记“投资收益”账户。结转资本公积时，借记或贷记“资本公积——其他资本公积”账户，贷记或借记“投资收益”账户。

案例9-15

技能训练

任务资料：

A公司2023年对D公司的长期股权投资业务如下。

2023年3月D公司宣告发放现金股利4 000万元，2023年4月25日收到现金股利。2023年7月20日将其股权全部出售，收到价款8 500万元。该股权为2021年8月20日以银行存款4 850万元和一项公允价值为1 000万元的库存商品（A公司为一般纳税人企业，增值税税率为13%）取得D公司30%的股权，对其具有重大影响。处置日该投资的账面价值为7 000万元（其中除投资成本明细和损益调整明细外，其他权益变动为1 000万元）。

要求：

请为A公司该项投资进行账务处理（表9－14）。

表 9 – 14　A 公司长期股权投资的账务处理

业务	分析计算及账务处理（金额单位以“万元”表示）
（1）2021 年 8 月 20 日取得长期股权投资	长期股权投资初始投资成本 =
（2）2023 年 3 月 D 公司宣告发放现金股利	
（3）2023 年 4 月 25 日收到现金股利	
（4）2023 年 7 月 20 日处置时	处置 D 公司股权确认的投资收益 =

任务评价

请填写任务评价参考表，检测目标达成情况，见表 9 – 15。

表 9 – 15　核算长期股权投资减值与处置评价参考表

任务目标	达成情况
1. 能够正确处理长期股权投资的减值业务	是 □ 否 □
2. 能够正确处理长期股权投资的处置业务	是 □ 否 □
3. 能够积极主动地思考问题，并能逻辑清楚地与他人分享	是 □ 否 □
4. 能够在任务活动中不断反思、调节，以帮助预期目标的达成	是 □ 否 □

即测即练

总结与评价

一、绘制思维导图

运用思维导图总结、归纳与本项目相关的知识点、技能点，帮助自己记忆、理解及查缺补漏。

二、自我分析与总结

（1）通过本项目的学习，学会了哪些知识？掌握了哪些技能？素养方面得到了哪些提升?

(2)反思本项目的完成情况，提出改进建议。

三、项目评价

请根据质量评价标准，完成项目评价，见表9-16。

表9-16 核算长期股权投资质量评价标准

评价内容		质量要求	分值	评价
A. 知识与方法（30分）	必备知识	掌握长期股权投资的含义、核算方法及适用范围	4	
		掌握长期股权投资取得业务的核算方法	6	
		掌握长期股权投资的后续计量方法	8	
		掌握长期股权投资减值与处置业务的核算方法	7	
	学习方法	自主学习、网络学习、查阅资料、师生互动学习等方法应用有效	5	
B. 完成任务/职业能力（40分）	职业能力	能够正确判断长期股权投资的业务类型	3	
		能够正确编制长期股权投资取得业务的会计分录	5	
		能够运用成本法、权益法进行长期股权投资持有期间的核算	8	
		能够正确编制长期股权投资减值与处置业务的会计分录	6	
	解决问题	遇到问题能够独立思考，提出自己的见解	5	
	团队协作	能够有效沟通、协作，目标一致，完成小组任务	5	
	任务完成	在规定的时间内，保质保量地完成了任务实施中的各项任务	8	
C. 职业道德与价值观（30分）	思政及素养目标	遵纪守法、坚持准则、为人正直、爱岗敬业	15	
	职业素养	具有法律意识、风险意识和责任意识	8	
		具有较强的学习能力、分析能力、沟通及团队协作能力	7	
项目得分				

项目 10　核算流动负债

项目提要

本项目主要介绍流动负债的核算。通过学习，学生能够掌握短期借款、应付职工薪酬、应交税费的核算内容及方法；能够完成流动负债相关业务的账务处理；能够达成相应的职业道德、核心价值观等素养目标。

价值引领

负债是企业过去的交易或者事项形成的、预期会导致经济利益流出企业的现时义务。负债按其流动性，可分为流动负债和非流动负债。

流动负债具有容易获得、灵活性强的特点。因而，合理的负债结构能够帮助企业解决资金紧缺的困难，能为企业带来一定的杠杆效应。但也由于其使用周期短、利率偏高等特点，增加举债成本，为企业带来较大还款压力，有时甚至会出现资金链断裂的严重后果，财务风险较大。这就需要企业根据自身经营状况和未来发展做好财务规划，优化负债结构，降低财务风险。

此外，从企业社会责任视角来看，企业在创造利润、对股东承担法律责任的同时，亦要考虑到对各利益相关者造成的影响。这里利益相关者是指所有可以影响或会被企业的决策和行动所影响的个体或群体，包括员工、客户、供应商、社会、环境等。它们的利益与企业业绩息息相关。企业社会责任，既是一种思想，也是企业通向可持续发展的重要途径，符合社会整体对企业的合理期望，能够提高企业的竞争力和声誉。

基于社会责任，企业在经营决策时需要考虑所有利益相关者的影响，制订计划、实施控制、作出决策。比如，为员工提供安全且人性化的工作环境，公平薪酬，提供培训、晋升、个人发展的机会；为客户提供安全、高质量的产品，加强客户关系管理；与供应商建立长久互信、优势合作和战略关系，实现共赢；依法纳税、诚信纳税，为社会提供用于支持慈善事业、学习及公民活动的资源；重视环境保护，大力发展绿色产业等。我国的企业社会责任建设工作也经历了十几年的发展，从逐步重视、广泛关注，到现在的落地实施，越来越强调企业经济责任、社会责任和环境责任的动态平衡。公司法明确指出，公司从事经营活动，必须遵守法律法规、遵守社会公德、商业道德、诚实守信，接受政府和社会公众的监督，承担社会责任。

岗位职责

流动负债是对短期借款、应付票据、应付账款、预收账款、应付职工薪酬、应交税费、其他应付款等业务的核算。其岗位职责主要是流动负债的核算及管理。其中，应付票据、应付账款、预收账款、其他应付款等内容在项目3中已经完成，本项目不再涉及。

其具体工作职责如下。

（1）负责短期借款取得，利息计提、支付，偿还等业务的会计核算。

（2）负责职工薪酬相关业务的会计核算。

（3）负责各项税费的计算、审核、申报及缴纳。

（4）参与制定和实施负债管理政策，开展负债业务分析，提出合理化建议。

（5）协助监控和预测现金流量，确定、监控负债和资本的合理结构，管理和运作债务资金并对其进行有效的风险控制。

建议学时

10学时。

任务10－1 流动负债认知

任务目标

知识目标：

明确流动负债的概念、分类及其特征。

技能目标：

1. 能够描述流动负债的概念。
2. 能够列举流动负债的核算内容。
3. 能够分析企业流动负债结构的优缺点，了解风险控制的相关内容。

素养目标：

1. 培养法律意识、责任意识和风险防范意识。
2. 能够积极主动地思考问题，并能逻辑清楚地与他人分享。
3. 能够在任务活动中不断反思、调节，以帮助预期目标的达成。

建议学时

1 学时。

相关知识

一、流动负债的概念

流动负债是指将在一年内（含一年）或者超过一年的一个营业周期内偿还的债务。流动负债主要包括短期借款、应付票据、应付账款、预收账款、应付职工薪酬、应付股利、应付利息、应交税费、其他应付款等。

流动负债的特征如下。

（1）偿还期限短，一般在一年内或超过一年的一个营业周期内。

（2）到期必须要用企业资产、提供劳务或举借新的债务来偿还。

（3）举借流动负债的目的是满足企业流动资金周转需要。

（4）与长期负债相比，数额较小，债务利息低或不需要支付利息，与企业商业模式紧密相关，具有相对稳定性等特点。

二、流动负债的分类

（一）按流动负债的金额是否可确定划分

（1）金额确定的流动负债。这类流动负债，按照其合同、契约或法律的规定，具有确切的金额、债权人和付款日，如短期借款、应付账款、应付票据等。

（2）金额视经营情况而定的流动负债。这类流动负债，企业需要在一定的经营期末才能确定负债金额，如应交税费、应付股利等。

（3）金额需要估计的流动负债。这类流动负债，是企业因或有事项可能产生的负债，包括对外提供担保、未决诉讼、产品质量保证等义务产生的负债。

（二）按流动负债产生的原因划分

（1）借贷形成的负债，如短期借款。

（2）经营结算形成的负债，如购买原材料，在货款未支付前形成的应付账款。

（3）经营形成的负债，如预提费用、应交税费、应付职工薪酬。

（4）利润分配形成的负债，如应付股利等。

技能训练

一、探索流动负债

要求：

1. 独立思考回答下列问题，并将自己的想法记录下来。

（1）什么是流动负债？

（2）应付职工薪酬主要包括哪些内容？

（3）列举应交税费核算的内容。

2. 团队交流讨论，自我改进完善。

二、流动负债项目构成及风险控制

要求：

拓展资源10-1

1. 观察利亚德光电股份有限公司合并资产负债表中的流动负债项目，小组收集企业其他相关资料，思考以下问题，并将自己的看法简要记录下来。

（1）该公司的流动负债项目包括哪些具体内容？

（2）2022年中期该公司的流动负债项目发生什么样的变化？

（3）公司可能存在的流动负债风险有哪些？如何进行风险控制？

2. 你可以试着与同伴分享、讨论这些问题，来拓展自己的思维。

任务评价

请填写任务评价参考表，检测目标达成情况，见表10－1。

表10－1 流动负债认知评价参考表

任务目标	达成情况
1. 能够描述流动负债的概念	是□ 否□
2. 能够列举流动负债的核算内容	是□ 否□
3. 能够分析企业流动负债结构的优缺点，了解风险控制的相关内容	是□ 否□
4. 能够积极主动地思考问题，并能逻辑清晰地与他人分享	是□ 否□
5. 能够在任务活动中不断反思、调节，以帮助预期目标的达成	是□ 否□

任务 10－2　核算短期借款

任务目标

知识目标：

掌握短期借款的内容及核算方法。

技能目标：

1. 能够描述短期借款的概念。
2. 能够正确编制短期借款取得，利息计提、支付，偿还业务的会计分录。
3. 能够归纳、对比两种利息核算方法。

素养目标：

1. 培养法律意识、责任意识和风险防范意识。
2. 能够积极主动地思考问题，并能逻辑清晰地与他人分享。
3. 能够在任务活动中不断反思、调节，以帮助预期目标的达成。

建议学时

1 学时。

相关知识

一、短期借款概述

短期借款是指企业向银行或其他金融机构等借入的，期限在一年以下（含一年）的各种款项。短期借款一般是企业为了满足正常生产经营所需的资金或者是为了抵偿某项债务而借入的。短期借款的债权人不仅是银行，还包括其他非银行金融机构或其他单位和个人。

二、短期借款的账务处理

（一）账户设置

账户设置详情，请扫码查看。

（二）账务处理

1. 短期借款的取得

企业从银行或其他金融机构取得短期借款时，借记“银行存款”账户，贷记“短期借款”账户。

2. 短期借款利息的核算

企业借入短期借款应支付利息。在实际工作中，依据不同的利息支付情况，可采用下列方式进行利息的核算。

（1）非预提方式。如果企业的短期借款利息按月支付，或者在借款到期时连同本金一起归还，数额不大的可以不采用预提的方法，而在实际支付或收到银行计息通知时，直接计入当期损益，借记“财务费用”账户，贷记“银行存款”账户。

（2）预提方式。如果短期借款利息是按期支付的，如按季度支付利息，或者利息是在借款到期时连同本金一起归还，并且其数额较大的，企业应于月末采用预提方式进行短期借款利息的核算。短期借款利息属于企业的筹资费用，应当在发生时作为财务费用直接计入当期损益。在资产负债表日，企业应当按照计算确定的短期借款利息费用，借记“财务费用”账户，贷记“应付利息”账户；实际支付利息时，借记“应付利息”账户，贷记“银行存款”或“库存现金”账户。

3. 短期借款的归还

企业短期借款到期时，应及时归还。短期借款到期偿还本金时，应借记“短期借款”账户，贷记“银行存款”账户。如果在借款到期时连同本金一起归还利息的，企业应将归还的利息通过“应付利息”或“财务费用”账户核算。

技能训练

一、短期借款认知

要求：

1. 独立思考回答表 10－2 所列问题，并将自己的想法记录下来。

表 10－2　短期借款认知思考回答问题记录

情境任务	简要记录	
(1) 某校毕业生云皓同学自创一个饮料生产公司，现有一个大批量的订单，但公司目前没有充足资金收购原料进行生产。如何解决资金短缺问题？请大家为云皓出出主意		
(2) 根据大家的建议，2022 年 1 月 1 日，云皓向工行立新支行借入期限 6 个月的临时借款 200 000 元	(1) 云皓借的是哪种类型的借款？	
	(2) 云皓 1 月 1 日借款时应如何进行账务处理？	
(3) 假如云皓的公司与银行借款时约定，年利率为 3%，利息于每月月末支付，期满一次归还本金	(1) 此时，他每月该支付多少利息？	
	(2) 涉及的账户有哪些？	
	(3) 每月支付利息时，如何进行账务处理？	
	(4) 归还本金时，又该怎样进行账务处理？	
(4) 如果利息是按月预提、按季支付，怎样进行账务处理？	(1) 涉及哪些账户？	
	(2) 怎样进行账务处理？	
(5) 如果云皓的公司与银行签订的借款合同为一次性还本付息，又该怎样进行账务处理？	(1) 涉及哪些账户？	
	(2) 怎样进行账务处理？	

2. 团队交流讨论，自我改进完善。

二、短期借款全流程账务处理

任务资料：

2023 年 9 月 1 日，某企业从银行借入资金 350 万元用于生产经营，借款期限为 3 个月，年利率为 6%，到期一次还本付息，利息按月计提、按季支付。

要求：

请按照表 10－3 所列提示，完成该企业借入资金的账务处理。

表 10－3　某企业借入资金的账务处理

业务	账务处理
(1) 9 月 1 日借入短期借款时	

续表

业务	账务处理
(2) 9月末计提当月利息时	
(3) 10月末计提当月利息时	
(4) 11月末支付利息时	
(5) 12月1日偿还银行借款本金时	

任务评价

请填写任务评价参考表，检测目标达成情况，见表10－4。

表10－4 核算短期借款评价参考表

任务目标	达成情况
1. 能够描述短期借款的概念	是☐否☐
2. 能够正确编制短期借款取得，利息计提、支付，偿还业务的会计分录	是☐否☐
3. 能够归纳、对比两种利息核算方法	是☐否☐
4. 能够积极主动地思考问题，并能逻辑清晰地与他人分享	是☐否☐
5. 能够在任务活动中不断反思、调节，以帮助预期目标的达成	是☐否☐

任务10－3 核算应付职工薪酬

任务目标

知识目标：

掌握应付职工薪酬的内容及核算方法。

技能目标：

1. 能够正确描述职工薪酬的构成。

2. 能够正确编制货币性职工薪酬相关业务的会计分录。

3. 能够正确编制非货币性职工薪酬相关业务的会计分录。

素养目标：

1. 培养爱岗敬业、诚实守信、客观公正、强化服务的会计职业道德。

2. 能够积极主动地思考问题，并能逻辑清晰地与他人分享。

3. 能够在任务活动中不断反思、调节，以帮助预期目标的达成。

建议学时

4 学时。

相关知识

一、职工薪酬的概念及内容

（一）职工薪酬的概念

职工薪酬是指企业为获得职工提供的服务或解除劳动关系而给予的各种形式的报酬或补偿。职工薪酬包括短期薪酬、离职后福利、辞退福利和其他长期职工福利。企业提供给职工配偶、子女、受赡养人、已故员工遗属及其他受益人等的福利，也属于职工薪酬。

职工范畴：

（1）与企业订立劳动合同的所有人员，含全职、兼职和临时职工。

（2）未与企业订立劳动合同，但由企业正式任命的企业治理层和管理层人员，如董事会成员、监事会成员等。

（3）在企业的计划和控制下，虽未与企业订立劳动合同或未由其正式任命，但向企业所提供服务与职工所提供服务类似的人员，也属于职工范畴，包括通过企业与劳务中介公司签订用工合同而向企业提供服务的人员。

（二）职工薪酬的内容

1. 短期薪酬

短期薪酬是指企业在职工提供相关服务的年度报告期间结束后 12 个月内需要全部予以支付的职工薪酬，因解除与职工的劳动关系给予的补偿除外。短期薪酬具体内容见表 10－5。

表 10－5 短期薪酬具体内容

内容	解释
（1）职工工资、奖金、津贴和补贴	指按照构成工资总额的计时工资、计件工资、支付给职工的超额劳动报酬和增收节支的劳动报酬、为补偿职工特殊或额外的劳动消耗和因其他特殊原因支付给职工的津贴，以及为保证职工工资水平不受物价影响支付给职工的物价补贴等。其中，企业按照短期奖金计划向职工发放的奖金属于短期薪酬，按照长期奖金计划向职工发放的奖金属于其他长期职工福利
（2）职工福利费	指企业向职工提供的生活困难补助、丧葬补助费、抚恤费、职工异地安家费、防暑降温费等职工福利支出
（3）医疗保险费、工伤保险费等社会保险费	指企业按照国家规定的基准和比例计算，向社会保险经办机构缴纳的医疗保险费、工伤保险费
（4）住房公积金	指企业按照国家规定的基准和比例计算，向住房公积金管理机构缴存的住房公积金
（5）工会经费和职工教育经费	指企业为了改善职工文化生活、为职工学习先进技术及提高文化水平和业务素质，用于开展工会活动和职工教育及职业技能培训等相关支出
（6）短期带薪缺勤	指职工虽然缺勤但企业仍向其支付报酬的安排，包括年休假、病假、婚假、产假、丧假、探亲假等。长期带薪缺勤属于其他长期职工福利
（7）短期利润分享计划	指因职工提供服务而与职工达成的基于利润或其他经营成果提供薪酬的协议。长期利润分享计划属于其他长期职工福利
（8）其他短期薪酬	除上述薪酬以外的其他为获得职工提供的服务而给予的短期薪酬

2. 离职后福利

离职后福利是指企业为获得职工提供的服务而在职工退休或与企业解除劳动关系后，提供的各种形式的报酬和福利，短期薪酬和辞退福利除外。

离职后福利计划是指企业与职工就离职后福利达成的协议，或者企业为向职工提供离职后福利制定的规章或办法等。其具体分为：①设定提存计划，是指向独立的基金缴存固定费用后，企业不再承担进一步支付义务的离职后福利计划。②设定受益计划，是指除设定提存计划以外的离职后福利计划。

3. 辞退福利

辞退福利是指企业在职工劳动合同到期之前解除与职工的劳动关系，或者为鼓励职工自愿接受裁减而给予职工的补偿。

4. 其他长期职工福利

其他长期职工福利是指除短期薪酬、离职后福利、辞退福利之外所有的职工薪酬，包括长期带薪缺勤、长期残疾福利、长期利润分享计划等。

二、应付职工薪酬的账务处理

（一）账户设置

账户设置详情，请扫码查看。

账户设置10-2

（二）货币性职工薪酬

1. 职工工资、奖金、津贴和补贴

对于职工工资、奖金、津贴和补贴等货币性职工薪酬，企业应当在职工为其提供服务的会计期间，将实际发生的职工工资、奖金、津贴和补贴等确认为负债，按照职工提供服务的受益对象计入当期损益或相关资产成本。

其基本账务处理见表10－6。

表10－6　应付职工薪酬的账务处理

业务	账务处理
（1）确认应付职工薪酬	借：生产成本（生产产品人员的职工薪酬） 制造费用（车间管理人员的职工薪酬） 管理费用（管理部门人员的职工薪酬） 销售费用（销售人员的职工薪酬） 研发支出（无形资产研发人员的职工薪酬） 在建工程（在建工程人员的职工薪酬） 贷：应付职工薪酬——工资（应发工资）
（2）支付职工薪酬、扣还各种款项	借：应付职工薪酬——工资（应发工资） 贷：银行存款等（实际支付给职工的款项） 其他应收款（代垫的家属医药费、水电费等） 其他应付款——社会保险费（代扣的医疗保险、工伤保险等） ——住房公积金（代扣的住房公积金） 应交税费——应交个人所得税（代扣的个人所得税）

实务中，企业一般在每月发放工资前，根据“工资结算汇总表”中的“实发金额”栏的合计数，通过开户银行支付给职工或从开户银行提取现金，然后再向职工发放。

案例10-2

2. 职工福利费

企业发放的职工福利费，应当在实际发生时根据实际发生额计入当期损益或相关资产成本。

其基本账务处理见表10－7。

表 10 -7 职工福利费的账务处理

业务	账务处理
(1) 确认职工福利费	借：生产成本/制造费用/管理费用/销售费用/在建工程等 贷：应付职工薪酬——职工福利费
(2) 实际支付福利费	借：应付职工薪酬——职工福利费 贷：银行存款

3. 国家规定计提标准的职工薪酬

案例10-3

(1) 社会保险费和住房公积金。期末，对于企业应缴纳的社会保险费（不含养老保险费、失业保险费）和住房公积金，应按照国家规定的计提基础和比例，在职工提供服务期间根据受益对象计入当期损益或相关资产成本，并确认相应的应付职工薪酬金额。对于职工个人承担的社会保险费和住房公积金，由职工所在企业每月从其工资中代扣代缴。

其基本账务处理见表 10 -8。

表 10 -8 社会保险费和住房公积金的账务处理

业务	账务处理
(1) 计提企业应缴纳的社会保险费和住房公积金	借：生产成本/制造费用/管理费用/销售费用/在建工程等 贷：应付职工薪酬——社会保险费 ——住房公积金
(2) 扣取职工个人承担的社会保险费和住房公积金	借：应付职工薪酬——工资 贷：其他应付款——社会保险费 ——住房公积金
(3) 缴纳社会保险费和住房公积金	借：应付职工薪酬——社会保险费（职工所在单位缴存） ——住房公积金（职工所在单位缴存） 其他应付款——社会保险费（职工个人缴存） ——住房公积金（职工个人缴存） 贷：银行存款

案例10-4

(2) 工会经费和职工教育经费。企业应按每月全部职工工资总额的2%向工会拨缴经费，并在成本费用中列支，主要用于为职工服务和工会活动。个体户、个人独资企业、合伙企业按照 2.5% 计提职工教育经费，一般企业、高新企业按照 8% 计提职工教育经费，主要用于职工接受岗位培训、继续教育等方面的支出。

其基本账务处理见表 10 -9。

表 10－9 工会经费和职工教育经费的基本账务处理

业务	账务处理
(1) 计提工会经费和职工教育经费	借：生产成本/制造费用/管理费用/销售费用等 贷：应付职工薪酬——工会经费 ——职工教育经费
(2) 实际上缴或发生实际开支时	借：应付职工薪酬——工会经费 ——职工教育经费 贷：银行存款

4. 短期带薪缺勤

职工带薪缺勤，根据其性质及职工享有的权利，分为累积带薪缺勤和非累积带薪缺勤两类。企业应当对累积带薪缺勤和非累积带薪缺勤分别进行会计处理。

(1) 累积带薪缺勤，是指带薪权利可以结转下期的带薪缺勤。本期尚未用完的带薪缺勤权利可以在未来期间使用。企业应当在职工提供了服务从而增加了其未来享有的带薪缺勤权利时，确认与累积带薪缺勤相关的职工薪酬，并以累积未行使权利而增加的预期支付金额计量。确认累积带薪缺勤时，借记“管理费用”等账户，贷记“应付职工薪酬——带薪缺勤——短期带薪缺勤——累积带薪缺勤”账户。

(2) 非累积带薪缺勤，是指带薪权利不能结转下期的带薪缺勤。本期尚未用完的带薪缺勤权利将予以取消，并且职工离开企业时也无权获得现金支付。我国企业职工休婚假、产假、丧假、探亲假、病假期间的工资通常属于非累积带薪缺勤。

职工提供服务本身不能增加其能够享受的福利金额，企业在职工未缺勤时不应计提相关的费用和负债，企业只有在职工实际发生缺勤的会计期间确认与非累积带薪缺勤相关的职工薪酬。

案例10-6

企业确认职工享有的与非累积带薪缺勤权利相关的薪酬，视同职工出勤确认的当期损益或相关资产成本。通常情况下，与非累积带薪缺勤相关的职工薪酬已经包含在企业每期向职工发放的工资等薪酬中，因此不必做额外的账务处理。

（三）非货币性职工薪酬

1. 企业以其自产产品作为福利发放给职工

企业以其自产产品作为福利发放给职工，应当根据受益对象，按照该产品的含税公允价值计量，计入相关资产成本或当期损益，同时确认应付职工薪酬。

其基本账务处理见表10－10。

表10－10 非货币性职工薪酬的基本账务处理

业务	账务处理
（1）分配非货币性福利时（决定发放）	借：生产成本/制造费用/管理费用等（公允价值＋增值税） 　　贷：应付职工薪酬——非货币性福利（公允价值＋增值税）
（2）发放非货币性福利时（税法中视同销售处理，会计此时也确认收入）	借：应付职工薪酬——非货币性福利（公允价值＋增值税） 　　贷：主营业务收入（公允价值） 　　　　应交税费——应交增值税（销项税额） 　　同时，结转成本： 借：主营业务成本（成本） 　　贷：库存商品（成本）

2. 企业将外购商品作为福利发放给职工

企业将外购的商品作为非货币性福利提供给职工的，应当按照该商品的公允价值和相关税费确定职工薪酬的金额，并计入当期损益或相关资产成本。根据税法的相关规定，外购商品用于职工福利其进项税额不得抵扣，所以应将其计入商品成本中。

其基本账务处理见表10－11。

表10－11 企业将外购商品作为福利发放给职工的账务处理

业务	账务处理
（1）企业外购商品时	借：库存商品（公允价值＋增值税） 　　贷：银行存款等
（2）实际发放时	借：生产成本/制造费用/管理费用等 　　贷：应付职工薪酬——非货币性福利 同时： 借：应付职工薪酬——非货币性福利 　　贷：库存商品
注：如果企业外购商品时，已将增值税进项税额单独确认，发放时则需做转出处理	

3. 自有资产或租赁资产供职工无偿使用

（1）将企业拥有的房屋等资产供职工无偿使用。企业将拥有的房屋等资产无偿提供给职工使用的，应当根据受益对象，将该住房每期应计提的折旧计入相关资产成本或当期损益，同时确认应付职工薪酬。其基本账务处理见表10－12。

表10－12 自有资产供职工无偿使用的账务处理

业务	账务处理
（1）按受益对象分配	借：生产成本/制造费用/管理费用等 　　贷：应付职工薪酬——非货币性福利

续表

业务	账务处理
（2）计提折旧时	借：应付职工薪酬——非货币性福利 　　贷：累计折旧

（2）将租赁住房等资产供职工无偿使用。企业将租赁住房等资产供职工无偿使用的，应当根据受益对象，将每期应付的租金计入相关资产成本或当期损益，并确认应付职工薪酬。难以认定受益对象的非货币性福利，直接计入当期管理费用。其基本账务处理见表10－13。

表10－13　租赁资产供职工无偿使用的账务处理

业务	账务处理
（1）按受益对象分配	借：生产成本/制造费用/管理费用等 　　贷：应付职工薪酬——非货币性福利
（2）支付租金时	借：应付职工薪酬——非货币性福利 　　贷：银行存款/其他应付款等

（四）长期职工薪酬的核算

1. 离职后福利

对于设定提存计划，企业应当根据在资产负债表日为换取职工在会计期间提供的服务而应向单独主体缴存的提存金，确认为应付职工薪酬，并计入当期损益或相关资产成本。

其基本账务处理如下。

借：生产成本/制造费用/管理费用/销售费用等

　　贷：应付职工薪酬——设定提存计划

2. 辞退后福利

企业向职工提供辞退福利的，应当在“企业不能单方面撤回因解除劳动关系或裁减所提供的辞退福利时”和“企业确认涉及支付辞退福利的重组相关的成本或费用时”两者孰早日，确认辞退福利产生的职工薪酬负债，并计入当期损益，借记“管理费用”账户，贷记“应付职工薪酬——辞退福利”账户。

技能训练

一、了解职工薪酬的核算程序

（1）了解企业人事部门有关职工薪酬方面的相关规定，如职工病、事假的规定，加班的规定等。

（2）每月根据经人事部门审核、主管领导审批后的考勤表，依据上条之规定，编制各班组应付职工薪酬结算表。

（3）车间根据各班组应付职工薪酬结算表，结合车间管理人员应付职工薪酬，编制全车间的应付职工薪酬汇总表。

（4）会计人员根据各车间、部门的应付职工薪酬汇总表，编制全公司的应付职工薪酬汇总表。

（5）根据各班组应付职工薪酬结算表制作工资单（条）备发工资；根据全公司的应付职工薪酬汇总表“实发工资”项提取现金或通过银行转账，向职工发放工资、办理代扣款项业务。

（6）根据全公司的应付职工薪酬汇总表编制应付职工薪酬分配表对本月工资进行分配。

二、应付职工薪酬全流程账务处理

（一）南风公司相关核算资料

（1）“四险一金”由企业和职工共同承担。其中，职工个人应负担的“三险一金”，由企业代扣代缴，计算标准是：按应付职工薪酬的2%代扣医疗保险费；按应付职工薪酬的1%代扣失业保险费；按应付职工薪酬的8%代扣养老保险费；按应付职工薪酬的10%代扣住房公积金。

（2）应纳个人所得税＝应纳税所得额×适用税率。

（3）应纳税所得额＝工资薪金所得－5 000 元（免征额）－专项扣除（三险一金等）－专项附加扣除（子女教育、继续教育、大病医疗、住房贷款利息或者住房租金、赡养老人等）－依法确定的其他扣除。

（4）个人所得税税率采用七级超额累进税率。

（二）工资发放标准及出勤资料

工资发放标准及出勤资料见表 10－14、表 10－15。

表 10－14 南风公司工资发放标准

项目	单位	金额/元	项目	单位	金额/元
加班津贴	一班次	50	经常性生产奖金	人	100～1 500
中班津贴	一班次	60	岗位工资	人	500
夜班津贴	一班次	70			

续表

项目	单位	金额/元	项目	单位	金额/元
说明	(1) 日基本工资计算方法：职工每月基本工资除以21天，不分大小月。 (2) 职工请事假要履行手续，每请一天假，扣发一天基本工资。 (3) 职工请病假需要医院诊断，按照以下标准扣发日基本工资。 ·工龄8年以下（含8年），扣发日基本工资的80%。 ·工龄9~20年（含20年），扣发日基本工资的20%。 ·工龄在20年以上，不扣基本工资。 (4) 经常性生产奖金发放办法： ·全月出勤在21天以上（含21天），发全额奖金。 ·全月出勤在21天以下，每缺勤一天，扣发当月奖金的10%。 ·全月出勤在10天以下（含10天），当月奖金全免。 (5) 每月25日报考勤表				

表10－15　南风公司考勤记录表

部门：三车间第一班组　　　　　　　　　　　　　　　　　　　　　　　2022年6月25日

序号	姓名	时间	公休加班	出勤天数	中班	夜班	缺勤情况	
							病假	事假
1	张宏声	5.25—6.24	2	23	12	5		
2	张　庆	5.25—6.24		21	10	5		
3	王　晶	5.25—6.24		21	10	5		
4	李　强	5.25—6.24		19	8	5		2
5	王小波	5.25—6.24		16	10	5	5	
6	张小琳	5.25—6.24		21	10	5		
7	王丽萍	5.25—6.24		21	10	5		
8	王　浩	5.25—6.24		15	10	5	6	
9	梁　天	5.25—6.24		19	10	5		2
10	李　萍	5.25—6.24		13	5	5	5	3
11	林小红	5.25　6.24		21	10	5		

（三）要求

（1）根据南风公司三车间第一班组出勤等资料（表10－14、表10－15），计算应付职工薪酬、各项代扣款和实际支付的职工薪酬，完成表10－16的填写。

（2）根据表10－16的计算结果和表10－14、表10－15提供的资料，计算三车间第一班组应付职工薪酬、各项代扣款和实际支付的职工薪酬，将表10－17补充完整。

（3）根据表10－17的计算结果和表10－14、表10－15提供的资料，计算全公司应付职工薪酬、各项代扣款和实际支付的职工薪酬，将表10－18补充完整。

表 10－16　班组应付职工薪酬结算表

部门：三车间第一班组　　　　单位：元

序号	工龄	基本工资	岗位津贴	奖金	房贴	日均工资	中班津贴		夜班津贴		加班津贴		病假扣工资		事假扣工资		应扣奖金	应付薪酬	代扣款项					实付职工薪酬
							天数	金额	天数	金额	天数	金额	天数	金额	天数	金额			住房公积金10%	医疗保险2%	失业保险1%	养老保险8%	所得税	
1	31	3 300	500	1 500	1 500	157.14																		
2	25	3 000	500	1 000	1 000	142.86																		
3	20	2 750	500	800	900	130.95																		
4	16	2 550	500	600	700	121.43																		
5	12	2 350	500	500	600	111.90																		
6	11	2 300	500	500	600	109.52																		
7	10	2 250	500	500	600	107.14																		
8	10	2 250	500	500	600	107.14																		
9	10	2 250	500	500	600	107.14																		
10	8	2 150	500	200	400	102.38																		
11	6	2 050	500	200	400	97.62																		
合计		27 200	5 500	6 800	7 900																			

表 10－17　车间应付职工薪酬汇总表

编报单位：三车间　　2022 年 6 月　　单位：元

部门人员		人数	基本工资	岗位津贴	奖金	房贴	工作性津贴			应扣工资和奖金			应付薪酬	代扣款项					实付职工薪酬
部门	人员						中班	夜班	加班	病假	事假	奖金		住房公积金10%	医疗保险2%	失业保险1%	养老保险8%	所得税	
三车间	第一班组	11																	
	第二班组	7	17 270	3 500	5 600	4 400	4 200	2 450	2 100	350	280	500	38 390	3 839	767. 80	383. 90	3 071. 20		30 328. 10
	第三班组	5	12 500	2 500	3 500	3 000	3 000	1 750	1 500	260		200	27 290	2 729	545. 80	272. 90	2 183. 20		21 559. 10
	第四班组	6	14 200	3 000	3 700	3 600	3 600	2 100	1 800	400	250	200	31 150	3 115	623. 00	311. 50	2 492. 00		24 608. 50
	生产工人小计	29	71 170	14 500	19 600	18 900	17 100	10 150	8 050	1 660	1 294. 29	1 890	154 625. 71	15 462. 57	3 092. 51	1 546. 26	12 370. 06	51. 96	122 102. 35
	管理人员	3	5 500	1 500	2 500	1 800				90	200	200	11 010	1 101	220. 20	110. 10	880. 80		8 697. 90
	合计																		

表 10－18　应付职工薪酬汇总表

编报单位：南风公司　　2022 年 6 月　　单位：元

部门人员		人数	基本工资	岗位津贴	奖金	房贴	工作性津贴			应扣工资和奖金			应付薪酬	代扣款项					实付职工薪酬
部门	人员						中班	夜班	加班	病假	事假	奖金		住房公积金 10%	医疗保险 2%	失业保险 1%	养老保险 8%	所得税	
一车间	生产	28	66 000	14 000	19 600	12 600	16 800	9 800	8 400		119	300	14 6781	14 678. 10	2 935. 62	1 467. 81	11 742. 48	42. 00	115 914. 99
	管理	3	5 600	1 500	1 200	1 450							9 750	975	195	97. 50	780		7 702. 50
二车间	生产	30	69 000	16 500	13 500	15 500	16 200	10 500	8 500	158	370	500	148 672	14 867	2 973. 44	1 486. 72	11 893. 76		117 450. 88
	管理	3	5 600	1 500	1 300	1 500					25	100	9 775	977. 50	195. 50	97. 75	782		7 722. 25
三车间	生产																		
	管理																		
机修车间	生产	10	24 500	5 000	4 500	3 800	4 500		2 500				44 800	4 480	896	448	3 584		35 392
	管理	2	4 200	100	600	700				150		100	5 350	535	107	53. 50	428		4 226. 50
销售机构		10	28 500	5 400	4 500	3 500							41 900	4 190	838	419	3 352		33 101
行政管理部门		25	67 500	21 600	25 000	14 400				350	260	950	126 940	12 694	2 538. 80	1 269. 40	10 155. 20		100 282. 60
合计		143																	

（4）根据表 10－18 的计算结果和表 10－14 提供的资料，分配全公司应付职工薪酬。完成表 10－19 的填写（分配率保留两位小数）。

表 10－19　应付职工薪酬分配表

2022 年 6 月　　　　单位：元

部门		应付职工薪酬				合计
		直接计入	分配计入			
			生产工时	分配率	金额	
一车间	甲产品					
	乙产品					
	小计					
二车间	甲产品					
	乙产品					
	小计					
三车间	甲产品					
	乙产品					
	小计					
一车间一般消耗						
二车间一般消耗						
三车间一般消耗						
机修车间						
销售人员						
行政管理人员						
合计						

根据南风公司 2022 年 6 月应付职工薪酬汇总表、应付职工薪酬分配表进行账务处理。

①2022 年 6 月，南风公司根据工资费用分配汇总表进行工资分配。

②2022 年 7 月 5 日，南风公司根据应付职工薪酬汇总表委托银行转账发放工资，并扣取个人应负担的社会保险费、住房公积金等。

（5）根据表 10－19 的应付职工薪酬分配结果，计算提取由公司负担的医疗保险、工伤保险和住房公积金，并进行账务处理。（假定公司当地、当期规定的计提

比例如表 10－20 表头部分所示）

表 10－20 南风公司医疗保险、工伤保险和住房公积金计提表

2022 年 6 月　　　　单位：元

部门		计提基数	医疗保险（8.8%）	工伤保险（1%）	合计	住房公积金（10%）
一车间	甲产品					
	乙产品					
	小计					
二车间	甲产品					
	乙产品					
	小计					
三车间	甲产品					
	乙产品					
	小计					
一车间一般消耗						
二车间一般消耗						
三车间一般消耗						
机修车间						
销售人员						
行政管理人员						
合计						

①计提南风公司应缴纳的社会保险费和住房公积金。

②2022 年 7 月 5 日，南风公司以银行存款向当地有关机构缴纳公司和个人负担的社会保险费和住房公积金。

（6）根据表 10－19 的应付职工薪酬分配结果，计算提取由企业负担的工会经费和职工教育经费（表 10－21）。

表 10－21　南风公司工会经费和职工教育经费计提表

2022 年 6 月　　　　单位：元

部门		计提基数	工会经费（2%）	职工教育经费（8%）	合计
一车间	甲产品				
	乙产品				
	小计				
二车间	甲产品				
	乙产品				
	小计				
三车间	甲产品				
	乙产品				
	小计				
一车间一般消耗					
二车间一般消耗					
三车间一般消耗					
机修车间					
销售人员					
行政管理人员					
合计					

计提南风公司工会经费和职工教育经费的账务处理：

（7）根据表 10－19 的应付职工薪酬分配结果，南风公司按照职工工资总额的 16% 计提基本养老保险。请完成该项业务的账务处理。

（8）南风公司 2022 年 7 月将自产的甲产品作为福利发放给三个基本生产车间工人，每台成本 1 200 元，每台不含税市场售价为 1 900 元，适用的增值税税率为 13%。不考虑其他因素，请进行该项经济业务的账务处理（表 10－22）。

表 10－22　南风公司将自产的甲产品作为福利发放给三个基本生产车间工人的账务处理

业务	账务处理
（1）确认发放非货币性福利时	
（2）实际发放时	

（9）2022 年 9 月，由于公司战略转型，需要重新调整人员结构。南风公司管理层制订了一项辞退计划，从 2023 年 1 月 1 日起，企业将以职工自愿方式，辞退其一车间、二车间生产车间的职工。辞退计划，包括拟辞退的职工所在部门、数量、各级别职工能够获得的补偿以及计划实施的时间等均已与职工沟通，并达成一致意见，已于 2022 年 12 月 10 日经董事会正式批准，将于下一个年度内实施完毕。该项辞退计划的详细内容如表 10－23 所示。

表 10－23　辞退计划

所属部门	职位	辞退数量	工龄/年	每人补偿额/万元
一车间	高级技工	3	1～10	8
			10～20	18
			20～30	28
	一般技工	4	1～10	5
			10～20	15
			20～30	25
二车间	高级技工	3	1～10	8
			10～20	18
			20～30	28
	一般技工	5	1～10	5
			10～20	15
			20～30	25
合计		15		

2022 年 12 月 31 日，企业预计各级别职工拟接收辞退职工数量的最佳估计数（最可能发生数）及其应支付的补偿见表 10－24。

表 10－24　预计接受辞退补偿

所属部门	职位	辞退数量	工龄/年	接受数量/人	每人补偿额/万元	补偿金额/万元
一车间	高级技工	3	1～10	1	8	8
			10～20	1	18	18
			20～30	1	28	28
	一般技工	4	1～10	2	5	10
			10～20	1	15	15
			20～30		25	
二车间	高级技工	3	1～10	1	8	8
			10～20	1	18	18
			20～30		28	
	一般技工	5	1～10	3	5	15
			10～20	1	15	15
			20～30	1	25	25
合计		15		13		160

根据表 10－24，愿意接受辞退职工的最佳估计数为 13 人，预计补偿总额为 160 万元，编制南风公司在 2022 年（辞退计划于 2022 年 12 月 10 日由董事会批准）的会计分录。

任务评价

请填写任务评价参考表，检测目标达成情况，见表 10－25。

表 10－25　核算应付职工薪酬评价参考表

任务目标	达成情况
1. 能够正确描述职工薪酬的构成	是 □ 否 □
2. 能够正确编制货币性职工薪酬相关业务的会计分录	是 □ 否 □
3. 能够正确编制非货币性职工薪酬相关业务的会计分录	是 □ 否 □
4. 能够积极主动地思考问题，并能逻辑清晰地与他人分享	是 □ 否 □
5. 能够在任务活动中不断反思、调节，以帮助预期目标的达成	是 □ 否 □

任务 10 -4 核算应交税费

任务目标

知识目标：

掌握应交税费的内容及核算方法。

技能目标：

1. 能够举例说明应交税费的核算内容。

2. 能够正确编制应交增值税相关业务的会计分录。

3. 能够正确编制应交消费税等其他税费相关业务的会计分录。

素养目标：

1. 培养法律意识、责任意识和风险防范意识。

2. 能够积极主动地思考问题，并能逻辑清晰地与他人分享。

3. 能够在任务活动中不断反思、调节，以帮助预期目标的达成。

建议学时

4 学时。

相关知识

一、应交税费概述

（一）企业应交纳的税费

企业根据税法规定应交纳的各种税费包括增值税、消费税、企业所得税、城市维护建设税、资源税、土地增值税、房产税、车船税、城镇土地使用税、教育费附加、印花税、耕地占用税、环境保护税、契税、车辆购置税等。

（二）账户设置

企业代扣代缴的个人所得税，也通过“应交税费”账户核算，而企业交纳的印花税、耕地占用税、契税、车辆购置税等不需要预提应交税费的，不通过“应交税费”账户核算。

二、应交增值税

（一）增值税概述

增值税是以商品（含应税劳务、行为）在流转过程中产生的增值额作为计税依据而征收的一种流转税。

1. 纳税义务人

按照我国现行增值税制度规定，在我国境内销售货物或者劳务，销售服务、无形资产、不动产以及进口货物的企业、单位和个人为增值税的纳税人。

根据经营规模大小及会计核算水平的健全程度，增值税纳税人分为一般纳税人和小规模纳税人。

2. 增值税计税方法

计算增值税的方法包括一般计税方法和简易计税方法。

（1）一般计税方法，是先按当期销售额和适用税率计算出销项税额，然后将当期准予抵扣的进项税额进行抵扣，间接算出当期的应纳税额。

计算公式：应纳税额 = 当期销项税额 - 当期进项税额

（2）简易计税方法，是直接按照销售额和征收率计算应纳税额，不涉及进项税额抵扣。

计算公式：应纳税额 = 不含税销售额 × 征收率

增值税一般纳税人计算增值税大多采用一般计税方法；小规模纳税人一般采用简易计税方法；一般纳税人发生财政部和国家税务总局规定的特定应税销售行为，也可以选择简易计税方法计税，但是不得抵扣进项税额。

（二）一般纳税人的账务处理

1. 账户设置

账户设置详情，请扫码查看。

2. 取得资产、接受劳务或服务

账户设置10-4

（1）一般纳税人购进货物、加工修理修配劳务、服务、无形资产或不动产。

其基本账务处理见表 10 - 26。

表 10 – 26　一般纳税人购进货物等业务的账务处理

业务	账务处理
购进货物、加工修理修配劳务、服务、无形资产或固定资产时	借：原材料/材料采购/无形资产/固定资产等 　　应交税费——应交增值税（进项税额）（当月已认证） 　　应交税费——待认证进项税额（当月未认证） 　　贷：银行存款等
经认证后准予抵扣时	借：应交税费——应交增值税（进项税额） 　　贷：应交税费——待认证进项税额

案例10-10

如果购进货物时就能确定其进项税额不得抵扣，则直接将增值税专用发票上注明的增值税税额计入购入货物或接受劳务的成本。

（2）企业购进农产品可以按买价和规定的扣除率计算进项税额，并准予从销项税额中扣除。按农产品买价扣除进项税额的差额作为购进农产品的成本。

购进农产品，除取得增值税专用发票或者海关进口增值税专用缴款书外，按照农产品收购发票或者销售发票上注明的农产品买价和 9% 的扣除率计算进项税额；如购进用于生产销售或委托加工 13% 税率货物的农产品，按照农产品收购发票或者销售发票上注明的农产品买价和 10% 的扣除率计算进项税额。

其基本账务处理如下。

案例10-11

借：材料采购/在途物资/原材料/库存商品等（农产品买价扣除进项税额）

　　应交税费——应交增值税（进项税额）（买价 × 扣除率）

　　贷：银行存款/应付账款/应付票据等

（3）货物等已验收入库，但尚未取得增值税扣税凭证。企业购进的货物等已到达并验收入库，但尚未收到增值税扣税凭证并未付款的，应在月末按货物清单或相关合同协议上的价格暂估入账，不需要将增值税的进项税额暂估入账。下月月初，用红字冲销暂估入账金额，待取得相关增值税扣税凭证并经认证后，记入“应交税费——应交增值税（进项税额）”账户。

案例10-12

3. 进项税额转出

拓展资源10-3

企业已单独确认进项税额的购进货物，加工修理修配劳务或服务，无形资产或固定资产改变用途（如用于简易计税项目、免征增值税项目、集体福利或个人消费等）的，或由于管理不善等原因造

成的非正常损失，原已计入进项税额或待认证进项税额，按照现行增值税制度规定不得从销项税额中抵扣。此时需要将进项税额转入“应交税费——应交增值税（进项税额转出）”等账户。

非正常损失是指因管理不善造成的存货被盗、丢失、霉烂变质的损失，以及被执法部门依法没收或者强令自行销毁的货物。由于自然灾害造成的损失，其进项税额不需要转出。

其基本账务处理如下。

借：待处理财产损溢、应付职工薪酬、固定资产、无形资产等

　　贷：原材料等

　　　　应交税费——应交增值税（进项税额转出）

　　　　　　　　——待认证进项税额

需要注意的是，一般纳税人购进货物，加工修理修配劳务、服务、无形资产或固定资产，用于简易计税方法计税项目、免增值税项目、集体福利或个人消费等，即使取得的增值税专用发票上已注明增值税进项税额，该税额按照现行增值税制度规定也不得从销项税中抵扣，取得增值税专用发票时，应将待认证的目前不可抵扣的增值税进项税额，计入“应交税费——待认证进项税额”账户的借方。经税务机构认证为不可抵扣的增值税进项税额时，借记“应交税费——应交增值税（进项税额）”账户，贷记“应交税费——待认证进项税额”科目；同时，将增值税进项税额转出。

4. 销售等业务的账务处理

（1）一般销售业务。企业销售货物，加工修理修配劳务、服务、无形资产或固定资产时，按照不含税收入和现行增值税制度规定，计算确认“应交税费——应交增值税（销项税额）”。

其基本账务处理如下。

借：应收账款/应收票据/银行存款等

　　贷：主营业务收入/其他业务收入/固定资产清理等

　　　　应交税费——应交增值税（销项税额）或应交税费——简易计税

（2）视同销售。视同销售需要交纳增值税的事项主要有：企业将自产或委托加工的货物用于集体福利或个人消费、作为投资提供给其他单位或个体工商户、分配给股东或投资者、对外捐赠等。企业应当根据视同销售的具体内容，按照现行增值

税制度规定计算销项税额。

其基本账务处理见表10－27。

表10－27　视同销售账务处理

业务情形	账务处理
（1）用于集体福利 （2）用于对外投资 （3）用于分配给股东或投资者 （确认收入和销项税）	借：应付股利（分配给股东） 　　长期股权投资（对外投资） 　　应付职工薪酬（集体福利或个人消费） 　　贷：主营业务收入/其他业务收入 　　　　应交税费——应交增值税（销项税额） 同时结转成本： 借：主营业务成本/其他业务成本 　　贷：库存商品或原材料
（4）用于对外捐赠 （只确认销项税）	借：营业外支出 　　贷：库存商品 　　　　应交税费——应交增值税（销项税额）

5. 交纳增值税

企业交纳当月的增值税，通过“应交税费——应交增值税（已交税金）”账户核算，交纳以前期间未交的增值税，则通过“应交税费——未交增值税”账户核算。

其基本账务处理见表10－28。

表10－28　交纳增值税账务处理

业务	账务处理
（1）交纳当月应交增值税	借：应交税费——应交增值税（已交税金） 　　贷：银行存款
（2）交纳以前期间未交的增值税	借：应交税费——未交增值税 　　贷：银行存款

6. 月末转出多交增值税和未交增值税

月度终了，企业应将当月应交未交或多交的增值税从“应交增值税”明细账户转入“未交增值税”明细账户。

其基本账务处理见表10－29。

表 10－29 月末转出未交增值税或多交增值税账务处理

业务	账务处理
（1）转出当月应交未交的增值税	借：应交税费——应交增值税（转出未交增值税） 贷：应交税费——未交增值税
（2）转出当月多交的增值税	借：应交税费——未交增值税 贷：应交税费——应交增值税（转出多交增值税）

【提示】（1）“应交税费——应交增值税”账户月末无贷方余额

（2）“应交税费——应交增值税”账户月末借方余额表示留抵税额

（3）“应交税费——未交增值税”账户贷方余额表示期末结转下期应交的增值税

（4）“应交税费——未交增值税”账户借方余额表示多交的增值税

（三）小规模纳税人的账务处理

小规模纳税人实行简易办法征收增值税，按照销售额（不含税）的3%（或5%）的征收率征收。购进货物、接受应税劳务（服务）时，取得的增值税专用发票上注明的增值税，一律不予抵扣，直接计入相关成本费用或资产。销售货物、提供应税劳务（服务）时，应当按照不含税销售额和规定的增值税征收率计算交纳增值税，但不得开具增值税专用发票。

小规模纳税人只需在“应交税费”账户下设置“应交增值税”明细账户，该明细账户下不再设置增值税专栏。

其具体账务处理见表10－30。

表 10－30 小规模纳税人交纳增值税账务处理

业务	账务处理
（1）购进货物、应税服务或应税行为时	借：原材料等（进项税额不得抵扣，计入相关成本费用或资产） 贷：银行存款
（2）销售货物、应税服务或应税行为	借：银行存款等 贷：主营业务收入等（不含税销售额） 应交税费——应交增值税 不含税销售额＝含税销售额÷（1＋征收率） 应纳税额＝不含税销售额×征收率

技能训练

一、案例讨论

要求：

1. 阅读拓展资源 10－9，收集虚开增值税专用发票相关案例资料，思考以下问题，并将自己的看法简要记录下来。

（1）虚开增值税专用发票的手段有哪些？

（2）对于虚开增值税专用发票的行为，采取的处罚措施有哪些？

（3）虚开增值税专用发票的危害有哪些？如何防范？

2. 你可以试着与同伴分享、讨论这些问题，来拓展自己的思维。

二、电子发票认知

要求：

1. 阅读拓展资源 10－10，收集电子发票、电子税务局相关资料，思考以下问题，并将自己的看法简要记录下来。

（1）电子发票对企业财务工作将产生什么样的积极影响？

（2）电子发票会给企业财务工作带来哪些风险挑战？

（3）2022 年 7 月 30 日，在上海国家会计学院主办的“会计科技 Acctech 应对不确定性挑战”高峰论坛上，电子发票入选“2022 年影响中国会计人员的十大信息技术”。信息技术的创新迭代加速了会计工作应用场景的趋势变化，推动了会计职能对内对外的拓展，为会计工作带来了诸多便利，但同时也对我们广大的会计人员提出新的要求和挑战。面对电子发票应用潮流，企业应如何积极应对，加强风险防范，推进财务转型？

2. 你可以试着与同伴分享、讨论这些问题，来拓展自己的思维。

任务评价

请填写任务评价参考表，检测目标达成情况，见表 10－31。

表 10－31　核算应交税费评价参考表

任务目标	达成情况
1. 能够举例说明应交税费的核算内容	是 □ 否 □
2. 能够正确编制应交增值税相关业务的会计分录	是 □ 否 □
3. 能够正确编制应交消费税等其他税费相关业务的会计分录	是 □ 否 □
4. 能够积极主动地思考问题，并能逻辑清晰地与他人分享	是 □ 否 □
5. 能够在任务活动中不断反思、调节，以帮助预期目标的达成	是 □ 否 □

即测即练

总结与评价

一、绘制思维导图

运用思维导图总结、归纳与本项目相关的知识点、技能点，帮助自己记忆、理解及查缺补漏。

二、自我分析与总结

（1）通过本项目的学习，学会了哪些知识？掌握了哪些技能？素养方面得到了哪些提升？

（2）反思本项目的完成情况，提出改进建议。

三、项目评价

请根据质量评价标准，完成项目评价，见表 10－32。

表 10－32　核算流动负债质量评价标准

评价内容		质量要求	分值	评价
A. 知识与方法（30 分）	必备知识	明确流动负债的概念、分类及其特征	3	
		掌握短期借款的内容及核算方法	5	
		掌握应付职工薪酬的内容及核算方法	10	
		掌握应交税费的内容及核算方法	7	
	学习方法	自主学习、网络学习、查阅资料、师生互动学习等方法应用有效	5	

续表

评价内容		质量要求	分值	评价
B. 完成任务/职业能力（40 分）	职业能力	能够正确编制短期借款取得，利息计提、支付，偿还业务的会计分录	3	
		能够准确计算应付职业薪酬、代扣款项目和实际支付的职工薪酬	6	
		能够正确编制职工薪酬相关业务的会计分录	5	
		能够准确计算常见税种的应纳税额	5	
		能够正确编制应交税费相关业务的会计分录	3	
	解决问题	遇到问题能够独立思考，提出自己的见解	5	
	团队协作	能够有效沟通、协作，目标一致，完成小组任务	5	
	任务完成	在规定的时间内，保质保量地完成了任务实施中的各项任务	8	
C. 职业道德与价值观（30 分）	思政及素养目标	爱岗敬业、诚实守信、客观公正、强化服务的会计职业道德和法治、诚信的社会主义核心价值观	14	
	职业素养	具有法律意识、责任意识和风险防范意识	8	
		具有较强的学习能力、分析能力、沟通及团队协作能力	8	
项目得分				

项目 11　核算非流动负债

项目提要

本项目主要介绍非流动负债的核算。通过学习，学生能够掌握长期借款、长期应付款的核算内容及方法；能够完成非流动负债相关业务的账务处理；能够达成相应的职业道德、核心价值观等素养目标。

价值引领

在企业经营发展中，负债经营是企业获取外部资金的重要渠道，其主要目标是实现企业跨越式发展。但与此同时，负债经营也会加剧企业财务风险，特别是企业偿还债务过程中可能会产生流动性风险，造成企业资金链断裂，严重影响企业健康发展。如果企业无法按时偿还到期债务，还会降低企业信用水平，使得企业外部融资更加困难。因此，企业需要结合自身实际情况，科学、合理地制订融资计划，做好经营决策分析，优化负债结构，提高经营管理水平，有效控制财务风险。

宏观层面，“去杠杆”是我国正在推动的五大供给侧结构性改革任务之一。早在 2018 年 4 月，中国共产党中央财经委员会就召开重要金融会议，将“结构性去杠杆”提上议程，指出“打好防范化解金融风险攻坚战”的重要政策。会议围绕“结构性去杠杆”分门、分类、有步骤地提出指导意见，要求各部门、行政机关、企业及时降杠杆稳经营，尽量使杠杆有效化、合理化。这是继“三去一降一补”政策之后又一重大的理论创新和实践创新，首次明确了我国去杠杆的目标、路径与原则，对有效化解我国债务风险、打破预算软约束、提高金融资源配置效率具有重要意义。

岗位职责

非流动负债是对长期借款、应付债券和长期应付款等业务的核算。其岗位职责主要是非流动负债的核算及管理。

其具体工作职责如下。

(1) 遵守有关的贷款规定、编制借款计划，并监督借款的使用。

(2) 负责长期借款的借入、借款利息的结算和借款本息的归还等业务的会计核算。

(3) 负责应付债券会计核算，以及准确计算债券持有期间的利息费用。

(4) 负责长期应付款等其他非流动负债业务的会计核算。

(5) 协助监控和预测现金流量，确定、监控负债和资本的合理结构，管理和运作债务资金并对其进行有效的风险控制。

建议学时

4 学时。

任务 11-1 非流动负债认知

任务目标

知识目标：

熟悉非流动负债的概念及核算内容。

技能目标：

1. 能够描述非流动负债的概念。
2. 能够列举非流动负债的核算内容。
3. 能够分析企业非流动负债结构的优缺点，了解风险控制的相关内容。

素养目标：

1. 培养法律意识、风险意识和质量管理意识。
2. 能够积极主动地思考问题，并能逻辑清楚地与他人分享。
3. 能够在任务活动中不断反思、调节，以帮助预期目标的达成。

建议学时

1 学时。

相关知识

一、非流动负债的概念

非流动负债又称长期负债，是指偿还期在一年或者超过一年的一个营业周期以上的债务，主要包括长期借款、应付债券和长期应付款等。与流动负债相比，非流动负债具有数额大、偿还期长等特点，是企业除投资者投资以外，为企业提供长期占用资金的另一重要来源，主要用于企业扩大经营规模，如购置大型设备、兴建生产线等必要投资。

二、非流动负债的分类

（一）按偿还和付息方式分类

（1）定期偿还的非流动负债，指在规定的债务到期日还清的非流动负债。

（2）分期偿还的非流动负债，指在举债期限内按规定分若干次偿还的非流动负债。

（二）按筹措方式分类

（1）长期借款，指企业向银行或其他金融机构以及其他单位借入的，偿还期在一年以上的各种借款。

（2）应付债券，指企业为筹措长期资金而发行的一年期以上的债券。

（3）长期应付款，指企业除长期借款、应付债券以外的其他各种长期应付款项，主要有融资租入固定资产应付给出租方的租赁费，以分期付款方式购入固定资产、无形资产等发生的应付款等。

技能训练

一、非流动负债、流动负债多维度对比探究

要求：

1. 独立思考回答下列问题，并将自己的想法记录下来。

（1）什么是非流动负债？

（2）试从概念、内容、时间范围、后续计量等角度分析流动负债与非流动负债的区别。

2. 团队交流讨论，自我改进完善。

二、非流动负债项目构成及风险控制

要求：

1. 观察利亚德光电股份有限公司合并资产负债表中的非流动负债项目，小组收集企业其他相关资料，思考以下问题，并将自己的看法简要记录下来。

（1）该公司的非流动负债项目包括哪些具体内容？

（2）2022 年中期该公司的非流动负债项目发生什么样的变化？

（3）非流动负债的优缺点是什么？如何进行风险控制？

2. 你可以试着与同伴分享、讨论这些问题，来拓展自己的思维。

任务评价

请填写任务评价参考表，检测目标达成情况，见表11－1。

表11－1 非流动负债认知评价参考表

任务目标	达成情况
1. 能够描述非流动负债的概念	是□ 否□
2. 能够列举非流动负债的核算内容	是□ 否□
3. 能够分析企业非流动负债结构的优缺点，了解风险控制的相关内容	是□ 否□
4. 能够积极主动地思考问题，并能逻辑清晰地与他人分享	是□ 否□
5. 能够在任务活动中不断反思、调节，以帮助预期目标的达成	是□ 否□

任务11－2 核算长期借款

任务目标

知识目标：

掌握长期借款的概念，以及不同付息方式的账务处理。

技能目标：

1. 能够描述长期借款的概念。

2. 能够说明长期借款的付息方式及核算账户。

3. 能够正确编制长期借款的取得、借款利息的发生、借款本金的归还等业务的会计分录。

素养目标：

1. 培养爱岗敬业、坚持准则、诚实守信的会计职业道德。

2. 能够积极主动地思考问题，并能逻辑清楚地与他人分享。

3. 能够在任务活动中不断反思、调节，以帮助预期目标的达成。

建议学时

1学时。

相关知识

一、长期借款认知

长期借款是指企业从银行或其他金融机构借入的期限在一年以上（不含一年）

的各项借款。长期借款一般用于固定资产的购建、改扩建工程、大修理工程、对外投资以及为了保持长期经营能力等方面的需要。

二、长期借款的账务处理

（一）账户设置

账户设置详情，请扫码查看。

（二）长期借款的取得

企业借入长期借款时，应按实际收到的金额，借记“银行存款”账户；按借款的本金，贷记“长期借款——本金”账户；按其差额借记“长期借款——利息调整”账户。

（三）长期借款利息的发生

长期借款利息费用应当在资产负债表日按照实际利率计算确定，实际利率与合同利率差异较小的，也可以采用合同利率计算确定利息费用。

《企业会计准则第 17 号——借款费用》明确规定：企业发生的借款费用，可直接归属于符合资本化条件的资产的购建或者生产的，应当予以资本化，计入相关资产成本；其他借款费用，应当在发生时根据其发生额确认为费用，计入当期损益。

长期借款计算确定的利息费用，应当按照表 11－2 所示的原则计入有关成本、费用。

表 11－2　长期借款利息费用确定原则

<table>
<tr><th colspan="2">情形</th><th>借方账户</th><th>贷方账户</th></tr>
<tr><td colspan="2">筹建期间发生的</td><td>管理费用</td><td rowspan="4">（1）应付利息（分期付息）
（2）长期借款——应计利息（到期一次还本付息）</td></tr>
<tr><td colspan="2">生产经营期间不属于下列情况的</td><td rowspan="2">财务费用</td></tr>
<tr><td rowspan="2">如果长期借款用于购建固定资产等</td><td>资产达到预定可使用状态后发生的利息支出，以及按规定不予资本化的利息支出</td></tr>
<tr><td>在资产尚未达到预定可使用状态前，所发生的（满足资本化条件的）利息支出应当资本化</td><td>在建工程等</td></tr>
</table>

其基本账务处理如下。

借：在建工程/制造费用/财务费用/研发支出等（期初摊余成本×实际利率）

　　贷：应付利息（分期付息到期还本）

　　　　长期借款——应计利息（到期一次还本付息）

　　　　　　　　——利息调整（差额）

（四）长期借款的归还

企业归还长期借款时，按偿还的长期借款本金，借记“长期借款——本金”账户；按归还的利息，借记“应付利息”或“长期借款——应计利息”账户，按实际归还的金额，贷记“银行存款”账户，按转销的利息调整金额，贷记“长期借款——利息调整”账户。

案例11-1

技能训练

一、长期借款认知

要求：

1. 独立思考回答下列问题，并将自己的想法记录下来。

（1）企业借入长期借款的用途有哪些？

（2）长期借款的付息方式有几种？

（3）分期付息到期还本借款的利息应该记入哪个账户？

（4）到期一次还本付息借款的利息应该记入哪个账户？

2. 团队交流讨论，自我改进完善。

二、绿茵股份有限公司长期借款全流程账务处理

任务资料：绿茵股份有限公司于2021年1月3日向某银行借入为期三年的长期借款900 000元，年利率为10%，单利计息，分期付息，到期一次性还本。该笔借款是为修建厂房而借入，该项工程建设时间为两年。

要求：请按照表11－3提示，完成绿茵股份有限公司长期借款业务的账务处理。

表11－3 绿茵股份有限公司长期借款业务的账务处理

业务	账务处理
（1）2021年1月取得长期借款时	
（2）2021年12月计提并支付利息时	
（3）2022年12月计提并支付利息时	

续表

业务	账务处理
（4）2023 年 12 月计提并支付利息时	
（5）2024 年 1 月 3 日偿还长期借款本金时	

任务资料：绿茵股份有限公司于 2021 年 1 月 3 日向某银行借入为期三年的长期借款 900 000 元，年利率为 10%，单利计息，到期一次性还本付息。该笔借款是为修建厂房而借入，该项工程建设时间为两年。

要求：请按照表 11－4 提示，完成绿茵股份有限公司长期借款业务的账务处理。

表 11－4　绿茵股份有限公司长期借款业务的账务处理

业务	账务处理
（1）2021 年 1 月取得长期借款时	
（2）2021 年 12 月计提利息时	
（3）2022 年 12 月计提利息时	
（4）2023 年 12 月计提利息时	
（5）2024 年 1 月 3 日偿还长期借款本金及利息时	

任务评价

请填写任务评价参考表，检测目标达成情况，见表 11－5。

表 11－5　核算长期借款评价参考表

任务目标	达成情况
1. 能够描述长期借款的概念	是 □ 否 □
2. 能够说明长期借款的付息方式及核算账户	是 □ 否 □

续表

任务目标	达成情况
3. 能够正确编制长期借款的取得、借款利息的发生、借款本金的归还等业务的会计分录	是 □ 否 □
4. 能够积极主动地思考问题，并能逻辑清晰地与他人分享	是 □ 否 □
5. 能够在任务活动中不断反思、调节，以帮助预期目标的达成	是 □ 否 □

任务 11－3 核算应付债券

任务目标

知识目标：

掌握应付债券的概念、发行方式及核算方法。

技能目标：

1. 能够列举并解释债券的三种发行方式。
2. 能够准确计算债券存续期间的利息费用。
3. 能够正确编制应付债券相关业务的会计分录。

素养目标：

1. 培养较强的学习能力、分析能力、沟通及团队协作能力。
2. 能够积极主动地思考问题，并能逻辑清楚地与他人分享。
3. 能够在任务活动中不断反思、调节，以帮助预期目标的达成。

建议学时

1 学时。

相关知识

一、应付债券认知

（一）公司债券的概念

公司债券是指企业向社会公开筹集资金而发行的约定在一定时间内还本付息的有价证券。企业发行的超过一年期的债券，构成了一项非流动负债，即应付债券。

债券作为一种书面凭证，包括以下内容。

（1）债券面值，又称债券的票面价值，是指企业在发行债券时，在票面上注明的价值，即债券到期时，企业应偿还给债券持有人的本金。

（2）债券利率，也称票面利率或名义利率，是指债券利息的年利率。

（3）付息日，即支付债券利息的时间。债券的利息大多是分期支付的，如每年支付一次，则每年支付的利息额为债券面值乘以票面利率。

（4）到期日，是指偿还债券金额的日期。

（二）债券的发行方式

债券的发行价格，受同期市场利率的影响较大，当债券的票面利率高于市场利率时，按超过票面价值的价格发行，称为溢价发行；当债券的票面利率低于市场利率时，按低于票面价值的价格发行，称为折价发行；当债券的票面利率与市场利率一致时，按票面价值的价格发行，称为面值发行。

溢价发行对于债券发行企业来讲，是企业以后各期多付利息而事先从债券购买者那里得到的补偿，对于购买债券企业来讲，是以后各期多得利息而事先付出的代价；折价发行对于债券发行企业来讲，是企业以后各期少付利息而预先给投资者的补偿，对于购买债券企业来讲，是企业以后各期少得利息而事先付出的代价。溢价或折价是发行债券企业在债券存续期内对利息费用的一种调整。

二、应付债券的账务处理

（一）账户设置

账户设置详情，请扫码查看。

（二）账务处理

利息调整应在债券存续期间采用实际利率法进行摊销。实际利率法是指按照应付债券的实际利率计算其摊余成本及各期利息费用的方法。

其基本账务处理见表 11－6。

表 11－6　应付债券的账务处理

业务	账务处理
债券发行时	借：银行存款（实际收到的款项） 　贷：应付债券——面值（债券面值） 　借或贷：应付债券——利息调整（差额）

续表

业务	账务处理
计提利息时	借：在建工程/财务费用/制造费用等（期初摊余成本×实际利率） 　　贷：应付利息（分期付息）（面值×票面利率） 　　　　应付债券——应计利息（到期一次还本付息）（面值×票面利率） 　　　　借或贷：应付债券——利息调整（差额） 期末摊余成本 = 期初摊余成本 + 利息费用 − 利息支出（不包括到期一次还本付息）
债券偿还时	借：应付债券——面值 　　　　　　——应计利息（到期一次还本付息） 　　财务费用（最后一期利息） 　　贷：银行存款 　　借或贷：应付债券——利息调整（差额）

（1）平价发行债券的核算。

（2）溢价发行债券的核算。

（3）折价发行债券的核算。

案例11-2

案例11-3

案例11-4

技能训练

一、应付债券认知

要求：

1. 独立思考回答下列问题，并将自己的想法记录下来。

（1）债券作为一种书面凭证，包含哪些内容？

（2）什么是溢价发行？如何理解溢价发行？

（3）什么是折价发行？如何理解折价发行？

（4）如何理解摊余成本？

2. 团队交流讨论，自我改进完善。

二、应付债券利息计算及账务处理

任务资料：

2022 年 1 月 1 日，甲公司经批准发行 5 年期分期付息、一次还本的公司债券

1 000万元，债券利息在每年12月31日支付，票面利率为年利率6%。假定债券发行时的市场利率为5%。发行价格为10 432 700元。甲公司采用实际利率法和摊余成本计算确定的利息费用。

要求：

1. 请按照表11－7要求，计算利息费用。

表11－7　利息费用计算表

计息日期	应付利息	利息费用	摊销的利息调整	应付债券摊余成本
2022年1月1日				
2022年12月31日				
2023年12月31日				
2024年12月31日				
2025年12月31日				
2026年12月31日				
合计				

2. 请按照表11－8提示，完成甲公司发行债券的账务处理。

表11－8　甲公司发行债券的账务处理

业务	账务处理
（1）2022年1月1日发行债券时	
（2）2022年12月31日确认并支付利息费用时	
（3）2023年、2024年、2025年确认并支付利息费用时	
（4）2026年12月31日归还债券本金及最后一期利息费用时	

任务评价

请填写任务评价参考表，检测目标达成情况，见表11－9。

表 11－9　核算应付债券评价参考表

任务目标	达成情况
1. 能够列举并解释债券的三种发行方式	是 □ 否 □
2. 能够准确计算债券存续期间的利息费用	是 □ 否 □
3. 能够正确编制应付债券相关业务的会计分录	是 □ 否 □
4. 能够积极主动地思考问题，并能逻辑清晰地与他人分享	是 □ 否 □
5. 能够在任务活动中不断反思、调节，以帮助预期目标的达成	是 □ 否 □

任务 11－4　核算长期应付款

任务目标

知识目标：

了解长期应付款的核算方法。

技能目标：

1. 能够正确计算延期支付购买固定资产的入账价值。
2. 能够正确编制利息费用推算表。
3. 能够正确编制延期支付购买固定资产相关业务的会计分录。

素养目标：

1. 培养爱岗敬业、坚持准则、诚实守信的会计职业道德。
2. 能够积极主动地思考问题，并能逻辑清楚地与他人分享。
3. 能够在任务活动中不断反思、调节，以帮助预期目标的达成。

建议学时

1 学时。

相关知识

一、长期应付款认知

长期应付款是企业除长期借款和应付债券以外的其他各种长期应付款项，如以分期付款方式购入固定资产发生的应付款项等。

长期应付款除具有长期负债的一般特点外，还具有两个特点：①具有分期付款性质，如融资租入固定资产的租赁费是在整个租赁期逐渐偿还的；②长期应付款涉及外币债务较多，其汇率变动会影响负债的还款数额及利息费用。

二、长期应付款的账务处理

账户设置11-3

（一）账户设置

企业应设置“长期应付款”“未确认融资费用”账户，核算和监督长期应付款的发生和偿还情况，以及企业分期计入利息费用的未确认融资费用，详情请扫码查看。

（二）融资性质延期付款的核算

企业购买资产有可能延期支付有关价款。如果延期支付的购买价款超过正常信用条件，实质上具有融资性质的，应按购买价款的现值，借记“固定资产”“在建工程”等账户，按应支付的价款总额，贷记“长期应付款”账户，按其差额，借记“未确认融资费用”账户。按期支付价款时，借记“长期付款”账户，贷记“银行存款”账户。对未确认融资费用应当在信用期间采用实际利率法进行摊销，计入相关资产成本或当期损益。企业摊销未确认融资费用时，借记“在建工程”“财务费用”等账户，贷记“未确认融资费用”账户。

技能训练

任务资料：

2021 年年初，甲公司购入一台生产设备，总价款为 1 000 万元，分三次付款，2021 年年末支付 400 万元，2022 年年末支付 300 万元，2023 年年末支付 300 万元，假定资本市场利率为 10%，无其他相关税费。

要求：

1. 计算固定资产的入账价值。

该设备的入账价值 =

2. 编制 2021 年年初购入该设备的会计分录。

3. 编制每年利息费用推算表（表 11－10）。

表 11－10 每年利息费用推算表

日期	期初摊余成本 ①	利息费用 ②＝期初本金×利率	当期还款额 ④	期末摊余成本 ⑤＝①＋②－④
2021 年				
2022 年				
2023 年				

4. 编制 2021 年年末支付设备款并确定利息费用的会计分录。

5. 编制 2022 年年末支付设备款并确定利息费用的会计分录。

6. 编制 2023 年年末支付设备款并确定利息费用的会计分录。

任务评价

请填写任务评价参考表，检测目标达成情况，见表 11－11。

表 11－11 核算长期应付款评价参考表

任务目标	达成情况
1. 能够正确计算延期支付购买固定资产的入账价值	是 □ 否 □
2. 能够正确编制利息费用推算表	是 □ 否 □
3. 能够正确编制延期支付购买固定资产相关业务的会计分录	是 □ 否 □
4. 能够积极主动地思考问题，并能逻辑清晰地与他人分享	是 □ 否 □
5. 能够在任务活动中不断反思、调节，以帮助预期目标的达成	是 □ 否 □

即测即练

总结与评价

一、绘制思维导图

运用思维导图总结、归纳与本项目相关的知识点、技能点，帮助自己记忆、理解及查缺补漏。

二、自我分析与总结

（1）通过本项目的学习，学会了哪些知识？掌握了哪些技能？素养方面得到了哪些提升？

（2）反思本项目的完成情况，提出改进建议。

三、项目评价

请根据质量评价标准，完成项目评价，见表 11－12。

表 11－12　核算非流动负债质量评价标准

<table>
<tr><th colspan="2">评价内容</th><th>质量要求</th><th>分值</th><th>评价</th></tr>
<tr><td rowspan="5">A. 知识与方法（30 分）</td><td rowspan="4">必备知识</td><td>掌握借款费用的概念，借款费用确认和计量的原则</td><td>6</td><td></td></tr>
<tr><td>掌握长期借款的概念，以及不同付息方式的账务处理</td><td>8</td><td></td></tr>
<tr><td>掌握应付债券的概念、发行方式及核算方法</td><td>7</td><td></td></tr>
<tr><td>了解长期应付款的核算方法</td><td>4</td><td></td></tr>
<tr><td>学习方法</td><td>自主学习、网络学习、查阅资料、师生互动学习等方法应用有效</td><td>5</td><td></td></tr>
<tr><td rowspan="9">B. 完成任务/职业能力（40 分）</td><td rowspan="6">职业能力</td><td>能够准确描述长期借款的概念，说明付息方式及核算账户</td><td>2</td><td></td></tr>
<tr><td>能够正确编制长期借款相关业务的会计分录</td><td>6</td><td></td></tr>
<tr><td>能够列举并解释债券的三种发行方式</td><td>3</td><td></td></tr>
<tr><td>能够准确计算债券存续期间的利息费用</td><td>5</td><td></td></tr>
<tr><td>能够正确编制应付债券相关业务的会计分录</td><td>4</td><td></td></tr>
<tr><td>能够正确编制长期应付款相关业务的会计分录</td><td>3</td><td></td></tr>
<tr><td>解决问题</td><td>遇到问题能够独立思考，提出自己的见解</td><td>5</td><td></td></tr>
<tr><td>团队协作</td><td>能够有效沟通、协作，目标一致，完成小组任务</td><td>5</td><td></td></tr>
<tr><td>任务完成</td><td>在规定的时间内，保质保量地完成了任务实施中的各项任务</td><td>7</td><td></td></tr>
</table>

续表

评价内容		质量要求	分值	评价
C. 职业道德与价值观（30分）	思政及素养目标	培养爱岗敬业、坚持准则、诚实守信的会计职业道德，具有法治、诚信的社会主义核心价值观	14	
	职业素养	具有法律意识、风险意识和质量管理意识	8	
		具有较强的学习能力、分析能力、沟通及团队协作能力	8	
项目得分				

项目12　核算所有者权益

项目提要

本项目主要介绍所有者权益的核算。通过学习，学生能够明确实收资本、资本公积和留存收益的核算内容及方法；能够完成所有者权益相关业务的账务处理；能够达成相应的职业道德、核心价值观等素养目标。

价值引领

所有者权益是企业资产扣除负债后，由所有者享有的剩余权益，受总资产和总负债的影响。所有者权益既反映了所有者投入资本的保值、增值情况，又体现了保护债权人权益的理念。对于所有者性质和外延的不同认识与界定，形成了不同的所有者权益理论。不同的理论会影响资本、利润等概念的界定，进而会导致会计工作侧重点的不同。

所有权理论，强调终极财产权，认为会计主体与其终极所有者是一个完整且不可分割的整体。该理论从企业股权资本所有者的视角观察企业，认为资产是终极所有者的财富，负债是终极所有者的负财富，二者之差代表终极所有者投放在企业的净权益。

法人财产权理论，党的十四届三中全会提出，该理论是从企业法人的视角强调企业拥有法人财产，具有依法独立支配法人财产的权利。在行使法人财产权时，要同时对所有者的权利主张和债权人的权利主张负责，即对出资者承担资产保值增值的责任、对债权人履行按期偿债付息的义务。

我们所学的会计实务，实际上是不同所有者权益理论的综合运用，比如每股收益的计算、利息支出做费用处理、股利支付做利润分配处理等体现了所有权理论；资产＝负债＋所有者权益的会计恒等式则体现了法人财产权理论。可见，对于所有者权益的理解，取决于我们如何认识股东、债权人、企业员工、政府部门等诸多利益相关者的权益性质。

随着新科技革命的加速到来，人类社会发生深刻改变，全球产业在不断进行变革，我国进入中国特色社会主义新时代，这就需要企业顺应全球经济变革和中国经济新常态，转变唯股东权益最大化的理念，树立平等、和谐的价值观，在经营过程中更加关注人的价值，关注对环境、消费者、社会的贡献，深入考虑各种不同的责、权、利和经济行为之间的内在关系。积极落实企业社会责任，实现企业经济、社会和环境责任的动态平衡，树立良好的企业声誉和形象，增强投资者信心，吸引优秀人才，追求更高质量发展和可持续发展。

岗位职责

所有者权益是对实收资本（股本）、资本公积、留存收益以及其他权益工具、其他收益、专项储备等业务的核算。其岗位职责主要是所有者权益的管理及核算。

其具体工作职责如下。

（1）负责对实收资本或股本进行真实、准确、完整的确认与计量，保护投资者合法权益。

（2）按照有关原始凭证，区别不同的出资方式进行会计核算。

（3）负责资本公积、盈余公积提取和使用，未分配利润等业务的会计核算。

（4）编制公司月度流动资金计划，分析月度资金使用情况。

（5）参与融资活动的风险评估、指导、跟踪和控制。

（6）参与确定公司的股利政策，促进与投资者的沟通顺畅。

建议学时

6学时。

任务12－1 所有者权益认知

任务目标

知识目标：

熟悉所有者权益的概念及构成内容。

技能目标：

1. 能够描述所有者权益的概念。
2. 能够列举所有者权益的构成内容。
3. 能够对所有者权益质量分析等内容有所了解。

素养目标：

1. 培养法律意识、责任意识和质量管理意识。

2. 能够积极主动地思考问题，并能逻辑清楚地与他人分享。

3. 能够在任务活动中不断反思、调节，以帮助预期目标的达成。

建议学时

1 学时。

相关知识

一、所有者权益的含义及特征

所有者权益是指企业资产扣除负债后由所有者享有的剩余权益。公司所有者权益又称为股东权益。所有者权益具有以下特征。

（1）除非发生减资、清算或分派现金股利，企业不需要偿还所有者权益。

（2）企业清算时，只有在清偿所有的负债后，所有者权益才返还给所有者。

（3）所有者凭借所有者权益能够参与企业利润的分配。

二、所有者权益与债权人权益的区别

（1）企业的所有者可以凭借对企业的所有权参与企业的经营管理，而债权人往往无权参与企业的经营管理。

（2）企业的所有者根据出资比例，可以以股利或利润的形式参与企业的利润分配。而债权人不能参与企业的利润分配，只有按规定的条件得到偿付并获得利息收入。

（3）对于所有者来说，在企业持续经营的情况下，除按法律程序减资外，一般不能提前撤资。而负债一般都有规定的偿还期限，因此，债权人可以到期收回本金和利息。

（4）当企业清算时，资产在支付了破产、清算费用后将优先用于偿还负债，如有剩余资产，才能在投资者之间按照出资比例等进行分配，因此债权人对企业资产的要求权优先于所有者。

技能训练

一、所有者权益、债权人权益差异剖析

要求：

1. 独立思考回答下列问题，并将自己的想法记录下来。

（1）什么是所有者权益？（用自己的语言描述）

(2) 所有者权益与债权人权益的区别有哪些?

2. 团队交流讨论,自我改进完善。

二、所有者权益项目构成及质量分析

要求:

1. 观察西部金属材料股份有限公司资产负债表中的所有者权益项目,小组收集企业其他相关资料,思考以下问题,并将自己的看法简要记录下来。

(1) 该公司的所有者权益项目包括哪些具体内容?

(2) 2021 年度西部金属材料股份有限公司的所有者权益项目表现出哪些变化?

(3) 企业所有者权益包含哪些质量信息?如何进行质量分析?

2. 你可以试着与同伴分享、讨论这些问题,来拓展自己的思维。

任务评价

请填写任务评价参考表,检测目标达成情况,见表 12-1。

表 12-1 所有者权益认知评价参考表

任务目标	达成情况
1. 能够描述所有者权益的概念	是 □ 否 □
2. 能够列举所有者权益的构成内容	是 □ 否 □
3. 能够对所有者权益质量分析等内容有所了解	是 □ 否 □
4. 能够积极主动地思考问题,并能逻辑清晰地与他人分享	是 □ 否 □
5. 能够在任务活动中不断反思、调节,以帮助预期目标的达成	是 □ 否 □

任务 12-2 核算实收资本或股本

任务目标

知识目标:

掌握不同组织形式企业实收资本的核算方法。

技能目标:

1. 能够描述实收资本的概念,列举股东的出资形式。

2. 能够区别不同的组织形式进行会计核算。

3. 能够根据不同的出资方式进行会计核算。

素养目标：

1. 培养爱岗敬业、坚持准则、诚实守信的会计职业道德。
2. 培养较强的学习能力、分析能力、沟通及团队协作能力。
3. 能够积极主动地思考问题，并能逻辑清楚地与他人分享。
4. 能够在任务活动中不断反思、调节，以帮助预期目标的达成。

建议学时

2 学时。

相关知识

一、实收资本或股本概述

（一）相关概念

实收资本是指企业按照章程规定或合同、协议约定，接受投资者投入企业的资本。实收资本代表着一个企业的实力，是创办企业的“本钱”，也是一个企业维持正常经营活动的保障。

对股份有限公司而言，实收资本又称为股本，即发起人按照合同或协议约定投入的资本和社会公众在公司发行股票时认购股票缴入的资本，其在金额上等于股份面值和股份总额的乘积。

实收资本的构成比例或股东的股份比例，是确定所有者在企业所有者权益中份额的基础，也是企业进行利润或股利分配的主要依据。

（二）股东出资形式

《中华人民共和国公司法》（以下简称《公司法》）规定，股东可以用货币出资，也可以用实物、知识产权、土地使用权等可以用货币估价并可以依法转让的非货币财产作价出资。但法律、行政法规规定不得作为出资的财产除外。

二、股份有限公司以外的企业实收资本的核算

（一）账户设置

除股份有限公司外，其他企业应设置“实收资本”账户，核算投资者投入资本的增减变动情况。

账户设置12-1

（二）接受现金资产投资

企业接受现金资产投资时，应以实际收到的金额，借记“银行存

款”账户；按投资者出资享有企业注册资本的份额，贷记“实收资本”账户，投资者出资超过其占企业注册资本份额的部分，贷记“资本公积——资本溢价”账户。

其基本账务处理如下。

借：银行存款等（实际收到的金额或存入企业开户银行的金额）

　　贷：实收资本（投资者在注册资本中所占份额）

　　　　资本公积——资本溢价（差额）

（三）接受非现金资产投资

非现金资产投资是指投资者以非现金资产对企业的投资，主要包括实物资产投资和无形资产投资。实物资产投资主要是以材料、商品、设备、厂房等实物进行作价投资。无形资产投资主要以专利权、非专利技术、土地使用权等无形资产进行投资。

企业接受投资者作价投入的非现金资产，应按投资合同或协议约定的价值（不公允的除外）作为非现金资产的入账价值，借记“固定资产”“原材料”“无形资产”等账户；按投入资本在注册资本中所占份额，贷记“实收资本”账户；按其差额，贷记“资本公积——资本溢价”账户。涉及增值税的，还应进行相应的账务处理。

其基本账务处理如下。

借：原材料/固定资产/无形资产等（合同或协议约定的价值，不公允的除外）

　　应交税费——应交增值税（进项税额）

　　贷：实收资本（投资者在注册资本中所占份额）

　　　　资本公积——资本溢价（差额）

三、股份有限公司股本的核算

（一）账户设置

股份有限公司全部注册资本由等额股份构成，并通过发行股票筹集资本。账户设置详情，请扫码查看。

（二）发行股票的核算

股份有限公司发行股票时，既可以按面值发行股票，也可以溢价发行（我国不允许折价发行）。按面值发行的，称为平价发行；高于面值发行的，称为溢价发行。

股份有限公司在核定的股本总额及核定的股份总额范围内发行股票时，按实际收到的款项，借记“银行存款”账户；按面值乘以股份数的金额，贷记“股本”账户；实际收取款项大于股本的差额作为股本溢价，贷记“资本公积——股本溢价”账户。

其基本账务处理如下。

借：银行存款等（实收金额）

　　贷：股本（股票面值×发行股份总数）

　　　　资本公积——股本溢价（差额）

（三）发行费用的处理

发行股票相关的手续费、佣金等交易费用，如果是溢价发行股票的，应从溢价收入中扣除，冲减“资本公积——股本溢价”；按面值发行无溢价的或溢价金额不足抵扣的，应将不足抵扣的部分先冲减盈余公积，盈余公积不足以抵扣的，再冲减未分配利润。即按照分录中①②③的顺序冲减。

借：资本公积——股本溢价①

　　盈余公积　　　　　　②

　　利润分配——未分配利润③

　　贷：银行存款

四、实收资本或股本增减变动

一般情况下，企业的实收资本应相对固定不变，但在某些特定情形下，实收资本也会发生增减变动。我国企业法人登记管理条例规定，企业实收资本比原注册资金数额增减超过20%时，应持资金使用证明或者验资证明，向原登记主管机关申请变更登记。如擅自改变注册资金或抽逃资金等，要受到市场监督管理部门的处罚。因此，企业增加实收资本，包括将资本公积转为实收资本，必须办理必要的手续。

（1）对历年资料进行初步审查，确认是否具备增加实收资本的条件。

（2）将增资方案交由股东大会讨论，经股东大会决议，同意增加资本并修改公司章程中的注册资本。

（3）需要向社会增发股票，还须报请国务院证券管理部门批准。

（4）资本公积转为实收资本所引起的实收资本增加超过原注册资本20%时，则应先向原登记主管部门申请变更登记，获得批准后才能进行相应的会计处理。

(一) 实收资本或股本的增加

一般企业实收资本或股本增加的途径主要包括接受投资者追加投资、资本公积转增资本和盈余公积转增资本。三种途径的账务处理及对所有者权益总额的影响，见表12－2。

表12－2 实收资本或股本增加账务处理及对所有者权益总额的影响

途径	账务处理	对所有者权益总额的影响
接受投资者追加投资	借：银行存款/固定资产/原材料等 　　应交税费——应交增值税（进项税额） 　贷：实收资本/股本 　　　资本公积——资本溢价/股本溢价	增加
资本公积转增资本	借：资本公积——资本溢价/股本溢价 　贷：实收资本/股本	不变（内部一增一减）
盈余公积转增资本	借：盈余公积 　贷：实收资本/股本	

用资本公积或盈余公积转增资本时，如果是独资企业，直接结转即可。如果是股份有限公司或有限责任公司，应该按照原投资者各自出资比例相应增加各投资者的出资额。

(二) 实收资本或股本的减少

企业实收资本减少的原因一般包括以下几种：一是资本过剩；二是企业发生重大亏损而减少实收资本；三是因企业发展需要而调节资本结构。

(1) 非股份有限公司发还投资，按法定程序报经批准减少注册资本的，按减少的注册资本金额减少实收资本，借记“实收资本”等账户，贷记“银行存款”等账户。

(2) 股份有限公司发还投资时，通常采用收购本公司股票方式减资。但应当注意的是，通过回购方式减少资本，应当在回购后10日内将所回购的股份注销。回购股票时，通过“库存股”账户核算回购股份的金额（表12－3）。

表 12－3 “库存股”账户（“股本”的备抵账户）核算

内容	核算企业收购的尚未转让或注销的本公司股份金额
借方	登记企业已收购但尚未转让或注销的本公司股份金额
贷方	登记已转让或注销的本公司股份金额
期末余额	一般在借方，反映企业已收购但尚未转让或注销的本公司股份金额

回购注销股票账务处理及对所有者权益总额影响见表 12－4。

表 12－4 回购注销股票账务处理及对所有者权益总额影响

步骤	账务处理	对所有者权益总额的影响
第一步：回购股票	借：库存股（每股回购价格×回购股数） 贷：银行存款	减小
第二步：注销股票	情形 1：溢价回购（回购价大于股票面值） 借：股本 资本公积——股本溢价 盈余公积 利润分配——未分配利润 贷：库存股	不变
	情形 2：折价回购（回购价小于股票面值） 借：股本 贷：库存股 资本公积——股本溢价	

技能训练

一、实收资本或股本的认知

要求：

1. 独立思考回答下列问题，并将自己的想法记录下来。

（1）什么是实收资本？

（2）股东出资的形式有哪些？

（3）“实收资本是企业持续经营最稳定的物质基础，是企业债务清偿的有力保障”，谈谈你是怎样理解的。

（4）查阅资料，了解我国注册资本登记制度改革的相关内容。

2. 团队交流讨论，自我改进完善。

二、归纳实收资本或股本的核算方法

要求：

请在表 12－5 中归纳总结实收资本或股本相关业务的核算方法。

表 12－5 归纳总结实收资本或股本相关业务的核算方法

<table>
<tr><th colspan="2">项 目</th><th colspan="3">账务处理</th></tr>
<tr><td rowspan="2">（1）股份有限公司以外的企业实收资本的核算</td><td>接受现金资产投资</td><td colspan="3"></td></tr>
<tr><td>接受材料物资、固定资产、无形资产等投资</td><td colspan="3"></td></tr>
<tr><td colspan="2">（2）股份有限公司股本的核算</td><td colspan="3"></td></tr>
<tr><td rowspan="3">（3）一般企业增加资本</td><td>接受投资者追加投资</td><td colspan="3"></td></tr>
<tr><td>资本公积转增资本</td><td colspan="3"></td></tr>
<tr><td>盈余公积转增资本</td><td colspan="3"></td></tr>
<tr><td rowspan="4">（4）实收资本减少</td><td rowspan="3">股份有限公司采用回购本公司股票方式减资</td><td>回购</td><td colspan="2"></td></tr>
<tr><td rowspan="2">注销</td><td>回购价大于面值</td><td></td></tr>
<tr><td>回购价小于面值</td><td></td></tr>
<tr><td>股份有限公司以外的企业应按法定程序报经批准减资</td><td colspan="3"></td></tr>
</table>

任务评价

请填写任务评价参考表，检测目标达成情况，见表 12－6。

表 12－6 核算实收资本或股本评价参考表

任务目标	达成情况
1. 能够描述实收资本的概念，列举股东的出资形式	是 □ 否 □
2. 能够区别不同的组织形式进行会计核算	是 □ 否 □
3. 能够根据不同的出资方式进行会计核算	是 □ 否 □
4. 能够积极主动地思考问题，并能逻辑清晰地与他人分享	是 □ 否 □
5. 能够在任务活动中不断反思、调节，以帮助预期目标的达成	是 □ 否 □

任务 12－3 核算资本公积

任务目标

知识目标：

掌握资本公积的形成原因及核算方法。

技能目标：

1. 能够描述资本公积的概念。
2. 能够说明资本公积的来源。
3. 能够正确编制资本公积相关业务的会计分录。

素养目标：

1. 培养爱岗敬业、坚持准则、诚实守信的会计职业道德。
2. 培养较强的学习能力、分析能力、沟通及团队协作能力。
3. 能够积极主动地思考问题，并能逻辑清楚地与他人分享。
4. 能够在任务活动中不断反思、调节，以帮助预期目标的达成。

建议学时

2 学时。

相关知识

一、资本公积概述

资本公积是企业收到投资者出资额超出其在注册资本（或股本）中所占份额的部分，以及其他资本公积等。资本公积包括资本溢价（或股本溢价）和其他资本公积等。

资本溢价（或股本溢价），是企业收到投资者的超出其在企业注册资本（或股本）中所占份额的部分。

其他资本公积，是指除资本溢价以外所形成的资本公积。

二、资本公积的账务处理

（一）账户设置

账户设置详情，请扫码查看。

（二）资本溢价（或股本溢价）

（1）资本溢价。股份有限公司外的其他类型的企业，在企业创立时，投资者认缴的出资额与注册资本一致，一般不会产生资本溢价。但在企业重组或有新的投资者加入时，常常会出现资本溢价。投资者投入资本的金额超过其在企业注册资本中所占份额的部分，通过“资本公积——资本溢价”账户核算。

案例12-14

（2）股本溢价。股份有限公司在按面值发行股票的情况下，企业发行股票取得的收入，应全部作为股本处理；在按溢价发行股票的情况下，企业发行股票取得的收入，等于股票面值的部分作为股本处理，超出股票面值的溢价收入作为股本溢价处理。

股份有限公司发行股票发生的手续费、佣金等交易费用，如果是溢价发行股票的，应从溢价中抵扣，冲减资本公积——股本溢价；无溢价发行股票或溢价金额不足以抵扣的，应将不足抵扣的部分依次冲减盈余公积和未分配利润。

案例12-15

（三）其他资本公积

如企业对被投资单位的长期股权投资采用权益法核算，在持股比例不变的情况下，对因被投资单位除净损益、其他综合收益和利润分配以外的所有者权益的其他变动，则按持股比例计算其应享有或应分担被投资单位所有者权益的增减额，调整长期股权投资的账面价值和资本公积——其他资本公积。

案例12-16

（四）资本公积转增资本

经股东大会或类似机构决议，用资本公积转增资本时，应冲减资本公积，同时按照转增资本前的实收资本（或股本）的结构或比例，将转增的金额计入“实收资本”（或“股本”）下各所有者的明细分类账。资本公积转增资本，企业所有者权益总额不变。

技能训练

一、资本公积的认知

拓展资源12-2

要求：

1. 独立思考回答下列问题，并将自己的思考简要记录下来。

（1）什么是资本公积？

（2）资本公积的来源有哪些？

（3）资本公积是否影响企业损益？

（4）资本公积与实收资本、留存收益的区别是什么？

2. 团队交流讨论，自我改进完善。

二、归纳资本公积的核算方法

要求：

请在表 12－7 中归纳资本公积——资本溢价（股本溢价）的账务处理。

表 12－7　归纳资本公积——资本溢价（股本溢价）的账务处理

资本（股本）溢价核算内容	账务处理
（1）溢价发行股票	
（2）投资者追加投资	
（3）回购股票支付的价款小于面值总额的部分	

任务评价

请填写任务评价参考表，检测目标达成情况，见表 12－8。

表 12－8　核算资本公积评价参考表

任务目标	达成情况
1. 能够描述资本公积的概念	是 □ 否 □
2. 能够说明资本公积的来源	是 □ 否 □
3. 能够正确编制资本公积相关业务的会计分录	是 □ 否 □
4. 能够积极主动地思考问题，并能逻辑清晰地与他人分享	是 □ 否 □
5. 能够在任务活动中不断反思、调节，以帮助预期目标的达成	是 □ 否 □

任务 12－4　核算留存收益

任务目标

知识目标：

掌握留存收益的核算方法。

技能目标：

1. 能够准确描述留存收益的概念及内容。
2. 能够正确处理盈余公积、未分配利润相关业务。
3. 能够准确计算期末累积未分配利润。

素养目标：

1. 培养爱岗敬业、坚持准则、诚实守信的会计职业道德。
2. 培养较强的学习能力、分析能力、沟通及团队协作能力。
3. 能够积极主动地思考问题，并能逻辑清楚地与他人分享。
4. 能够在任务活动中不断反思、调节，以帮助预期目标的达成。

建议学时

1 学时。

相关知识

一、留存收益概述

留存收益是指企业从历年实现的利润中提取或形成的留存于企业的内部积累，包括盈余公积和未分配利润两部分。

（一）盈余公积

盈余公积是指企业按照有关规定从净利润中提取的积累资金。公司制企业的盈余公积包括法定盈余公积和任意盈余公积。其中，法定盈余公积是指企业按照规定的比例从净利润中提取的盈余公积；任意盈余公积是指企业按照股东会或股东大会决议提取的盈余公积。

根据《公司法》的有关规定，公司制企业应按照净利润（减弥补以前年度亏损，下同）的 10% 提取法定盈余公积。非公司制企业法定盈余公积的提取比例可超过净利润的 10% 。法定盈余公积金累计额已达注册资本的 50% 时可以不再提取。

企业提取的盈余公积经批准可用于弥补亏损、转增资本、发放现金股利或利润等。法定盈余公积转增资本时，所留存的该项公积金不得少于转增前公司注册资本的 25% 。

（二）未分配利润

未分配利润是指企业实现的净利润经过弥补亏损、提取盈余公积和向投资者分配利润后留存在企业的、历年结存的利润。相对于所有者权益的其他部分来说，企业对于未分配利润的使用有较大的自主权。

利润分配，是企业根据国家有关规定和企业章程、投资者协议等，对企业当年可供分配的利润所进行的分配。利润分配的顺序为：①提取法定盈余公积；②提取任意盈余公积；③向投资者分配利润。其中，可供分配利润的计算公式如下：

可供分配利润 = 当年实现的净利润（或净亏损）+年初未分配利润（或 - 年初未弥补亏损）+其他转入（如盈余公积弥补亏损）

二、盈余公积的核算

（一）账户设置

账户设置详情，请扫码查看。

（二）基本账务处理

盈余公积核算的账务处理见表 12 -9。

表 12 -9　盈余公积核算的账务处理

项目	账务处理
企业按规定提取盈余公积时	借：利润分配——提取法定盈余公积 　　　　　　——提取任意盈余公积 　贷：盈余公积——法定盈余公积 　　　　　　　——任意盈余公积
盈余公积弥补亏损	借：盈余公积 　贷：利润分配——盈余公积补亏
盈余公积转增资本	借：盈余公积 　贷：实收资本（或股本）
用盈余公积发放现金股利或利润	借：盈余公积 　贷：应付股利

三、未分配利润的核算

（一）账户设置

在会计处理上，设置“利润分配——未分配利润”明细账户来核算企业的“未分配利润”，反映企业利润的分配（或亏损的弥补）和历年分配（或弥补）后的未分配利润（或未弥补亏损）。“利润分配”账户，还应设置“提取法定盈余公积”“提取任意盈余公积”“应付现金股利或利润”“盈余公积补亏”“未分配利润”等明细账户进行核算。

（二）账务处理

年度终了，企业应将全年实现的净利润或发生的净亏损，自“本年利润”账户转入“利润分配——未分配利润”账户，并将“利润分配”账户所属其他明细账户的余额，转入“未分配利润”明细账户。结转后，“利润分配——未分配利润”账户如为贷方余额，表示累积未分配的利润金额；如为借方余额，则表示累积未弥补的亏损金额。

案例12-21

技能训练

一、留存收益认知

要求：

1. 独立思考回答下列问题，并将自己的想法记录下来。

（1）描述留存收益的概念及内容。

（2）盈余公积的来源及主要用途包括哪些？

（3）企业利润分配的顺序是怎样的？

（4）如何计算期末可供分配的利润？

（5）企业的投入资本（实收资本＋资本公积）与留存收益（盈余公积＋未分配利润）的比例关系包含了哪些质量信息？

2. 团队交流讨论，自我改进完善。

二、所有者权益综合业务处理

任务资料：

2023年1月1日，某股份有限公司所有者权益各项目金额分别为：股本10 000万元（每股面值为1元），资本公积（股本溢价）50 000万元，盈余公积3 000万元，未分配利润1 000万元（贷方余额）。

2023年该公司发生的相关业务资料如下：

（1）4月25日，经股东大会批准，用盈余公积向普通股股东转增股本400万元，宣告分配现金股利200万元。5月24日，支付全部现金股利。

（2）5月18日，经股东大会批准，以现金回购方式回购本公司股票1 000万股并注销，每股回购价3元。

（3）12月31日，全年实现净利润2 000万元，按净利润的10%提取法定盈余公积，并结转至未分配利润。

要求：

根据上述资料，不考虑其他因素，分析回答表12－10所列问题（答案中的金额单位用“万元”表示）。

表12－10　所有者权益综合业务处理

业务要求	账务处理及计算分析
1. 根据期初资料和资料（1），完成该公司转增股本、发放并支付现金股利的账务处理	用盈余公积转增股本时： 宣告分配现金股利时： 支付现金股利时：
2. 根据期初资料和资料（2），完成该公司回购并注销本公司股票的账务处理	回购股票时： 注销本公司股票时：
3. 根据资料（3），完成该公司结转净利润、提取法定盈余公积及结转未分配利润的账务处理	结转净利润时： 提取法定盈余公积时： 结转未分配利润时：
4. 根据期初资料、资料（1）至（3），计算该公司2023年末“利润分配——未分配利润”的账户余额	“利润分配——未分配利润”期末余额＝
5. 根据期初资料、资料（1）至（3），计算该公司2023年末所有者权益总额	“股本”期末余额＝ “资本公积”期末余额＝ “盈余公积”期末余额＝ “利润分配——未分配利润”期末余额＝ 期末所有者权益总额＝

任务评价

请填写任务评价参考表，检测目标达成情况，见表12－11。

表12－11 核算留存收益评价参考表

任务目标	达成情况
1. 能够准确描述留存收益的概念及内容	是□ 否□
2. 能够正确处理盈余公积、未分配利润相关业务	是□ 否□
3. 能够准确计算期末累积未分配利润	是□ 否□
4. 能够积极主动地思考问题，并能逻辑清楚地与他人分享	是□ 否□
5. 能够在任务活动中不断反思、调节，以帮助预期目标的达成	是□ 否□

即测即练

总结与评价

一、绘制思维导图

运用思维导图总结、归纳与本项目相关的知识点、技能点，帮助自己记忆、理解及查缺补漏。

二、自我分析与总结

(1) 通过本项目的学习，学会了哪些知识？掌握了哪些技能？素养方面得到了哪些提升？

(2) 反思本项目的完成情况，提出改进建议。

三、项目评价

请根据质量评价标准，完成项目评价，见表12－12。

表 12－12 核算所有者权益质量评价标准

评价内容		质量要求	分值	评价
A. 知识与方法（30 分）	必备知识	了解各项所有者权益的管理要求、企业增资扩股及减资的基本手续制度要求	2	
		熟悉所有者权益的概念及构成、留存收益的概念及内容	3	
		掌握不同组织形式企业实收资本的核算方法	6	
		掌握资本公积的形成原因及核算方法	5	
		掌握盈余公积计提、使用的核算方法	5	
		掌握未分配利润的核算方法	4	
	学习方法	自主学习、网络学习、查阅资料、师生互动学习等方法应用有效	5	
B. 完成任务/职业能力（40 分）	职业能力	能够准确描述所有者权益的概念及构成，留存收益的概念及内容	3	
		能够正确编制企业实收资本或股本相关业务的会计分录	6	
		能够正确编制资本公积相关业务的会计分录	4	
		能够正确编制盈余公积计提及使用的会计分录	5	
		能够正确编制未分配利润相关业务的会计分录	4	
	解决问题	遇到问题能够独立思考，提出自己的见解	5	
	团队协作	能够有效沟通、协作，目标一致，完成小组任务	5	
	任务完成	在规定的时间内，保质保量地完成了任务实施中的各项任务	8	
C. 职业道德与价值观（30 分）	思政及素养目标	爱岗敬业、坚持准则、诚实守信，具有平等、和谐的社会主义核心价值观	14	
	职业素养	具有法律意识、责任意识和质量管理意识	8	
		具有较强的学习能力、分析能力、沟通及团队协作能力	8	
项目得分				

视频12-1

视频12-2

项目 13　核算财务成果

项目提要

本项目主要介绍财务成果的核算。通过学习，学生能够掌握收入确认与计量方法、费用的内容及分类、利润的构成内容；能够在某一时点履行履约义务确认收入的核算、在某一时段内履行履约义务确认收入的核算，进行合同取得成本与合同履约成本的核算、期间费用以及利润的核算；能够达成相应的职业道德、核心价值观等素养目标。

价值引领

2017 年 7 月 5 日，财政部修订发布了《企业会计准则第 14 号——收入》（以下简称“新收入准则”），这是我国企业会计准则体系修订完善、保持与国际财务报告准则全面趋同的重要成果。新收入准则的修改主要基于两个方面的原因：一方面是随着市场经济的日益发展、交易事项的日趋复杂，实务中收入确认和计量面临越来越多的问题，原来的规定难以对收入进行准确的确认、计量和披露。另一方面是国际会计准则理事会发布了《国际财务报告准则第 15 号——与客户之间的合同产生的收入》（以下简称“国际财务报告准则第 15 号”）。新收入准则改革了现有的收入确认模型，突出强调了主体确认收入的方式应当反映其向客户转让商品或服务的模式，确认金额应当反映主体因交付该商品或服务而预期有权获得的金额，并设定了统一的收入确认计量的五步法模型。为切实解决我国现行准则实施中存在的具体问题，进一步规范收入确认、计量和相关信息披露，并保持我国企业会计准则与国际财务报告准则趋同，财政部借鉴国际财务报告准则第 15 号，并结合我国实际情况，修订形成了现有的新收入准则。

新收入准则的修订，具有重大意义，亦对企业提出了新要求。一是强化合同意识、规范合同管理。市场经济条件下，市场主体之间的交易主要依据合同，合同约定了交易各方的权利和义务，且这些权利和义务受到法律保护。新收入准则基于合同确认收入，企业必须强化合同意识、规范合同管理，助推我国市场经济进一步走向成熟。二是提升收入信息的质量和透明度，提高收入信息的可比性。新收入准则采用统一的收入确认模型，对收入的确认、计量以及很多特定的交易和事项给出具体指引，要求企业充分披露与收入相关的信息，要求企业提供更加可靠、可比、透明的收入信息，从而更好地为企业、投资人、监管机构等财务报表使用者提供决策依据。三是促进业务与会计的有机融合，全面提升企业管理水平。企业在确定收入的过程中需要根据历史数据进行大量的判断和估计，合同条款的约定直接影响收入确认的结果，会计核算所需的很多信息也会依赖于业务部门提供的相关信息。这就需要企业更好地收集和整理相关业务信息，加强业务部门与财务部门的密切合作，就相关交易的商业模式、支付条款、定价安排等进行充分沟通，促进业财融合，全面提升管理水平。

岗位职责

财务成果核算是对企业收入、费用、利润等业务的核算。财务成果岗位职责如下。

一、成本费用会计岗位职责

(1) 协助有关部门拟定成本费用管理与核算办法。

(2) 制订成本费用计划，严格控制成本费用开支。

(3) 负责对成本费用业务相关的原始凭证和记账凭证进行审核，制定合理的会计凭证传递程序。

(4) 负责成本费用总分类核算和明细分类核算。

(5) 做好成本费用的基础管理工作。

(6) 负责支出的审查报批的登记工作。

(7) 编制成本费用报表，进行成本费用的分析和考核。

二、收入、利润会计岗位职责

(1) 协助有关部门编制销售和利润计划。

(2) 负责销售款项结算业务。

(3) 负责对销售和利润业务相关的原始凭证和记账凭证进行审核，制定合理的凭证传递程序。

(4) 负责销售和利润的明细核算。

(5) 负责利润分配的明细核算。

(6) 编制收入、利润及利润分配表，进行利润的分析和考核。

(7) 会同有关部门对库存商品进行清查盘点。

建议学时

10 学时。

任务 13－1 核算收入

任务目标

知识目标：

1. 熟悉收入确认与计量的方法。
2. 熟悉合同取得成本、合同履约成本的概念及内容。

技能目标：

1. 能够用自己的语言描述五步法收入确认与计量的步骤。
2. 能够解释合同取得成本、合同履约成本的概念，并列举其内容。
3. 能够正确编制一般销售商品收入相关业务的会计分录。
4. 能够正确编制在某一时段内完成履约义务的会计分录。
5. 能够正确编制合同取得成本、合同履约成本相关业务的会计分录。

素养目标：

1. 培养爱岗敬业、坚持原则、强化服务等良好的职业素养。
2. 培养合同意识、责任意识和风险管理意识。
3. 能够积极主动地思考问题，并能逻辑清楚地与他人分享。
4. 能够在任务活动中不断反思、调节，以帮助预期目标的达成。

建议学时

6 学时。

相关知识

一、收入认知

收入是指企业在日常活动中形成的、会导致所有者权益增加的、与所有者投入资本无关的经济利益的总流入。其中，日常活动是指企业为完成其经营目标所从事的经常性活动以及与之相关的其他活动。例如，工业企业制造并销售产品、商业企业销售商品、咨询公司提供咨询服务、软件公司为客户开发软件、安装公司提供安装服务、建筑公司提供建造服务等，均属于企业的日常活动。

按照企业从事日常活动的重要性，通常将收入分为主营业务收入和其他业务收入。

主营业务收入是指企业为完成其经营目标从事的经常性活动实现的收入。主营业务收入一般占企业总收入的比重较大，对企业的经济效益产生较大影响。

其他业务收入是指企业为完成其经营目标所从事的与经常性活动相关的活动实现的收入。其他业务收入一般占企业总收入的比重较小。不同行业企业的其他业务收入包括的内容不同。比如，工业企业的其他业务收入主要包括对外出售因生产计划变更、技术革新、产品结构调整等因素致使不再适用于企业当前正常生产经营活动的原材料、对外出租包装物或固定资产、对外转让无形资产使用权等。

二、收入的确认和计量

根据新收入准则的规定，收入确认和计量大致分为五步：第一步，识别与客户订立的合同；第二步，识别合同中的单项履约义务；第三步，确定交易价格；第四步，将交易价格分摊至各单项履约义务；第五步，履行各单项履约义务时确认收入。其中，第一步、第二步和第五步主要与收入的确认有关，第三步和第四步主要与收入的计量有关。

（一）识别与客户订立的合同

合同是指双方或多方之间订立有法律约束力的权利义务的协议。合同有书面形式、口头形式以及其他可验证的形式（如隐含于商业惯例或企业以往的习惯做法中等）。

合同的存在是企业确认客户合同收入的前提，企业与客户之间的合同一经签订，企业即享有从客户取得与转移商品和服务对价的权利，同时负有向客户转移商品和服务的履约义务。

企业与客户之间的合同同时满足下列条件的，企业应当在客户取得相关商品控制权时确认收入。

（1）合同各方已批准该合同并承诺将履行各自义务。

（2）该合同明确了合同各方与所转让的商品相关的权利和义务。

（3）该合同有明确的与所转让的商品相关的支付条款。

（4）该合同具有商业实质，即履行该合同将改变企业未来现金流量的风险、时间分布或金额。

（5）企业因向客户转让商品而有权取得的对价很可能收回。

（二）识别合同中的单项履约义务

履约义务是指合同中企业向客户转让可明确区分商品或服务的承诺。

下列情形下，企业应当将向客户转让商品的承诺作为单项履约义务：一是企业向客户转让可明确区分商品（或商品和服务的组合）的承诺；二是企业向客户转让一系列实质相同且转让模式相同的、可明确区分商品的承诺。

例如，某企业与客户签订了一份合同，向其销售商品并提供安装服务。如果该安装服务简单，除该企业外其他供应商也可以提供类似安装服务，那么该合同中销售商品和提供安装服务可作为两项履约义务确认。如果该安装服务复杂且商品需要按客户定制要求修改，则合同中销售商品和提供安装服务应合并为一项履约义务。

（三）确定交易价格

交易价格是指企业因向客户转让商品而预期有权收取的对价金额。企业代第三方收取的款项以及企业预期将退还给客户的款项，应当作为负债进行会计处理，不计入交易价格。合同条款所承诺的对价，可能是固定金额、可变金额或两者兼有。

（四）将交易价格分摊至各单项履约义务

当合同中包含两项或多项履约义务时，需要将交易价格分摊至各单项履约义务。分摊的方法是在合同开始日，按照各单项履约义务所承诺商品的单独售价（企业向客户单独销售商品的价格）的相对比例，将交易价格分摊至各单项履约义务。

（五）履行各单项履约义务时确认收入

企业应当在履行了合同中的履约义务，即客户取得相关商品控制权时确认收入。企业将商品控制权转移给客户，可能是在某一时段内（即履行履约义务的过程中）发生，也可能在某一时点（即履约义务完成时）发生，企业应当根据实际情况，首先判断履约义务是属于某一时段内履行的履约义务还是某一时点履行的履约义务。

一般而言，确认和计量任何一项合同收入应考虑以上的五个步骤。但履行某些合同义务确认收入不一定都经过这五个步骤。如企业按照第二步确定某项合同仅为单项履约义务，可以从第三步直接进入第五步确认收入，不需要经过第四步（分摊交易价格）。

三、在某一时点履行履约义务确认收入

对于在某一时点履行的履约义务，企业应当在客户取得相关商品控制权时确认收入。在判断控制权是否转移时，企业应当综合考虑表 13 –1 所列迹象。

表 13 –1　某一时点履行履约义务确认收入

确认条件	简要说明
（1）企业就该商品享有现时收款权利，即客户就该商品负有现时付款义务	例如，仲夏公司与客户签订销售商品合同，约定客户有权定价且在收到商品无误后 15 日内付款。在客户收到仲夏公司开具的发票、商品验收入库后，客户能够自主确定商品的销售价格或商品的使用情况，此时仲夏公司享有收款权利，客户负有现时付款义务
（2）企业已将该商品的法定所有权转移给客户，即客户已拥有该商品的法定所有权	例如，某房地产企业向客户销售一套商品房，在客户付款后取得房屋产权证时，表明企业已将该商品房的法定所有权转移给客户
（3）企业已将该商品实物转移给客户，即客户已占有该商品实物	例如，企业与客户签订交款提货合同，企业送货到客户指定地点，客户验收合格并支付货款，表明企业已将该商品实物转移给客户，即客户已占有该商品实物
（4）企业已将该商品所有权上的主要风险和报酬转移给客户，即客户已取得该商品所有权上的主要风险和报酬	例如，仲夏公司将商品销售给客户，该商品价格上涨或下跌带来的利益或损失全部属于客户，表明客户已取得该商品所有权上的主要风险和报酬
（5）客户已接受该商品	例如，仲夏公司向客户销售为其定制生产的节能设备，客户收到并验收合格后办理入库手续，表明客户已接受该商品
（6）其他表明客户已取得商品控制权的迹象	—

（一）账户设置

账户设置详情，请扫码查看。

（二）一般销售商品业务收入的账务处理

企业在履行合同中的单项履约义务时，应按照已收或应收的合同价款，加上应收取的增值税税额，借记“银行存款”“应收账款”“应收票据”等账户，按实现的收入贷记“主营业务收入”等账户，按应收取的增值税税额，贷记“应交税费——应交增值税（销项税额）”等账户。

（三）已经发出商品但不能确认收入的账务处理（委托代销）

企业按合同发出商品，合同约定客户只有在商品售出取得价款后才支付货款。企业向客户转让商品的对价未达到“很可能收回”收入确认条件。在发出商品时，企业不应确认收入，将发出的商品通过

“发出商品”账户进行核算。

“发出商品”属于资产类账户，核算企业商品已发出但客户未取得商品控制权时的商品成本。其期末余额应在资产负债表“存货”项目反映。

委托代销是指委托方根据协议委托受托方代销商品的一种销售方式。协议中要确定委托代销的商品种类、价格、代销方式、代销手续费标准和结算办法等，以明确双方的经济利益和经济责任。委托代销具体又可分为视同买断方式和收取手续费方式两种。

视同买断方式是指由委托方和受托方签订协议，委托方按协议价收取所代销商品的货款，实际售价可由受托方自定，实际售价与协议价之间的差额归受托方所有的销售方式。在这种代销方式下，虽然从形式上看是委托方将商品交付给受托方进行销售，但本质上与直接销售商品给受托方并无太大差异。对于委托方而言，在发出商品时，通常应当按照协议价确认销售商品收入，同时结转相应成本，因为此时商品所有权上的主要风险和报酬已经转移给了受托方。对于受托方来说，在取得商品后，就如同购进商品一样拥有自主定价权，销售商品后按实际售价确认销售收入，并结转相应成本。

收取手续费方式是指受托方根据所代销的商品数量向委托方收取手续费的销售方式。其主要特点是受托方应按委托方规定的价格销售商品，不得自行调整售价。这种代销方式，对于受托方来说，收取的手续费实际上是一种劳务收入，应在商品销售后，按合同或协议约定的方法计算确定的手续费确认收入；对于委托方来说，在发出商品时，商品所有权上的主要风险和报酬并未转移给受托方，因此委托方在发出商品时通常不应确认销售商品收入，而应在收到受托方开出的代销清单时确认销售商品收入。

账户设置如下。

（1）“受托代销商品”账户（资产类账户），用于核算企业接受其他单位委托代销的商品。该账户是一个非常特殊的账户，其核算的并不是自己的资产，而是别人的资产。

（2）“受托代销商品款”账户（负债类账户），用来核算企业接受代销商品的价款。

（四）销售折让和销售退回业务的账务处理

销售折让是指企业因售出商品的质量不合格等原因而在售价上给予的减让。企业已确认销售收入的售出商品发生销售折让的，应当在发生时冲减当期销售商品收入。但销售折让属于资产负债表日后事项的，适用《企业会计准则第29号——资产负债表日后事项》。

销售退回是因企业售出商品在质量、品种等方面不符合销售合同规定条款的要求，客户要求企业退货。企业销售商品发生退货，表明企业履约义务的减少和客户商品控制权及其相关经济利益的丧失。

其基本账务处理见表13－2。

表13－2　销售退回业务账务处理

业务内容	账务处理
（1）未确认收入的售出商品发生销售退回	借：库存商品 　贷：发出商品
（2）已确认收入的售出商品发生销售退回，企业应在发生时冲减当期销售商品收入，同时冲减当期销售商品成本。如该项销售退回允许扣减增值税税额的，应同时调整“应交税费——应交增值税（销项税额）”账户的相应金额	借：主营业务收入 　应交税费——应交增值税（销项税额） 　贷：银行存款 借：库存商品 　贷：主营业务成本

（五）材料销售业务的账务处理

企业在日常活动中还可能发生对外销售不需用的原材料、随同商品对外销售单独计价的包装物等业务。企业销售原材料、包装物等存货也视同商品销售，其收入确认和计量原则比照商品销售。企业销售原材料、包装物等存货实现的收入作为其他业务收入处理，结转的相关成本作为其他业务成本处理。

四、可变对价的账务处理

企业与客户的合同中约定的对价金额可能是固定的，也可能会发生变化。

可变对价的情形包括以下方面。

（1）因折扣、价格折让、返利、退款、奖励积分、激励措施、业绩奖金、索赔等因素发生变化。

（2）根据一项或多项或有事项的发生而收取不同对价金额的合同。

若合同中存在可变对价，企业应当对计入交易价格的可变对价进行估计。企业确定可变对价的最佳估计数有以下两种方法。

（1）期望值。按照各种可能发生的对价金额及相关概率计算确定的金额。如果企业拥有大量具有类似特征的合同，并估计可能产生多个结果，通常按照期望值估计可变对价金额。

企业应确认的商品销售收入 = ∑（可能发生的对价金额 × 相关概率）

（2）最可能发生金额。按照一系列可能发生的对价金额中最可能发生的单一金额，即合同最可能产生的单一结果来确定可变对价的最佳估计数。当合同仅有两个可能结果时，通常按照最可能发生金额估计可变对价金额。

五、在某一时段内履行履约义务确认收入

满足下列条件之一的，属于在某一时段内履行履约义务。

（1）客户在企业履约的同时即取得并消耗企业履约所带来的经济利益。

（2）客户能够控制企业履约过程中在建的商品。

（3）企业履约过程中所产出的商品具有不可替代用途，且该企业在整个合同期间有权就累计至今已完成的履约部分收取款项。（已发生成本 + 合理利润）

有权就累计至今已完成的履约部分收取款项是指在由于客户或其他方原因终止合同的情况下，企业有权就累计至今已完成的履约部分收取能够补偿其已发生成本和合理利润的款项，并且该权利具有法律约束力。

对于在某一时段内履行的履约义务，企业应当在该段时间内按照履约进度确认收入，履约进度不能合理确认的除外。企业应当采用恰当的方法确定履约进度，以使其如实反映企业向客户转让商品和服务的履约情况。

企业应当考虑商品的性质，采用实际测量的完工进度、评估已实现的结果、时间进度、已完工或交付的产品等产出指标，或采用投入的材料数量、花费的人工工时、机器工时、发生的成本和时间进度等投入指标确定恰当的履约进度，并且在确定履约进度时，应当扣除那些控制权尚未转移给客户的商品和服务。

企业通常按照累计实际发生的成本占预计总成本的比例（成本法）确定履约进度。对于每一项履约义务，企业只能采用一种方法来确定其履约进度，并加以一贯运用。对于类似情况下的类似履约义务，企业应当采用相同的方法确定履约进度。

资产负债表日，企业按照合同的交易价格总额乘以履约进度扣除以前会计期间累计已确认的收入后的金额，确认当期收入。计算公式如下：本期确认的收入 = 合同的交易价格总额 × 截至本期履约进度 − 以前期间已确认的收入。

当履约进度不能合理确定时，企业已经发生的成本预计能够得到补偿的，应当按照已经发生的成本金额确认收入，直到履约进度能够合理确定。

其基本账务处理见表 13 − 3。

表 13 − 3　在某一时段内履行履约义务确认收入账务处理

业务	账务处理
（1）发生相关成本时	借：合同履约成本 　贷：银行存款/应付职工薪酬等
（2）确认收入、摊销合同履约成本时	借：银行存款等 　贷：主营业务收入 　　应交税费——应交增值税（销项税额） 借：主营业务成本等 　贷：合同履约成本

六、合同成本

企业在与客户之间建立合同关系过程中发生的成本主要有合同取得成本和合同履约成本。

（一）合同取得成本

企业为取得合同发生的增量成本预期能够收回的，应作为合同取得成本确认为一项资产。增量成本是指企业不取得合同就不会发生的成本，如销售佣金等。

企业为取得合同发生的、除预期能够收回的增量成本之外的其他支出，如无论是否取得合同均会发生的差旅费、投标费和为准备投标资料发生的相关费用等，应当在发生时计入当期损益，但明确由客户承担的除外。

案例13-16

对于确认为资产的合同取得成本，企业应当采用与该资产相关的商品收入确认相同的基础进行摊销，计入当期损益。为简化实务操作，该资产摊销期限不超过一年的，可以在发生时计入当期损益。

其基本账务处理见表 13－4。

表 13－4 合同取得成本的账务处理

业务	账务处理
（1）支付与取得合同相关费用时	借：合同取得成本（增量成本） 管理费用等（差旅费、尽职调查费用等） 贷：银行存款等
（2）确认收入、摊销合同取得成本时	借：应收账款等 贷：主营业务收入 应交税费——应交增值税（销项税额） 借：销售费用等 贷：合同取得成本

（二）合同履约成本

案例13-17

企业为履行合同可能会发生各种成本，企业在确认收入的同时应当对这些成本进行分析，若不属于存货、固定资产、无形资产等规范范围且同时满足下列条件的，应当作为合同履约成本确认为一项资产。

（1）该成本与一份当前或预期取得的合同直接相关（表 13－5）。

表 13－5 履行合同相关成本明细

项目	内容
直接人工	支付给直接为客户提供所承诺服务的人员的工资、资金等
直接材料	为履行合同耗用的原材料、辅助材料、构配件、零件、半成品的成本，周转材料的摊销及租赁费用等
制造费用或类似费用	组织和管理相关生产、施工、服务等活动发生的费用，包括管理人员的薪酬、劳动保护费、固定资产折旧费及修理费、物料消耗、取暖费、水电费、办公费、差旅费、财产保险费、工程保修费、临时设施摊销费等

案例13-18

（2）该成本增加了企业未来用于履行（或持续履行）履约义务的资源。

（3）该成本预期能够收回。

企业发生下列支出时，应当将其计入当期损益。

（1）管理费用，明确应由客户承担的费用除外。

（2）非正常消耗的直接材料、直接人工和制造费用（或类似费用），这些支出为履行合同发生，但未反映在合同价格中。

（3）与履约义务中已履行（包括已全部履行或部分履行）部分相关的支出，即该支出与企业过去的履约活动相关。

(4) 无法在尚未履行的和已履行（或已部分履行）的履约义务之间区分的相关支出。

技能训练

一、在某一时点履行履约义务确认收入的核算

任务资料：

甲公司为增值税一般纳税人，产品适用的增值税税率为13%，确认收入的同时结转成本。为促进销售，该公司承诺客户购买3 000件以上给予10%的商业折扣。

2023年11月，甲公司发生如下经济业务：

业务1：3日，向乙公司销售商品200件，商品售价为100 000元，增值税税额为13 000元，该批商品的成本为60 000元。商品已发出，款项已收到并存入银行，开出增值税专用发票。销售前，该批商品已计提了7 000元的存货跌价准备。

业务2：10日，与丙公司签订销售合同，采用预收款方式向丙公司销售一批商品2 500件，商品售价为125 000元，增值税税额为16 250元，该批商品的成本为75 000元。丙公司预付60%的货款（不含增值税），余款于发出商品时结清。

业务3：15日，向乙公司销售商品4 000件，不含税单价500元。单位成本为300元，符合收入确认条件，合同规定的现金折扣条件为2/10，1/20，*N*/30，计算现金折扣不考虑增值税。根据以往经验，预计乙公司10天内付款的概率为20%，10天后、20天内付款的概率为70%，20天后付款的概率为10%。16日收到乙公司支付的购货款项。

业务4：18日，甲公司发出商品，同时收到丙公司支付的余款。

业务5：20日，收到10月份已确认销售收入但因质量问题被退回的500件商品，该商品不含税单价为500元，单位成本为300元，该批商品相关货款尚未收到。甲公司同意退货，当日办妥了相关手续，并开具了增值税专用发票（红字）。该批商品在销售时买方未享受商业折扣、现金折扣。

业务6：30日，销售材料一批，开具的增值税专用发票上注明的价款为18万元，增值税税额为2.34万元，款项已存入银行，该批材料的成本为15万元。

要求：

根据上述经济业务编制会计分录。

二、在某一时段内履行履约义务确认收入的核算

任务资料：

甲公司于2023年12月1日接受一项设备安装任务，安装期为3个月。合同总收入600 000元，至年底已预收安装费用440 000元，实际发生安装费用为280 000元（假定均为安装人员薪酬），估计还将发生安装费用120 000元。假定甲公司按实际发生的成本占估计总成本的比例确定安装的履约进度，不考虑增值税等其他因素。

要求：

根据相关提示编制甲公司相关业务的会计分录（表13－6）。

表13－6　甲公司相关业务的会计分录

业务	会计分录
（1）实际发生劳务成本	
（2）预收劳务款	
（3）2023年12月31日确认劳务收入并结转劳务成本	实际发生的成本占估计总成本的比例＝ 2023年12月31日确认的劳务收入＝

任务评价

请填写任务评价参考表，检测目标达成情况，见表13－7。

表13－7　核算收入评价参考表

任务目标	达成情况
1. 能够用自己的语言描述五步法收入确认与计量的步骤	是□ 否□
2. 能够解释合同取得成本、合同履约成本的概念，并列举其内容	是□ 否□
3. 能够正确编制一般销售商品收入相关业务的会计分录	是□ 否□
4. 能够正确编制在某一时段内完成履约义务的会计分录	是□ 否□
5. 能够正确编制合同取得成本、合同履约成本相关业务的会计分录	是□ 否□
6. 能够积极主动地思考问题，并能逻辑清晰地与他人分享	是□ 否□
7. 能够在任务活动中不断反思、调节，以帮助预期目标的达成	是□ 否□

任务 13－2　核算费用

任务目标

知识目标：

1. 掌握费用的内容及分类。

2. 掌握费用的核算方法。

技能目标：

1. 能够描述费用的内容及分类。

2. 能够正确编制费用相关业务的会计分录。

素养目标：

1. 培养爱岗敬业、坚持准则、诚实守信、客观公正的会计职业道德。

2. 能够积极主动地思考问题，并能逻辑清楚地与他人分享。

3. 能够在任务活动中不断反思、调节，以帮助预期目标的达成。

建议学时

2 学时。

相关知识

费用包括企业日常活动所发生的经济利益的总流出，主要指企业为取得营业收入进行产品销售等营业活动所发生的营业成本、税金及附加和期间费用。

一、营业成本的核算

营业成本是指企业为生产产品、提供服务等发生的可归属于产品成本、服务成本等的费用，应当在确认销售商品收入、提供服务收入等时，将已销售商品、已提供服务的成本确认为营业成本（包括主营业务成本和其他业务成本）。

（一）主营业务成本

主营业务成本是指企业销售商品、提供服务等经常性活动所发生的成本。企业一般在确认销售商品、提供服务等主营业务收入时，或在期（月）末，将已销售商品、已提供服务的成本转入主营业务成本。

其基本账务处理见表 13－8。

表13－8 主营业务成本账务处理

业务	账务处理
结转已销售商品或已提供服务成本时	借：主营业务成本 　　贷：库存商品/合同履约成本/存货跌价准备等
期末结转	借：本年利润 　　贷：主营业务成本

（二）其他业务成本

其他业务成本是指企业确认的除主营业务活动以外的其他日常经营活动所发生的支出。其包括销售材料的成本、出租固定资产的折旧额、出租无形资产的摊销额、出租包装物的成本或摊销额等。采用成本模式计量投资性房地产的，其投资性房地产计提的折旧额或摊销额，也构成其他业务成本。

其基本账务处理见表13－9。

表13－9 其他业务成本账务处理

业务	账务处理
结转其他业务成本时	借：其他业务成本 　　贷：原材料/累计折旧/累计摊销/周转材料等
期末结转	借：本年利润 　　贷：其他业务成本

二、税金及附加的核算

税金及附加是指企业经营活动应负担的相关税费，其包括消费税、城市维护建设税、教育费附加、资源税、土地增值税、房产税、环境保护税、城镇土地使用税、车船税、印花税等。

企业按规定计算确定的与经营活动相关的税费，借记“税金及附加”账户，贷记“应交税费”账户。期末，应将“税金及附加”账户余额转入“本年利润”账户。结转后“税金及附加”账户无余额。

企业交纳的印花税，不会发生应付未付税款的情况，不需要预提应纳税金额，同时也不存在与税务机关结算或者清算的问题。因此，企业交纳的印花税不通过“应交税费”账户核算，应于购买印花税票时，直接借记“税金及附加”账户，贷记“银行存款”账户。

耕地占用税、车辆购置税和契税，不通过“应交税费”账户核算，也不通过

“税金及附加”账户核算，发生时直接计入相关资产成本。

三、期间费用的核算

期间费用是指企业日常活动发生的不能计入特定核算对象的成本，而应计入发生当期损益的费用，其包括销售费用、管理费用和财务费用。

期间费用是企业日常活动中所发生的经济利益的流出，通常不计入特定的成本核算对象，是因为期间费用是企业为组织和管理整个经营活动所发生的费用，与可以确定特定成本核算对象的材料采购、产成品生产等没有直接关系，因而于发生时直接计入当期损益。

（一）销售费用

销售费用是指企业销售商品和材料、提供服务的过程中发生的各种费用。

销售费用主要包括以下内容。

（1）企业在销售产品过程中发生的保险费、包装费、展览费、广告费、商品维修费、预计产品质量保证损失、运输费、装卸费等。

（2）为销售本企业商品而专设的销售机构（含销售网点、售后服务网点等）的职工薪酬、业务费、折旧费等经营费用。

（3）与专设销售机构相关的固定资产修理费用等后续支出。

（4）出借包装物的摊销、随同商品出售不单独计价的包装物成本、委托代销商品委托方支付的手续费等。

企业发生销售费用时，借记“销售费用”账户，贷记“库存现金”“银行存款”“应付职工薪酬”“累计折旧”等账户。期末，应将“销售费用”账户余额转入“本年利润”账户。结转后，“销售费用”账户无余额。

（二）管理费用

管理费用是指企业为组织和管理企业生产经营活动所发生的各种费用。

管理费用主要包括以下内容。

（1）筹建期间的开办费。

（2）行政管理部门发生的，如行政管理部门职工薪酬、物料消耗、低值易耗品摊销、办公费、差旅费、固定资产折旧费、修理费等。

（3）企业统一负担的，如技术转让费、研究费用、业务招待费、排污费、诉讼费、咨询费（含顾问费）、中介机构费等。

（4）董事会费，如董事会成员津贴、会议费和差旅费等。

（5）生产车间固定资产日常修理费用。

账户设置13-3

企业发生管理费用时，借记“管理费用”账户，贷记“库存现金”“银行存款”“累计折旧”“累计摊销”“研发支出”“应付职工薪酬”等账户。期末，应将“管理费用”账户余额转入“本年利润”账户。结转后，“管理费用”账户无余额。

案例13-25

案例13-26

案例13-27

商品流通企业管理费用不多，可不设“管理费用”账户，相关核算内容可并入“销售费用”账户核算。

（三）财务费用

财务费用是指企业为筹集生产经营所需资金等而发生的筹资费用。

财务费用主要包括以下内容。

（1）利息支出，如企业借款的利息支出、企业存款的利息收入（冲减财务费用）、贴现的利息支出等。

（2）汇兑损益，如汇兑损失和汇兑收益（冲减财务费用）。

（3）相关手续费，如办理银行承兑汇票的手续费等。

账户设置13-4

企业发生财务费用时，借记“财务费用”账户，贷记“应付利息”“银行存款”等账户。期末，应将“财务费用”账户余额转入“本年利润”账户。结转后，“财务费用”账户无余额。

案例13-28

案例13-29

案例13-30

技能训练

一、费用的内容及其分类

要求：

1. 独立思考回答下列问题，并将自己的想法记录下来。

（1）描述费用的概念。

（2）描述费用的核算内容及其分类。

（3）调查了解你所在地区企业的费用报销业务现状，并对其存在的问题进行简要分析。

（4）了解基于 RPA（机器人流程自动化）的费用报销业务流程，简要描述流程的整体设计思路。

2. 团队交流讨论，自我改进完善。

二、销售材料业务的核算

业务资料：

2023 年 5 月 10 日，甲公司销售一批原材料，开具的增值税专用发票上注明的售价为 20 000 元，增值税税额为 2 600 元，款项已由银行收妥。该批原材料的实际成本为 14 000 元。该项销售业务属于某一时点履行的履约义务。

要求：

请根据表 13－10 提示，完成甲公司销售材料的账务处理。

表 13－10　甲公司销售材料的账务处理

业务	账务处理
（1）销售实现时	
（2）结转成本	
（3）期末，将其他业务成本结转至本年利润时	

三、报销差旅费业务的核算

业务资料：

2021 年 12 月 9 日，美奇纸业销售部王一报销差旅费。其取得了往返航空运输电子客票行程单，取得增值税专用发票 1 张，具体信息见原始凭证；取得出租车统一发票两张，合计 100 元（原始凭证略）。企业出差补贴为 100 元/天，王一出差 5 天，共计 500 元。

要求：

拓展资源13-3

1. 计算航空旅客运输的进项税额。

2. 填制差旅费报销单（表 13－11）。

表 13－11　差旅费报销单

部门：　　　　　　　　　　　　年　　月　　日

<table>
<tr><td colspan="9">出差人</td><td colspan="4">出 差 事 由</td><td colspan="3">洽谈合作</td></tr>
<tr><td colspan="4">出 发</td><td colspan="4">到 达</td><td rowspan="2">交通工具</td><td colspan="2">交通费</td><td colspan="2">出差补贴</td><td colspan="3"></td></tr>
<tr><td>月</td><td>日</td><td>时</td><td>地点</td><td>月</td><td>日</td><td>时</td><td>地点</td><td>单据张数</td><td>金额</td><td>天数</td><td>金额</td><td>项目</td><td>单据张数</td><td>金额</td></tr>
<tr><td></td><td></td><td></td><td></td><td></td><td></td><td></td><td></td><td></td><td></td><td></td><td></td><td></td><td>住 宿 费</td><td></td><td></td></tr>
<tr><td></td><td></td><td></td><td></td><td></td><td></td><td></td><td></td><td></td><td></td><td></td><td></td><td></td><td>市 内 车 费</td><td></td><td></td></tr>
<tr><td></td><td></td><td></td><td></td><td></td><td></td><td></td><td></td><td></td><td></td><td></td><td></td><td></td><td>邮　电　费</td><td></td><td></td></tr>
<tr><td></td><td></td><td></td><td></td><td></td><td></td><td></td><td></td><td></td><td></td><td></td><td></td><td></td><td>办公用品费</td><td></td><td></td></tr>
<tr><td></td><td></td><td></td><td></td><td></td><td></td><td></td><td></td><td></td><td></td><td></td><td></td><td></td><td>不买卧铺补贴</td><td></td><td></td></tr>
<tr><td></td><td></td><td></td><td></td><td></td><td></td><td></td><td></td><td></td><td></td><td></td><td></td><td></td><td>其　　他</td><td></td><td></td></tr>
<tr><td colspan="9">合　　计</td><td></td><td></td><td></td><td></td><td></td><td></td><td></td></tr>
<tr><td rowspan="2" colspan="2">报销总额</td><td rowspan="2" colspan="7">人 民 币
（大写）</td><td rowspan="2" colspan="2">预借金额</td><td rowspan="2" colspan="2">0</td><td>补领金额</td><td colspan="2"></td></tr>
<tr><td>退还金额</td><td colspan="2"></td></tr>
</table>

主管　　　　　　　　审核　　　　　　　　出纳　　　　　　　　领款人

3. 编制该笔业务的会计分录。

任务评价

请填写任务评价参考表，检测目标达成情况，见表 13－12。

表 13－12 核算费用评价参考表

任务目标	达成情况
1. 能够描述费用的内容及分类	是 □ 否 □
2. 能够正确编制费用相关业务的会计分录	是 □ 否 □
3. 能够积极主动地思考问题，并能逻辑清晰地与他人分享	是 □ 否 □
4. 能够在任务活动中不断反思、调节，以帮助预期目标的达成	是 □ 否 □

任务 13－3 核算利润

任务目标

知识目标：

掌握利润的构成内容及计算方法。

技能目标：

1. 能够解释利润的构成。
2. 能够正确计算营业利润、利润总额和净利润。
3. 能够正确编制利润相关业务的会计分录。

素养目标：

1. 培养爱岗敬业、坚持准则、诚实守信、客观公正的会计职业道德。
2. 能够积极主动地思考问题，并能逻辑清楚地与他人分享。
3. 能够在任务活动中不断反思、调节，以帮助预期目标的达成。

建议学时

2 学时。

相关知识

一、利润认知

（一）利润的概念

利润是指企业在一定会计期间的经营成果。利润包括收入减去费用后的净额、直接计入当期利润的利得和损失等。其中，收入减去费用后的净额反映的是企业日常活动的业绩；直接计入当期利润的利得和损失反映的是企业非日常活动的业绩。

（二）利润的构成

利润包括营业利润、利润总额和净利润。

1. 营业利润

营业利润是企业利润的主要来源，按照利润表的列报要求，营业利润的构成如下：

营业利润 = 营业收入 – 营业成本 – 税金及附加 – 销售费用 – 管理费用 – 财务费用 – 研发费用 + 其他收益 + 投资收益（ – 投资损失） + 公允价值变动收益（ – 公允价值变动损失） – 信用减值损失 – 资产减值损失 + 资产处置收益（ – 资产处置损失）

利润构成及解释见表13 – 13。

表13 – 13 利润构成及解释

项目	解释
营业收入	企业经营业务所实现的收入总额，包括主营业务收入和其他业务收入
营业成本	企业经营业务所发生的实际成本总额，包括主营业务成本和其他业务成本
研发费用	企业进行研究与开发过程中发生的费用化支出，以及计入管理费用的自行开发无形资产的摊销
其他收益	主要是指与企业日常活动相关，除冲减相关成本费用以外的政府补助
投资收益（或损失）	企业以各种方式对外投资所取得的收益（或损失）
公允价值变动收益（或损失）	企业交易性金融资产等公允价值变动形成的应计入当期损益的利得（或损失）
信用减值损失	企业计提各项金融工具信用减值准备所确认的信用损失
资产减值损失	企业计提有关资产减值准备所形成的损失
资产处置收益（或损失）	反映企业出售划分为持有待售的非流动资产（金融工具、长期股权投资和投资性房地产除外）或处置组（子公司和业务除外）时确认的处置利得或损失，以及处置未划分为持有待售的固定资产、在建工程、生产性生物资产及无形资产而产生的处置利得或损失，还包括非货币性资产交换中换出非流动资产产生的利得或损失

2. 利润总额

利润总额 = 营业利润 + 营业外收入 – 营业外支出

其中，营业外收入是指企业发生的与其日常活动无直接关系的各项利得；营业外支出是指企业发生的与其日常活动无直接关系的各项损失。

3. 净利润

净利润 = 利润总额 – 所得税费用

其中，所得税费用是指企业确认的应从当期利润总额中扣除的所得税费用。

二、营业外收入与营业外支出

（一）营业外收入

营业外收入是指企业确认的与其日常活动无直接关系的各项利得。营业外收入并不是企业经营资金耗费所产生的，实际上是经济利益的净流入，不需要与有关的费用进行配比。

营业外收入构成及解释见表13－14。

表13－14 营业外收入构成及解释

项目	解释
非流动资产毁损报废收益	因自然灾害等发生毁损、已丧失使用功能而报废非流动资产所产生的清理收益
盘盈利得	企业对现金等资产清查盘点时发生盘盈，报经批准后计入营业外收入的金额
捐赠利得	企业接受捐赠产生的利得
罚款收入	对方违反国家有关行政管理法规，按照规定支付给本企业的罚款，不包括银行的罚息
无法支付的应付账款	主要是指因债权人单位变更登记或撤销等而无法支付的应付款项等
与企业日常活动无关的政府补助	企业从政府无偿取得货币性资产或非货币性资产，且与企业日常活动无关的利得

（二）营业外支出

营业外支出是指企业确认的与其日常活动无直接关系的各项损失。

营业外支出构成及解释见表13－15。

表13－15 营业外支出构成及解释

项目	解释
非流动资产毁损报废损失	因自然灾害等发生毁损、已丧失使用功能而报废的非流动资产所产生的清理损失
盘亏损失（固定资产盘亏）	对于财产清查盘点中盘亏的资产，查明原因并报经批准计入营业外支出的损失
捐赠支出	企业对外进行捐赠发生的支出
罚款支出	企业支付的行政罚款、税务罚款，以及其他违反法律法规、合同协议等而支付的罚款、违约金、赔偿金等支出

续表

项目	解释
非常损失	企业对于因客观因素（如自然灾害等）造成的损失，扣除保险公司赔偿后应计入营业外支出的净损失

三、所得税费用

企业的所得税费用包括当期所得税和递延所得税两部分。其中，当期所得税是指当期应交所得税；递延所得税包括递延所得税资产和递延所得税负债。

递延所得税资产是指以未来期间很可能取得用来抵扣可抵扣暂时性差异的应纳税所得额为限确认的一项资产。

递延所得税负债是指根据应纳税暂时性差异计算的未来期间应付所得税的金额。

（一）应交所得税

应交所得税是指企业按照企业所得税法规定，针对当期发生的交易和事项计算确定的，应交纳给税务部门的所得税金额，即当期应交所得税。应纳税所得额是在企业税前会计利润（即利润总额）的基础上调整确定的（表13－16），计算公式为

应纳税所得额＝税前会计利润＋纳税调整增加额－纳税调整减少额

表13－16　应纳税所得额调整

项目	内容
应税调整增加额	1. 企业已计入当期损失但税法规定不允许扣除项目的金额，如税收滞纳金、罚款等 2. 税法规定允许扣除项目中，企业已计入当期费用但超过税法规定扣除标准的金额，如超过税法规定标准的职工福利费、工会经费、职工教育经费、业务招待费、公益性捐赠支出、广告费及业务宣传费等
应税调整减少额	包括按企业所得税法规定允许弥补的亏损和准予免税的项目，如前5年内未弥补亏损、国债利息收入以及符合条件的居民企业之间的股息、红利等权益性投资收益等

企业当期应交所得税的计算公式为

应交所得税 = 应纳税所得额 × 适用税率

（二）所得税费用

根据企业会计准则规定，计算确定的当期所得税和递延所得税之和，即为应从当期利润总额中扣除的所得税费用。

所得税费用 = 当期所得税 + 递延所得税

其中，递延所得税 =（递延所得税负债的期末余额 – 递延所得税负债的期初余额）–（递延所得税资产的期末余额 – 递延所得税资产的期初余额）

四、本年利润

账户设置13-7

（一）本年利润的结转方法

会计期末，结转本年利润的方法有表结法和账结法两种。

1. *表结法*

表结法下，各损益类账户每月末只需结计出本月发生额和月末累计余额，不结转到“本年利润”账户，只有在年末时才将全年累计余额结转入“本年利润”账户。但每月末要将损益类账户的本月发生额合计数填入利润表的本月数栏，同时将本月末累计余额填入利润表的本年累计数栏，通过利润表计算反映各期的利润（或亏损）。

表结法下，年中损益类账户无须结转入“本年利润”账户，从而减少了转账环节和工作量，同时并不影响利润表的编制及有关损益指标的利用。

2. *账结法*

账结法下，每月末均需编制转账凭证，将在账上结计出的各损益类账户余额结转入“本年利润”账户。结转后“本年利润”账户的本月余额反映当月实现的利润或发生的亏损，“本年利润”账户的本年余额反映本年累计实现的利润或发生的亏损。

账结法在各月均可通过“本年利润”账户提供当月及本年累计的利润（或亏损）额，但增加了转账环节和工作量。

（二）利润分配

利润分配是指企业根据国家有关规定和企业章程、投资协议等，对企业当年可供分配的利润所进行的分配。

可供分配的利润 = 当年实现的净利润（或净亏损） + 年初未分配利润（或 - 年初未弥补亏损） + 其他转入（如盈余公积补亏转入）

1. 企业利润分配的顺序

（1）提取法定盈余公积。

（2）提取任意盈余公积。

（3）向投资者分配利润。

2. 账户设置

账户设置详情，请扫码查看。

3. 账务处理

会计期末，企业应将“主营业务收入”“其他业务收入”等账户的余额分别转入“本年利润”账户的贷方，将“主营业务成本”“其他业务成本”等账户的余额分别转入“本年利润”账户的借方。企业还应将“投资收益”“公允价值变动损益”“资产处置损益”账户的净收益转入“本年利润”账户的贷方，净损失转入“本年利润”账户的借方。结转后“本年利润”账户如为贷方余额，表示当年实现的净利润；如为借方余额，表示当年发生的净亏损。

年度终了，企业需将本年实现的净利润（或净损失）转入“利润分配”账户。结转完毕后，“本年利润”账户应无余额。

企业将净利润按法定程序提取法定盈余公积、任意盈余公积，向投资者分配利润。企业进行利润分配后，需将“利润分配”账户其他明细账户的余额转入“利润分配——未分配利润”明细账户。结转后，“利润分配”账户除“未分配利润”明细账户外，其他明细账户应无余额。

其基本账务处理见表 13 - 17。

表 13 - 17　利润分配账务处理

业务	账务处理	
会计期（月）末	结转收入、利得类账户	借：主营业务收入/其他业务收入/营业外收入等 　贷：本年利润
	结转费用、损失类账户	借：本年利润 　贷：主营业务成本/其他业务成本/管理费用等

续表

<table>
<tr><th>业务</th><th colspan="2">账务处理</th></tr>
<tr><td rowspan="2">计提并结转所得税费用</td><td>计提时</td><td>借：所得税费用
递延所得税资产
贷：应交税费——应交所得税
递延所得税负债</td></tr>
<tr><td>结转时</td><td>借：本年利润
贷：所得税费用</td></tr>
<tr><td rowspan="2">年度终了，结转本年利润或亏损</td><td>结转本年利润</td><td>借：本年利润
贷：利润分配——未分配利润</td></tr>
<tr><td>结转本年亏损</td><td>借：利润分配——未分配利润
贷：本年利润</td></tr>
<tr><td colspan="2">提取盈余公积</td><td>借：利润分配——提取法定盈余公积
——提取任意盈余公积
贷：盈余公积——法定盈余公积
——任意盈余公积</td></tr>
<tr><td colspan="3">注意：如果以前年度未分配利润有盈余（即年初未分配利润余额为正数），在计算提取法定盈余公积的基数时，不应包括企业年初未分配利润；如果以前年度有亏损（即年初未分配利润为负数），应先弥补以前年度亏损再提取盈余公积</td></tr>
<tr><td colspan="2">宣告发放现金股利</td><td>借：利润分配——应付现金股利或利润
贷：应付股利</td></tr>
<tr><td colspan="2">将利润分配账户所属其他明细账的余额结转至“未分配利润”明细账</td><td>借：利润分配——未分配利润
贷：利润分配——提取法定盈余公积
——提取任意盈余公积
——应付现金股利或利润</td></tr>
</table>

技能训练

一、利润核算全流程账务处理

业务资料：

甲公司 2023 年 12 月 31 日有关损益类账户的发生额见表 13－18。

表 13－18　损益类账户的发生额

2023 年 12 月 31 日　　金额单位：元

收入类账户	贷方发生额	费用类账户	借方发生额
主营业务收入	600 000	主营业务成本	300 000
其他业务收入	50 000	其他业务成本	50 000

续表

收入类账户	贷方发生额	费用类账户	借方发生额
		税金及附加	2 000
		管理费用	10 000
		财务费用	1 000

要求：

1. 结转损益类账户。

2. 计算并结转所得税费用（假定没有纳税调整项目，所得税税率为25%）。

3. 将本年利润年末余额转入利润分配——未分配利润。

4. 按净利润的10%计提法定盈余公积。

5. 向投资者分配利润70 000元。

6. 将“利润分配”账户所属其他明细账的余额结转至“未分配利润”明细账。

根据要求完成账务处理（表13－19）。

表13－19 利润核算关键业务及其账务处理

业务	账务处理
结转损益类账户	
计算并结转所得税费用	
将本年利润年末余额转入利润分配——未分配利润	
按净利润的10%计提法定盈余公积	
向投资者分配利润70 000元	
将“利润分配”账户所属其他明细账的余额结转至“未分配利润”明细账	

二、案例分析

要求：

1. 阅读拓展资源13－5，收集财务造假典型案例，思考以下问题，并将自己的看法简要记录下来。

（1）结合财务造假案例，谈谈企业是如何虚构收入和利润的。

（2）企业财务造假应承担什么责任？

（3）信息披露违规是一个不容忽视的问题，你认为应该如何进一步规范？

2. 你可以试着与同伴分享、讨论这些问题，来拓展自己的思维。

任务评价

请填写任务评价参考表，检测目标达成情况，见表 13－20。

表 13－20　核算利润评价参考表

任务目标	达成情况
1. 能够解释利润的构成	是 □ 否 □
2. 能够正确计算营业利润、利润总额和净利润	是 □ 否 □
3. 能够正确编制利润相关业务的会计分录	是 □ 否 □
4. 能够积极主动地思考问题，并能逻辑清晰地与他人分享	是 □ 否 □
5. 能够在任务活动中不断反思、调节，以帮助预期目标的达成	是 □ 否 □

即测即练

总结与评价

一、绘制思维导图

运用思维导图总结、归纳与本项目相关的知识点、技能点，帮助自己记忆、理解及查缺补漏。

二、自我分析与总结

（1）通过本项目的学习，学会了哪些知识？掌握了哪些技能？素养方面得到了哪些提升？

（2）反思本项目的完成情况，提出改进建议。

三、项目评价

请根据质量评价标准，完成项目评价，见表 13－21。

表 13－21 核算财务成果质量评价标准

评价内容		质量要求	分值	评价
A. 知识与方法（30 分）	必备知识	能够用自己的语言描述五步法收入确认与计量的步骤	7	
		能够解释合同取得成本、合同履约成本的概念，并列举其内容	6	
		能够描述费用的内容及分类	4	
		能够解释利润的构成	5	
	学习方法	自主学习、网络学习、查阅资料、师生互动学习等方法应用有效	8	
B. 完成任务/职业能力（40 分）	职业能力	能够正确编制一般销售商品收入相关业务的会计分录	5	
		能够正确编制在某一时段内完成履约义务的会计分录	3	
		能够正确编制合同取得成本、合同履约成本相关业务的会计分录	4	
		能够正确编制费用相关业务的会计分录	3	
		能够正确计算营业利润、利润总额和净利润	3	
		能够正确编制利润相关业务的会计分录	4	
	解决问题	遇到问题能够独立思考，提出自己的见解	5	
	团队协作	能够有效沟通、协作，目标一致，完成小组任务	5	
	任务完成	在规定的时间内，保质保量地完成了任务实施中的各项任务	8	
C. 职业道德与价值观（30 分）	思政及素养目标	爱岗敬业、坚持准则、诚实守信、客观公正	10	
	职业素养	具有法律意识、责任意识和风险管理意识	12	
		具有较强的学习能力、分析能力、沟通及团队协作能力	8	
项目得分				

视频13-1

视频13-2

视频13-3

项目 14　编制财务报告

项目提要

本项目主要介绍财务报告的编制。通过学习，学生能够熟悉财务报告体系的构成，掌握资产负债表、利润表、现金流量表的作用、结构原理、内容及其编制方法；能够完成资产负债表、利润表及现金流量表的编制；能够达成相应的职业道德、核心价值观等素养目标。

价值引领

财务报告揭示了企业一定时期的财务状况、经营成果和现金流量，有利于经营管理者了解本企业各项任务指标的完成情况，提高经济效益，为经济预测和决策提供依据；有利于国家经济管理部门了解国民经济的运行状况，国家通过对各单位提供的财务报告资料进行汇总和分析，以便宏观调控经济运行，优化资源配置，保证国民经济稳定持续发展；有利于投资者、债权人和其他有关各方掌握企业情况，为其投资、贷款和贸易提供决策依据；有利于满足财政、税务、市场监管、审计等部门监督企业经营管理。

真实、完整、有用的财务报告是经济社会诚信的重要内容和基石。提供虚假的财务报告是违法行为，构成犯罪的应依法追究刑事责任。《中华人民共和国刑法》第 161 条明确规定，依法负有信息披露义务的公司、企业向股东和社会公众提供虚假的或者隐瞒重要事实的财务会计报告，或者对依法应当披露的其他重要信息不按照规定披露，严重损害股东或者其他人利益，或者有其他严重情节的，对其直接负责的主管人员和其他直接责任人员，处 5 年以下有期徒刑或拘役，并处或者单处罚金；情节特别严重的，处 5 年以上 10 年以下有期徒刑，并处罚金。为防范和化解企业财务报告法律责任，确保财务报告信息真实可靠，提升企业治理和经营管理水平，促进资本市场和经济市场健康、可持续发展，企业应明确财务报告编制要求、落实经办责任、强化财务报告的风险管理与控制。

岗位职责

财务报告是企业财务会计的重要组成部分，是财务会计工作的主要成果。负责编制财务报告的工作人员的基本职责如下。

(1) 执行国家有关财经法规、制度及公司规章制度，维护财经纪律。

(2) 做好报表编制前的充分准备工作，如核实资产、清理债务、复核成本、内部调账、试算平衡及结账。

(3) 负责编制资产负债表、利润表、现金流量表及其他报表，并按要求及时报出。

(4) 协助财务主管及时办理会计档案的整理、装订及归档工作。

(5) 完成领导临时交办的各项工作任务。

建议学时

6 学时。

任务 14－1　财务报告认知

任务目标

知识目标：

熟悉财务报告体系的构成。

技能目标：

1. 能够准确描述财务报告体系的构成。
2. 能够按照年报的阅读步骤，快速获取年报信息。

素养目标：

1. 培养法律意识、责任意识、质量意识及风险意识。
2. 能够积极主动地思考问题，并能逻辑清楚地与他人分享。
3. 能够在任务活动中不断反思、调节，以帮助预期目标的达成。

建议学时

1 学时。

相关知识

一、财务报告的概念

财务报告是指企业对外提供的反映企业某一特定日期的财务状况和某一会计期间的经营成果、现金流量等会计信息的文件。财务报告是一个完整的报告体系，包括财务报表和其他应当在财务报告中披露的相关信息和资料。

财务报表，又称财务会计报表，是指对企业财务状况、经营成果和现金流量的结构性表述。一套完整的财务报表至少应当包括“四表一注”，即资产负债表、利润表、现金流量表、所有者权益变动表和附注，这些组成部分在列报上具有同等的重要程度。附注是对在资产负债表、利润表、现金流量表和所有者权益变动表等报表中列示项目的文字描述或明细资料，以及对未能在这些报表中列示项目的说明等。

财务报表列报是指交易和事项在报表中的列示和在附注中的披露。其中，“列示”通常反映资产负债表、利润表、现金流量表和所有者权益（或股东权益）变动表等报表中的信息；相对于“列示”而言，“披露”通常主要反映附注中的信息。

二、财务报表分类

财务报表可以按编报期间、编报主体等不同的标准进行分类，见表 14－1。

表 14－1　财务报表分类

分类标准		内容
财务报表	按编报期间	中期财务报表：指以中期为基础编制的财务报表。中期是指短于一个完整的会计年度的报告期间。中期财务报表分为月度财务会计报表、季度财务会计报表和半年度财务会计报表
		年度财务报表（年报）：指以会计年度为基础编制的财务报表
	按编报主体	个别财务报表：指反映母公司所属子公司财务状况、经营成果和现金流量的财务报表
		合并财务报表：指反映母公司和其全部子公司形成的企业集团整体财务状况、经营成果和现金流量的财务报表

三、财务报告编制要求

财务报告编制要求，请扫码查看。

技能训练

一、探索财务报告：编制主体、体系构成与获取途径

要求：

1. 独立思考回答下列问题，并将自己的想法记录下来。

（1）财务报表由谁编制？什么时候编制？

（2）描述财务报告体系的构成。

（3）从哪里可以下载上市公司的财务报表？

2. 团队交流讨论，自我改进完善。

二、如何阅读年报

要求：

1. 团队合作，通过上海证券交易所官网、深圳证券交易所官网、巨潮资讯网、东方财富网等网站获取一家上市公司的年报。并根据表 14－2 所列提示，完成年报的阅读。

表 14－2　年报阅读

<table>
<tr><th>阅读年报的步骤</th><th>简要记录</th></tr>
<tr><td>浏览企业的年报目录</td><td>（　　　）企业（　　）年年报目录
<table><tr><th>章节</th><th>名称</th></tr><tr><td></td><td></td></tr></table></td></tr>
<tr><td>分析指标和数据变化</td><td>说明：主要会计数据和财务指标是企业财务状况、经营成果的浓缩。阅读财务报表时，我们不仅要看企业报告年度的情况，还要和上年度相比，分析企业的各项数据指标有何变化，它变化的原因又是什么。
要求：分析年报，列举主要会计数据和财务指标
（　　　）企业主要会计数据和财务指标
<table><tr><th>项目</th><th>上年</th><th>本年</th><th>本年比上年增减</th><th>原因分析</th></tr><tr><td></td><td></td><td></td><td></td><td></td></tr><tr><td></td><td></td><td></td><td></td><td></td></tr><tr><td></td><td></td><td></td><td></td><td></td></tr><tr><td></td><td></td><td></td><td></td><td></td></tr><tr><td></td><td></td><td></td><td></td><td></td></tr><tr><td></td><td></td><td></td><td></td><td></td></tr><tr><td></td><td></td><td></td><td></td><td></td></tr><tr><td></td><td></td><td></td><td></td><td></td></tr><tr><td></td><td></td><td></td><td></td><td></td></tr></table></td></tr>
<tr><td>了解公司业务</td><td>（1）描述报告期内企业从事的主要业务

（2）描述该企业的核心竞争力</td></tr>
</table>

续表

阅读年报的步骤	简要记录
查看董事会报告	说明：董事会报告和管理层讨论与分析，是年报中最精华的部分。作为企业管理层，他们会在这部分总结过去、分析现在、展望未来 要求：查看董事会报告，完成下列任务 (1) 运用思维导图，梳理经营情况讨论与分析的主要内容 (2) 简要分析企业的整体经营情况和主营业务
分析财务报表	说明：看完了以上内容，相信你对企业的财务状况以及未来发展趋势已经有一个大致的了解，财务报表部分可以用来印证你之前的分析 要求：运用同比财务报表分析、比较式财务报表分析等方法进行财务报表分析，简要说明你的分析结果

2. 团队交流讨论，自我改进完善。

任务评价

请填写任务评价参考表，检测目标达成情况，见表 14－3。

表 14－3 财务报告认知评价参考表

任务目标	达成情况
1. 能够准确描述财务报告体系的构成	是 □ 否 □
2. 能够按照年报的阅读步骤，快速获取年报信息	是 □ 否 □
3. 能够积极主动地思考问题，并能逻辑清晰地与他人分享	是 □ 否 □
4. 能够在任务活动中不断反思、调节，以帮助预期目标的达成	是 □ 否 □

任务 14－2 编制资产负债表

任务目标

知识目标：

掌握资产负债表的作用、结构原理、内容及编制方法。

技能目标：

1. 能够解释资产负债表的概念及作用。
2. 能够描述账户式资产负债表的结构原理。
3. 能够准确填列资产负债表项目金额。

素养目标：

1. 培养爱岗敬业、坚持准则、诚实守信、客观公正的会计职业道德。

2. 能够积极主动地思考问题，并能逻辑清楚地与他人分享。

3. 能够在任务活动中不断反思、调节，以帮助预期目标的达成。

建议学时

2 学时。

相关知识

一、资产负债表概述

（一）资产负债表的概念及作用

资产负债表是反映企业在某一特定日期的财务状况的报表，是对企业特定日期的资产、负债和所有者权益的结构性表述。它反映企业在某一特定日期所拥有或控制的经济资源、所承担的现时义务和所有者对净资产的要求权。

资产负债表能够反映企业资产、负债、所有者权益的全貌，能够帮助财务报表使用者全面了解企业的经济资源及其分布情况、分析偿债能力、评价和预测财务弹性和经营绩效，从而为其经济决策提供依据。

（二）资产负债表的结构原理

资产负债表是根据“资产 = 负债 + 所有者权益”这一平衡公式，依照一定的分类标准和次序，将某一特定日期的资产、负债、所有者权益的具体项目予以适当的排列编制而成。

资产负债表一般由表首、表体两部分组成。表首部分应列明报表名称、编制单位名称、资产负债表日、报表编号和计量单位；表体部分是资产负债表的主体，列示了用以说明企业财务状况的各个项目。

资产负债表的表体格式一般有两种：报告式资产负债表和账户式资产负债表。二者的区别见表 14 - 4。

表 14 - 4　报告式资产负债表与账户式资产负债表的区别

表体格式	报告式资产负债表	账户式资产负债表
区别	上下结构，上半部分列示资产各项目，下半部分列示负债和所有者权益各项目	左右结构，左边列示资产各项目，右边列示负债和所有者权益各项目

注：不论采取什么样的表体格式，资产各项目的合计金额等于负债和所有者权益各项目的合计金额。

我国企业的资产负债表采用账户式结构，分为左右两方，左方为资产项目，大体按照资产的流动性强弱进行排列，流动性强的资产如“货币资金”“交易性金融资产”等排在前面，流动性弱的资产如“长期股权投资”“固定资产”等排在后面。右方为负债及所有者权益项目，一般按照要求清偿期限的先后顺序进行排列，“短期借款”“应付票据”及“应付账款”等需要在一年以内或者长于一年的一个正常营业周期内偿还的流动负债排在前面，“长期借款”等在一年以上才需偿还的非流动负债排在中间，在企业清算之前不需要偿还的所有者权益项目排在后面。账户式资产负债表结构见表 14－5。

表 14－5　账户式资产负债表结构

<table>
<tr><th colspan="2">资产</th><th>期末余额</th><th>上年年末余额</th><th colspan="2">负债和所有者权益（或股东权益）</th><th>期末余额</th><th>上年年末余额</th></tr>
<tr><td rowspan="2">资产流动性逐渐减弱</td><td rowspan="2">货币资金
交易性金融资产
…
…
…
长期股权投资
固定资产
…
…</td><td rowspan="2"></td><td rowspan="2"></td><td>负债清偿期限逐渐延长</td><td>短期借款
应付票据
应付账款
…
长期借款
…
…</td><td></td><td></td></tr>
<tr><td colspan="2">所有者权益（或股东权益）</td><td></td><td></td></tr>
<tr><td colspan="2">资产总计</td><td></td><td></td><td colspan="2">负债和所有者权益（或股东权益）总计</td><td></td><td></td></tr>
</table>

二、资产负债表的编制方法与说明

（一）资产负债表的填列方法

资产负债表各项目均需填列“上年年末余额”和“期末余额”两栏。

1. “上年年末余额”栏的填列方法

资产负债表的“上年年末余额”栏内各项数字，应根据上年年末资产负债表的“期末余额”栏内所列数字填列。如果上年度资产负债表规定的各个项目的名称和内容与本年度不相一致，应按照本年度的规定对上年年末资产负债表各项目的名称和数字进行调整，填入本年资产负债表“上年年末余额”栏内。

2. "期末余额"栏的填列方法

资产负债表的"期末余额"栏主要有表 14－6 所示的几种填列方法。

表 14－6 资产负债表"期末余额"栏填列方法

填列方法		资产负债表项目
根据总账账户余额填列	直接填列	"短期借款""应付票据""实收资本（或股本）""资本公积""其他综合收益"等项目
	计算填列	"货币资金"等项目
根据明细账账户余额计算填列		"应付账款""预收款项""交易性金融资产""开发支出""应付职工薪酬""一年内到期的非流动资产""一年内到期的非流动负债"等项目
根据总账账户余额和明细账账户余额分析填列		"长期借款""其他非流动资产""其他非流动负债"等项目
根据有关账户余额减去其备抵账户余额后的净额填列		"应收票据""应收账款""预付款项""其他应收款""在建工程""投资性房地产（成本计量模式）""固定资产""无形资产""长期股权投资"等项目
综合运用上述填列方法分析填列		"存货"项目

（二）资产负债表项目的填列说明

资产负债表项目的填列说明，请扫码查看。

拓展资源14-2

技能训练

一、资产负债表项目的填列

（一）资产项目的填列

任务资料 1：

甲公司 2023 年 12 月 1 日"银行存款"账户余额为 200 万元，"库存现金"账户余额为 1 万元，"其他货币资金"账户余额为 100 万元。12 日从银行提取现金5 万元，赊销商品应收款 113 万元，收到银行承兑汇票 50 万元。

要求：

请确认 2023 年 12 月 31 日甲公司资产负债表中"货币资金"项目的填列金额。

任务资料 2：

某企业 2023 年 12 月 31 日“生产成本”账户借方余额为 250 万元，“原材料”账户借方余额为 150 万元，“材料成本差异”账户贷方余额为 10 万元，“委托加工物资”账户借方余额为 50 万元，“工程物资”账户借方余额为 100 万元。

要求：

请确认 2023 年 12 月 31 日该企业资产负债表中“存货”项目的填列金额。

任务资料 3：

2023 年 12 月 31 日，某企业“固定资产”账户余额为 800 万元，“累计折旧”账户余额为 100 万元，“在建工程”账户余额为 80 万元，“固定资产减值准备”账户余额为 50 万元。不考虑其他因素。

要求：

请确认 2023 年 12 月 31 日该企业资产负债表中“固定资产”项目的填列金额。

任务资料 4：

某企业 2023 年 12 月 31 日“无形资产”账户余额为 750 万元，“累计摊销”账户余额为 100 万元，“无形资产减值准备”账户余额为 50 万元。

要求：

请确认 2023 年 12 月 31 日该企业资产负债表中“无形资产”项目的填列金额。

任务资料 5：

2023 年 7 月 1 日，某企业开始研究开发一项非专利技术，当月共发生研发支出 800 万元，其中，费用化的金额为 650 万元，符合资本化条件的金额为 150 万元。7 月末，研发活动尚未完成。

要求：

请确认 2023 年 7 月 31 日该企业应列入资产负债表中“开发支出”项目的金额。

（二）“预收款项”“预付款项”“应收账款”“应付账款”项目的填列

（1）归纳总结填列方法（表 14－7）。

表 14－7 归纳总结填列方法

报表项目	填列方法
应收账款	
预付款项	
预收款项	
应付账款	

注：预收款项和应付账款属于负债项目，填列时不需要考虑坏账准备。

（2）“应付账款”项目填列。

某企业“应付账款”账户月末贷方余额为80万元，其中：“应付账款——甲公司”明细账户贷方余额70万元，“应付账款——乙公司”明细账户贷方余额10万元；“预付账款”账户月末贷方余额为30万元，其中：“预付账款——A工厂”明细账户贷方余额50万元，“预付账款——B工厂”明细账户借方余额20万元。

要求：

请确认该企业月末资产负债表中“应付账款”项目的填列金额。

（3）“应收账款”项目填列。

2023年12月初，某企业“应收账款”明细账户借方余额为300万元，相应的“坏账准备”账户贷方余额为20万元，本月实际发生坏账损失6万元。2023年12月31日经减值测试，该企业应补提坏账准备11万元。假定不考虑其他因素。

要求：

请确认2023年12月31日该企业资产负债表中“应收账款”项目的填列金额。

（三）所有者权益合计项目的填列

任务资料：

2023年12月31日，甲公司有关账户的期末贷方余额如下：实收资本80万元，资本公积20万元，盈余公积35万元，利润分配——未分配利润5万元，不考虑其他因素。

要求：

请确认该公司年末资产负债表中“所有者权益合计”项目期末余额的填列金额。

二、基于结定资料编制仲夏公司 2023 年 12 月 31 日资产负债表

任务资料：

仲夏公司 2022 年 12 月 31 日的资产负债表及 2023 年 12 月 31 日的科目余额表分别见表 14－8 和表 14－9。

表 14－8 资产负债表 　　**会企 01 表**

编制单位：仲夏公司　　2022 年 12 月 31 日　　单位：元

资产	期末余额	上年年末余额	负债和所有者权益（或股东权益）	期末余额	上年年末余额
流动资产：		（略）	流动负债：		（略）
货币资金	1 406 300		短期借款	300 000	
交易性金融资产	15 000		交易性金融负债		
衍生金融资产			衍生金融负债		
应收票据	246 000		应付票据	200 000	
应收账款	299 100		应付账款	953 800	
应收款项融资			预收账款		
预付款项	100 000		合同负债		
其他应收款	5 000		应付职工薪酬	110 000	
存货	2 580 000		应交税费	36 600	
合同资产			其他应付款	51 000	
持有待售资产			持有待售负债		
一年内到期的非流动资产			一年内到期的非流动负债	1 000 000	
其他流动资产	100 000		其他流动负债		
流动资产合计	4 751 400		流动负债合计	2 651 400	
非流动资产：			非流动负债：		
债权投资			长期借款	600 000	
其他债权投资			应付债券		
长期应收款			其中：优先股		
长期股权投资	250 000		永续债		
其他权益工具投资			租赁负债		
其他非流动金融资产			长期应付款		
投资性房地产			预计负债		
固定资产	1 100 000		递延收益		
在建工程	1 500 000		递延所得税负债		

续表

资产	期末余额	上年年末余额	负债和所有者权益（或股东权益）	期末余额	上年年末余额
生产性生物资产			其他非流动负债		
油气资产			非流动负债合计	600 000	
使用权资产			负债合计	3 251 400	
无形资产	600 000		所有者权益（股东权益）：		
开发支出			实收资本（或股本）	5 000 000	
商誉			其他权益工具		
长期待摊费用			其中：优先股		
递延所得税资产			永续债		
其他非流动资产	200 000		资本公积		
非流动资产合计	3 650 000		减：库存股		
			其他综合收益		
			专项储备		
			盈余公积	100 000	
			未分配利润	50 000	
			所有者权益（或股东权益）合计	5 150 000	
资产总计	8 401 400		负债和所有者权益（或股东权益）总计	8 401 400	

表 14－9 科目余额表

2023 年 12 月 31 日　　单位：元

借方余额		贷方余额	
库存现金	2 000	短期借款	50 000
银行存款	786 135	应付票据	100 000
其他货币资金	7 300	应付账款	953 800
应收票据	66 000	其他应付款	50 000
应收账款	600 000	应付职工薪酬	180 000
坏账准备	－1 800	应交税费	226 731
预付账款	100 000	应付股利	32 215.85
其他应收款	5 000	长期借款	1 160 000
材料采购	275 000	实收资本	5 000 000
原材料	45 000	盈余公积	124 770.40
库存商品	2 122 400	未分配利润	190 717.75

续表

借方余额		贷方余额	
周转材料	38 050		
材料成本差异	4 250		
其他流动资产	90 000		
长期股权投资	250 000		
固定资产	2 401 000		
累计折旧	-170 000		
固定资产减值准备	-30 000		
工程物资	150 000		
在建工程	578 000		
无形资产	600 000		
累计摊销	-60 000		
递延所得税资产	9 900		
其他长期资产	200 000		
合 计	8 068 235	合 计	8 068 235

要求：

根据上述资料，编制仲夏公司2023年12月31日的资产负债表（表14-10）。

表14-10 资产负债表

会企01表

编制单位：仲夏公司　　2023年12月31日　　单位：元

资产	期末余额	上年年末余额	负债和所有者权益（或股东权益）	期末余额	上年年末余额
流动资产：			流动负债：		
货币资金			短期借款		
交易性金融资产			交易性金融负债		
衍生金融资产			衍生金融负债		
应收票据			应付票据		
应收账款			应付账款		
应收款项融资			预收账款		
预付款项			合同负债		
其他应收款			应付职工薪酬		
存货			应交税费		
合同资产			其他应付款		
持有待售资产			持有待售负债		

续表

资产	期末余额	上年年末余额	负债和所有者权益（或股东权益）	期末余额	上年年末余额
一年内到期的非流动资产			一年内到期的非流动负债		
其他流动资产			其他流动负债		
流动资产合计			流动负债合计		
非流动资产：			非流动负债：		
债权投资			长期借款		
其他债权投资			应付债券		
长期应收款			其中：优先股		
长期股权投资			永续债		
其他权益工具投资			租赁负债		
其他非流动金融资产			长期应付款		
投资性房地产			预计负债		
固定资产			递延收益		
在建工程			递延所得税负债		
生产性生物资产			其他流动负债		
油气资产			非流动负债合计		
使用权资产			负债合计		
无形资产			所有者权益（股东权益）：		
开发支出			实收资本（或股本）		
商誉			其他权益工具		
长期待摊费用			其中：优先股		
递延所得税资产			永续债		
其他非流动资产			资本公积		
非流动资产合计			减：库存股		
			其他综合收益		
			专项储备		
			盈余公积		
			未分配利润		
			所有者权益（或股东权益）合计		
资产总计			负债和所有者权益（或股东权益）总计		

任务评价

请填写任务评价参考表，检测目标达成情况，见表 14－11。

表 14－11　编制资产负债表评价参考表

任务目标	达成情况
1. 能够解释资产负债表的概念及作用	是 □ 否 □
2. 能够描述账户式资产负债表的结构原理	是 □ 否 □
3. 能够准确填列资产负债表项目金额	是 □ 否 □
4. 能够积极主动地思考问题，并能逻辑清晰地与他人分享	是 □ 否 □
5. 能够在任务活动中不断反思、调节，以帮助预期目标的达成	是 □ 否 □

任务 14－3　编制利润表

任务目标

知识目标：

掌握利润表的作用、结构原理、内容及编制方法。

技能目标：

1. 能够解释利润表的结构原理。
2. 能够准确编制利润表。

素养目标：

1. 培养爱岗敬业、坚持准则、诚实守信、客观公正的会计职业道德。
2. 培养法律意识、责任意识、质量意识及风险意识。
3. 能够积极主动地思考问题，并能逻辑清楚地与他人分享。
4. 能够在任务活动中不断反思、调节，以帮助预期目标的达成。

建议学时

1 学时。

相关知识

一、利润表的概念及作用

利润表，又称损益表，是反映企业在一定会计期间的经营成果的报表。

利润表能够综合反映企业利润的实现过程和利润的来源及构成情况，是对企业一定会计期间经营业绩的系统总结。通过利润表提供的信息，报表使用者能够了解企业生产经营的收益和成本耗费情况，以及企业的获利能力和经营业绩，分析企业利润增减变化的原因，预测企业未来的获利趋势，判断对企业投资的报酬和风险，从而作出相应的经济决策。

拓展资源14-3

二、利润表的结构原理

利润表的结构原理，请扫码查看。

技能训练

一、利润表项目的填列

任务资料1：

甲公司为增值税一般纳税人。2023年12月22日销售M商品200件，每件商品的标价为6万元（不含增值税）。给予购货方200万元的商业折扣。M商品适用的增值税税率为13%，开具增值税专用发票，销售商品符合收入确认条件。不考虑其他因素。

要求：

请确认甲公司2023年12月利润表中“营业收入”项目“本期金额”的列报金额。

____

任务资料2：

2023年9月，某企业发生的财务费用资料如下：收到本月活期存款利息700元；计提本月应负担的生产经营用短期借款利息费用2 000元。不考虑其他因素。

要求：

请确认该企业本月利润表中“财务费用”项目“本期金额”的列报金额。

____

任务资料3：

某企业2023年度实现营业收入3 000万元，发生营业成本2 000万元，管理费用150万元，销售费用200万元，税金及附加60万元，取得投资收益100万元。不考虑其他因素。

要求：

请确认该企业2023年利润表中“营业利润”项目“本期金额”的列报金额。

二、基于给定资料编制仲夏公司2023年度利润表

任务资料：

仲夏公司2023年12月31日各损益类账户“本年累计数”金额见表14－12。

表14－12　损益类账户本年累计数

2023年

单位：元

账户名称	借方发生额	贷方发生额
主营业务收入		1 250 000
主营业务成本	750 000	
其他业务收入		
其他业务成本		
税金及附加	2 000	
销售费用	20 000	
管理费用	157 100	
财务费用	41 500	
资产减值损失	30 900	
投资收益		31 500
营业外收入		50 000
营业外支出	19 700	
所得税费用	112 596	

要求：

根据上述资料，编制仲夏公司2023年度利润表（表14－13）。

表14－13　利润表

会企02表

编报单位：仲夏公司　　2023年　　单位：元

项目	本期金额	上期金额
一、营业收入		（略）
减：营业成本		

续表

项目	本期金额	上期金额
税金及附加		
销售费用		
管理费用		
研发费用		
财务费用		
其中：利息费用		
利息收入		
加：其他收益		
投资收益（损失以“－”号填列）		
其中：对联营企业和合营企业的投资收益		
以摊余成本计量的金融资产终止确认收益（损失以“－”号填列）		
净敞口套期收益（损失以“－”号填列）		
公允价值变动收益（损失以“－”号填列）		
资产减值损失（损失以“－”号填列）		
信用减值损失（损失以“－”号填列）		
资产处置收益（损失以“－”号填列）		
二、营业利润（亏损以“－”号填列）		
加：营业外收入		
减：营业外支出		
三、利润总额（亏损以“－”号填列）		
减：所得税费用		
四、净利润（净亏损以“－”号填列）		
（一）持续经营净利润（净亏损以“－”号填列）		
（二）终止经营净利润（净亏损以“－”号填列）		
五、其他综合收益的税后净额		
（一）不能重分类进损益的其他综合收益		
1. 重新计量设定受益计划变动额		
2. 权益法下不能转损益的其他综合收益		
3. 其他权益工具投资公允价值变动		
4. 企业自身信用风险公允价值变动		
…		
（二）将重分类进损益的其他综合收益		
1. 权益法下可转损益的其他综合收益		
2. 其他债权投资公允价值变动		

续表

项目	本期金额	上期金额
3. 金融资产重分类计入其他综合收益的金额		
4. 其他债权投资信用减值准备		
5. 现金流量套期储备		
6. 外币财务报表折算差额		
…		
六、综合收益总额		
七、每股收益		
(一)基本每股收益		
(二)稀释每股收益		

任务评价

请填写任务评价参考表，检测目标达成情况，见表 14－14。

表 14－14　编制利润表评价参考表

任务目标	达成情况
1. 能够解释利润表的结构原理	是 □ 否 □
2. 能够准确编制利润表	是 □ 否 □
3. 能够积极主动地思考问题，并能逻辑清晰地与他人分享	是 □ 否 □
4. 能够在任务活动中不断反思、调节，以帮助预期目标的达成	是 □ 否 □

任务 14－4　编制现金流量表

任务目标

知识目标：

掌握现金流量表的作用、结构原理、内容及编制方法。

技能目标：

1. 能够解释现金流量表的结构原理。

2. 能够区分经营活动、投资活动、筹资活动产生的现金流量。

3. 能够准确填列现金流量表项目金额。

素养目标：

1. 培养爱岗敬业、坚持准则、诚实守信、客观公正的会计职业道德。

2. 培养法律意识、责任意识、质量意识及风险意识。

3. 能够积极主动地思考问题，并能逻辑清楚地与他人分享。

4. 能够在任务活动中不断反思、调节，以帮助预期目标的达成。

建议学时

2 学时。

相关知识

一、现金流量表概述

（一）现金流量表的概念

现金流量表是指反映企业在一定会计期间现金及现金等价物流入和流出的报表。它是以资产负债表和利润表等会计核算资料为依据，按照收付实现制会计基础要求对现金流量的结构性表述，揭示企业在一定会计期间获取现金及现金等价物的能力。

现金流量是指现金及现金等价物的流入和流出。

现金是指企业库存现金以及可以随时用于支付的存款。不能随时用于支付的存款不属于现金。

现金等价物是指企业持有的期限短、流动性强、易于转换为已知金额现金、价值变动风险很小的投资。期限短，一般是指从购买日起 3 个月内到期。现金等价物通常包括 3 个月内到期的债券投资等。权益性投资变现的金额通常不确定，因而不属于现金等价物。企业应当根据具体情况，确定现金等价物的范围，一经确定不得随意变更。

在以下表述现金时，除非同时提及现金等价物，均包括现金及现金等价物。

（二）现金流量表的结构原理

1. 现金流量表的内容

现金流量表的基本结构根据“现金流入量 – 现金流出量 = 现金净流量”公式设计。

现金流量包括现金流入量、现金流出量、现金净流量。

根据企业业务活动的性质和现金流量的功能，主要现金流量可以分为三类，并在现金流量表中列示。

（1）经营活动产生的现金流量。经营活动产生的现金流量是指与销售商品、提供劳务有关的活动产生的现金流量，包括企业投资活动和筹资活动以外的所有交易和事项产生的现金流量，如销售商品或提供劳务、购买商品或接受劳务、支付工资、广告宣传、缴纳税款等。

经营活动产生的现金流量分为经营活动产生的现金流入量、经营活动产生的现金流出量以及经营活动产生的现金净流量。

（2）投资活动产生的现金流量。投资活动产生的现金流量是指与非流动资产的取得或处置有关的活动产生的现金流量，包括企业长期资产的购建和不包括在现金等价物范围内的投资及其处置活动产生的现金流量，如购买股票或债券支付现金，销售长期投资收回现金，购建或处置固定资产、无形资产等。

投资活动产生的现金流量分为投资活动产生的现金流入量、投资活动产生的现金流出量以及投资活动产生的现金净流量。

（3）筹资活动产生的现金流量。筹资活动产生的现金流量是指涉及企业财务规模的更改或财务结构组成变化的活动，也就是导致企业资本及债务规模和构成发生变动的活动产生的现金流量，如向银行借入款项收到现金、归还银行借款支付现金、吸收投资、发行股票、分配利润等。

筹资活动产生的现金流量分为筹资活动产生的现金流入量、筹资活动产生的现金流出量以及筹资活动产生的现金净流量。

2. 现金流量表的格式

现金流量表包括正表和补充资料两部分。现金流量表采用报告式结构，分类反映经营活动产生的现金流量、投资活动产生的现金流量和筹资活动产生的现金流量，最后汇总反映企业某一期间现金及现金等价物的净增加额。现金流量表补充资料是对正表部分的补充，可以起到与正表进行核对、充分反映企业现金流量信息的作用。

二、现金流量表的编制要求与方法

（一）现金流量表的编制要求

现金流量表应当分别列报经营活动、投资活动和筹资活动的现金流量。现金流量应当分别按照现金流入和现金流出总额列报。但是，下列各项可以按照净额列报。

（1）代客户收取或支付的现金。

（2）周转快、金额大、期限短项目的现金流入和现金流出。

（3）金融企业的有关项目。

（4）自然灾害损失、保险索赔等特殊项目。

（5）汇率变动对现金的影响额应当作为调整项目，在现金流量表中单独列报“汇率变动对现金及现金等价物的影响”。

（二）现金流量表的编制方法

编制现金流量表时，经营活动现金流量的调整计算方法有直接法和间接法两种（表14－15）。

表14－15 经营活动现金流量的调整计算方法

比较项目	直接法	间接法
定义	通过现金收入和现金支出的主要类别列示企业经营活动现金流量的一种方法，即以利润表中的营业收入为起算点调整计算经营活动产生的现金流量净额	将净利润调整为经营活动现金流量的一种方法，即以净利润为起算点调整计算经营活动产生的现金流量净额
示例	企业某年度利润表中列示的营业收入为100万元，资产负债表中列示的应收账款年末金额为20万元、上年年末金额为15万元，不考虑其他因素影响，则表明该企业当年度100万元的营业收入中有5万元尚未收到现金，即销售商品收到的现金为95万元	某企业某年度利润表中列示的净利润为10万元，资产负债表中列示的应收账款年末金额为20万元、上年年末金额为15万元，不考虑其他因素影响，则表明该企业当年度10万元的净利润中有5万元尚未收到现金，即经营活动产生的现金流量净额为5万元
优点	便于分析经营活动产生的现金流量的来源和用途，预测企业现金流量的未来前景	便于将净利润与经营活动产生的现金流量净额进行比较，了解净利润与经营活动产生的现金流量差异的原因，从现金流量的角度分析净利润的质量
准则规定	企业应当采用直接法列示经营活动产生的现金流量	企业应当在附注中披露将净利润调整为经营活动现金流量的信息

调整计算的经营活动产生的现金流量净额加上投资活动产生的现金流量净额和筹资活动产生的现金流量净额为报告期的现金及现金等价物净增加额，再加上报告期期初现金及现金等价物余额等于期末现金及现金等价物余额。

1. 直接法编制现金流量表

运用直接法编制现金流量表可采用工作底稿法或T型账户法，也可以根据有关账户记录分析填列。

（1）工作底稿法。工作底稿法是以工作底稿为手段，以资产负债表和利润表数据为基础，分别对每一项目进行分析并编制调整分录，从而编制现金流量表的一种方法。其具体步骤和程序如下。

第一步，将资产负债表的期初数和期末数分别过入工作底稿的期初数栏和期末数栏。

第二步，对当期业务进行分析并编制调整分录。

编制调整分录时，以利润表项目为基础，从“营业收入”项目开始，结合资产负债表项目逐一进行分析调整。将有关现金及现金等价物的流入流出，分别计入

"经营活动产生的现金流量""投资活动产生的现金流量""筹资活动产生的现金流量"有关项目（指现金流量表中应列示的具体项目），借方表示现金流入，贷方表示现金流出，借方余额表示现金流入量净额，贷方余额表示现金流出量净额。

第三步，将调整分录过入工作底稿中的相应部分。

第四步，核对工作底稿中各项目的借方、贷方合计数是否相等。

第五步，根据工作底稿中的现金流量表项目部分编制正式的现金流量表。

（2）T 型账户法。T 型账户法是以 T 型账户为手段，以资产负债表和利润表数据为基础，分别对每一项目进行分析并编制调整分录，从而编制现金流量表的一种方法。其具体步骤和程序如下。

第一步，为所有非现金项目（包括资产负债表项目和利润表项目）分别开设 T 型账户，并将各项目的期末期初变动数额过入各该账户。

第二步，开设一个大的"现金及现金等价物"T 型账户，分设"经营活动""投资活动""筹资活动"三个二级 T 型账户，左方为借方，登记现金流入，右方为贷方，登记现金流出，借方余额为现金流入净额，贷方余额为现金流出净额。

第三步，对当期业务进行分析并编制调整分录。

第四步，将调整分录过入各 T 型账户，并进行核对。

第五步，根据 T 型账户编制正式的现金流量表。

（3）分析填列法。分析填列法是直接根据资产负债表、利润表和有关会计账户明细账的记录，分析计算出现金流量表各项目的金额，并据以编制现金流量表的一种方法。

2. 间接法编制现金流量表

采用间接法编制现金流量表的基本步骤见表 14－16。

表 14－16　采用间接法编制现金流量表的基本步骤

步骤	具体内容
第一步：将报告期利润表中净利润调整为经营活动产生的现金流量	以净利润为起算点，加上编制利润表时作为净利润减少而报告期没有发生现金流出的填列项目，减去编制利润表时作为净利润增加而报告期没有发生现金流入的填列项目，以及不属于经营活动的现金流量
第二步：分析调整不涉及现金收支的重大投资和筹资活动项目	本项目反映企业一定会计期间影响资产或负债但不形成该期现金收支的各项投资或筹资活动的信息资料 此类需要列报的项目有： （1）债务转为资本 （2）一年内到期的可转换公司债券 （3）融资租入固定资产

续表

步骤	具体内容
第三步：分析调整现金及现金等价物净变动情况	本项目反映现金及现金等价物增减变动及其净增加额 本项目可根据资产负债表中“货币资金”项目和现金等价物期末期初余额及净增额分析计算填列
第四步：编制正式的现金流量表补充资料	可采用前述工作底稿法或T型账户法，也可以根据有关会计科目记录分析填列

3. 现金流量表的基本内容

现金流量表的基本内容，请扫码查看。

技能训练

一、基于给定资料编制仲夏公司 2023 年度现金流量表

任务资料：

1. 沿用任务 14－2、任务 14－3 技能训练中已编制的资产负债表、利润表相关数据。

2. 其他相关资料如下。

资料 1：2023 年度利润表有关项目的明细资料

（1）管理费用的组成：职工薪酬 17 100 元，无形资产摊销 70 000 元，折旧费 20 000 元，支付其他费用 50 000 元。

（2）财务费用的组成：计提借款利息 21 500 元，支付应收票据贴现利息 20 000元。

（3）资产减值损失的组成：计提坏账准备 900 元，计提固定资产减值准备 30 000元。上年年末坏账准备余额为 900 元。

（4）投资收益的组成：收到股息收入 30 000 元，与本金一起收回的交易性股票投资收益 500 元。

（5）营业外收入的组成：处置固定资产净收益 50 000 元（其所处置固定资产原值为 400 000 元，累计折旧为 150 000 元，收到处置收入 300 000 元）。假定不考虑与固定资产处置有关的税费。

（6）营业外支出的组成：报废固定资产净损失 19 700 元（其所报废固定资产原值为 200 000 元，累计折旧 180 000 元，支付清理费用 500 元，收到残值收入

800 元）。

（7）所得税费用的组成：当期所得税费用为 122 496 元，递延所得税收益 9 900元。

除上述项目外，利润表中的销售费用已经支付。

资料 2：资产负债表有关项目的明细资料

（1）本期收回交易性股票投资本金 15 000 元、公允价值变动 1 000 元，同时实现投资收益 500 元。

（2）计入生产成本、制造费用的职工薪酬为 324 900 元，计入管理费用的职工薪酬 17 100 元，计入制造费用的折旧费 80 000 元。

（3）应交税费的组成：本期增值税进项税额 42 466 元，增值税销项税额 212 500元，已交增值税 100 000 元；应交所得税期末余额为 20 097 元，应交所得税期初余额为 0。

（4）应付职工薪酬的期初数无应付在建工程人员的部分，本期支付在建工程人员职工薪酬 200 000 元。应付职工薪酬的期末数中应付在建工程人员的部分为 28 000元。

（5）应付利息均为短期借款利息，其中，本期计提利息 11 500 元，支付利息 12 500元。

（6）本期用现金购买固定资产 101 000 元，购买工程物资 150 000 元。

（7）本期用现金偿还短期借款 250 000 元。偿还一年内到期的长期借款 1 000 000元。借入长期借款 400 000 元。

要求：

编制仲夏公司 2023 年现金流量表（表 14－17）。

表 14－17　现金流量表　　　**会企 03 表**

编制单位：仲夏公司　　　2023 年　　　单位：元

项目	本期金额	上期金额
一、经营活动产生的现金流量		略
销售商品、提供劳务收到的现金		
收到的税费返还		
收到其他与经营活动有关的现金		
经营活动现金流入小计		
购买商品、接受劳务支付的现金		
支付给职工以及为职工支付的现金		
支付的各项税费		

续表

项目	本期金额	上期金额
支付其他与经营活动有关的现金		
经营活动现金流出小计		
经营活动产生的现金流量净额		
二、投资活动产生的现金流量		
收回投资收到的现金		
取得投资收益收到的现金		
处置固定资产、无形资产和其他长期资产收回的现金净额		
处置子公司及其他营业单位收到的现金净额		
收到其他与投资活动有关的现金		
投资活动现金流入小计		
购建固定资产、无形资产和其他长期资产支付的现金		
投资支付的现金		
取得子公司及其他营业单位支付的现金净额		
支付其他与投资活动有关的现金		
投资活动现金流出小计		
投资活动产生的现金流量净额		
三、筹资活动产生的现金流量		
吸收投资收到的现金		
取得借款收到的现金		
收到其他与筹资活动有关的现金		
筹资活动现金流入小计		
偿还债务支付的现金		
分配股利、利润或偿付利息支付的现金		
支付其他与筹资活动有关的现金		
筹资活动现金流出小计		
筹资活动产生的现金流量净额		
四、汇率变动对现金及现金等价物的影响		
五、现金及现金等价物净增加额		
加：期初现金及现金等价物余额		
六、期末现金及现金等价物余额		

二、案例分析

要求：

1. 阅读拓展资源 14－5，收集关于乐视网资金链断裂危机的相关资料，思考以下问题，并将自己的看法简要记录下来。

（1）引发乐视网财务危机的原因主要有哪些？

（2）企业的现金流量风险有哪些？

（3）企业应该怎样进行现金流的风险控制？

2. 团队交流讨论，自我改进完善。

任务评价

请填写任务评价参考表，检测目标达成情况，见表 14－18。

表 14－18　编制现金流量表评价参考表

任务目标	达成情况
1. 能够解释现金流量表的结构原理	是 □ 否 □
2. 能够区分经营活动、投资活动、筹资活动产生的现金流量	是 □ 否 □
3. 能够正确填列现金流量表项目金额	是 □ 否 □
4. 能够积极主动地思考问题，并能逻辑清楚地与他人分享	是 □ 否 □
5. 能够在任务活动中不断反思、调节，以帮助预期目标的达成	是 □ 否 □

即测即练

总结与评价

一、绘制思维导图

运用思维导图总结、归纳与本项目相关的知识点、技能点，帮助自己记忆、理解及查缺补漏。

二、自我分析与总结

（1）通过本项目的学习，学会了哪些知识？掌握了哪些技能？素养方面得到了哪些提升？

（2）反思本项目的完成情况，提出改进建议。

三、项目评价

请根据质量评价标准，完成项目评价，见表14－19。

表14－19 编制财务报告质量评价标准

评价内容		质量要求	分值	评价
A. 知识与方法（30分）	必备知识	熟悉财务报告体系的构成	4	
		掌握资产负债表的作用、结构原理、内容及编制方法	7	
		掌握利润表的作用、结构原理、内容及编制方法	5	
		掌握现金流量表的作用、结构原理、内容及编制方法	6	
	学习方法	自主学习、网络学习、查阅资料、师生互动学习等方法应用有效	8	
B. 完成任务/职业能力（40分）	职业能力	能够准确描述财务报告体系的构成	3	
		能够按照年报的阅读步骤，快速获取年报信息	5	
		能够解释资产负债表的结构原理，准确填列资产负债表项目金额	5	
		能够解释利润表的结构原理，准确填列利润表项目金额	4	
		能够解释现金流量表的结构原理，准确填列现金流量表项目金额	5	
	解决问题	遇到问题能够独立思考，提出自己的见解	5	
	团队协作	能够有效沟通、协作，目标一致，完成小组任务	5	
	任务完成	在规定的时间内，保质保量地完成了任务实施中的各项任务	8	
C. 职业道德与价值观（30分）	思政及素养目标	爱岗敬业、坚持准则、诚实守信、客观公正的会计职业道德	12	
	职业素养	具有法律意识、责任意识、质量意识及风险意识	10	
		具有较强的学习能力、思维能力、沟通及团队协作能力	8	
项目得分				

参考文献

[1] 肖磊荣. 初级会计实务[M]. 北京:北京科学技术出版社,2023.

[2] 林莉,曲娜. 中级会计实务[M]. 西安:西北工业大学出版社,2023.

[3] 中国注册会计师协会. 会计[M]. 北京:中国财政经济出版社,2023.

[4] 宗绍君,崔维瑜,刘敏. 财务会计[M].2版. 成都:电子科技大学出版社,2021.

[5] 财政部会计资格评价中心. 初级会计实务[M]. 北京:经济科学出版社,2023.

[6] 财政部会计资格评价中心. 中级会计实务[M]. 北京:经济科学出版社,2023.

教师服务

感谢您选用清华大学出版社的教材！为了更好地服务教学，我们为授课教师提供本书的教学辅助资源，以及本学科重点教材信息。请您扫码获取。

教辅获取

本书教辅资源，授课教师扫码获取

样书赠送

会计学类重点教材，教师扫码获取样书

清华大学出版社

E-mail: tupfuwu@163.com
电话：010-83470332 / 83470142
地址：北京市海淀区双清路学研大厦 B 座 509

网址：https://www.tup.com.cn/
传真：8610-83470107
邮编：100084